珍藏本
纪念版

汉译世界学术名著丛书

亚当·斯密哲学文集

〔英〕亚当·斯密 著

石小竹 孙明丽 译

商务印书馆
SINCE 1897 The Commercial Press

2017年·北京

Adam Smith

ESSAYS ON PHILOSOPHICAL SUBJECTS

主要根据 Wogan, Byrne, J. Moore, Colbert, Rice, W. Jones, Porter, & Folingsby 1795 年都柏林版并参考其他版本译出

汉译世界学术名著丛书
（120 年纪念版・珍藏本）
出 版 说 明

2017 年 2 月 11 日，商务印书馆迎来 120 岁的生日。120 年前，商务印书馆前贤怀揣文化救国的理想，抱持“昌明教育，开启民智”的使命，立足本土，放眼寰宇，以出版为津梁，沟通中西，为中国、为世界提供最富智慧的思想文化成果。无论世事白云苍狗，潮流左右激荡，甚至战火硝烟弥漫，始终践行学术报国之志，无改初心。

迻译世界各国学术名著，即其一端。早在 20 世纪初年便出版《原富》《天演论》等影响至今的代表性著作，1950 年代后更致力于外国哲学和社会科学经典的译介，及至 1980 年代，辑为“汉译世界学术名著丛书”，汇涓为流，蔚为大观。丛书自 1981 年开始出版，历时三十余年，迄今已推出七百种，是我国现代出版史上规模最大、最为重要的学术翻译工程。

丛书所选之书，立场观点不囿于一派，学科领域不限于一门，皆为文明开启以来，各时代、各国家、各民族的思想与文化精粹，代表着人类已经到达过的精神境界。丛书系统译介世界学术经典，引领时代思想，为本土原创学术的发展提供丰富的文化滋养，为推动中国现代学术和现代化进程做出了突出的贡献。

为纪念商务印书馆成立120周年，我们整体推出“汉译世界学术名著丛书”120年纪念版的珍藏本，寄望既利于文化积累，又便于研读查考，同时向长期支持丛书出版的译者、编者和读者致以敬意。

两甲子后的今天，商务印书馆又站在了一个新的历史时间节点上。我们不仅要铭记先辈的身影和足迹，更须让我们的步伐充满新的时代精神。这是商务人代代相传的事业，更是与国家和民族的命运始终紧密相连的事业。我们责无旁贷，必须做好我们这代人的传承与创造，让我们的努力和成果不仅凝聚成民族文化的记忆，还能成为后来人可以接续的事业。唯此，才能不负前贤，无愧来者。

商务印书馆编辑部

2017年10月

目　录

1795版刊载的“编者的话”

编者敬启：

本书作者已经离我们而去，令人深感痛惜。他在去世之前，曾将一批文稿（即收录于此的这些文章）交托给几位挚友，嘱其按照他们以为妥善的方式加以处置，又将多份自认为不适于向公众发表的文稿自行销毁。经检视，我们发现这批文稿大部分应属作者生前一度纳入考虑的一个写作计划的组成部分：他曾打算撰写一部贯穿人文科学和优美艺术的历史著作，但发现该计划的工程过于浩大，因此早已将其放弃。于是，这些已经写成的文稿便一直放在作者手边，未予处理，直到他行将离去的时候。尽管如此，他的朋友们都相信，这些文章将使广大读者再度感受到作者著述中一贯体现的鲜明特点：流畅端丽的行文、缜密精确的表达、明晰透彻的阐述。虽说此书的出版未必能使作者已有的荣名锦上添花，但它定能给读者带来莫大的快乐和满足。

约瑟夫·布莱克（Joseph Black）

詹姆斯·赫顿（James Hutton）

天文学的历史

——以天文学的历史为观照，论引领并指导哲学探索的诸原则

在我们的语言中，“好奇（Wonder）”、“惊讶（Surprise）”和“赞叹（Admiration）”这三个词汇，尽管经常被错误地混淆使用，但它们分别代表着本质上同属一系、却又在某些方面有所不同，因而各自内涵独立的情感。凡新鲜并令人觉得怪异的事物，都会唤起我们心中那种严格意义上应称作**好奇**的情感；出乎意料之物，会令我们**惊讶**；而恢弘至美的事物，则会激发我们的**赞叹**之情。

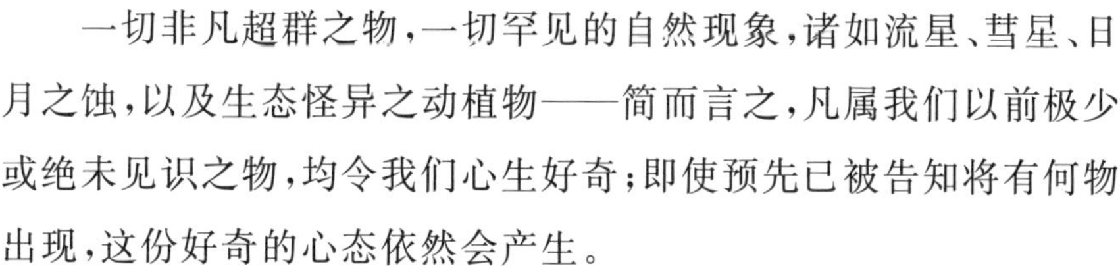

一切非凡超群之物，一切罕见的自然现象，诸如流星、彗星、日月之蚀，以及生态怪异之动植物——简而言之，凡属我们以前极少或绝未见识之物，均令我们心生好奇；即使预先已被告知将有何物出现，这份好奇的心态依然会产生。

一些令人惊讶的事物，可能是平时常见的，但于彼时彼地与其相遇，则完全出乎我们的预料。一位朋友的不期而至，会令我们惊讶——尽管我们先前曾无数次地见到过他，却不曾料到此番此地他会露面。

广阔坦荡的平原或巍峨耸立的高山，都会令我们赞叹不已，尽管这些景致向来为我们的目光所熟悉，其面貌亦不能因随时变化

翻新而超乎我们任何的预期。

关于这三个词汇的确切意义，以上的一番评论究竟中肯与否，其实本无涉要义宏旨。我本人虽深以为然，却也须承认，即使那些最出色的作家，写作时也并非总是依照上述概念亦步亦趋。弥尔顿（Miltion）在描写魔王撒旦初见“死亡”之时，这样写道：

“The Fiend what this might be admir'd;
Admir'd, not fear'd.”①
（撒旦对此景象大感惊愕，
惊愕，然而并不惧怕。）

假如我们前面论述得不错，此处之“惊愕”就该用“wondered”一词，而非作家所用的“admired”。又如，德莱顿（Dryden）在描写西蒙（Cymon）初遇熟睡的伊菲革涅亚（Iphigenia）之时，有这样的诗句：

“The fool of nature stood with stupid eyes
And gaping mouth, that testified surprise.”②
（这天生莽汉痴痴而立，
惟目瞪口呆，良久惊艳。）

若依当时之情景，西蒙的内在感受必定不止于纯然的惊讶，其

① 《失乐园》，第二卷，第677—678行，但弥尔顿写道：“毫不惧怕的撒旦……”

② 《西蒙与伊菲革涅亚》，第107—108行。

中更多的成分应是赞叹与称奇。在此，我所要说的只是，新鲜的、出乎意料的事物和恢弘瑰丽的事物，在人们心中所唤起的情感可能不尽相同，然而当人们表述之时，还是经常发生用词混淆的情况。其实，即便是同一词汇，其意蕴亦有着不同的层次：在面对美好事物时人们内心的那份赞叹，便大不同于在伟大事物面前所生发的赞叹（这一观点将会在下文中予以详述），而我们的语言却偏偏要用同一个词来形容和表达它们。

上述这些情感，和其他所有由同一对象所激发的情感一样，彼此均相辅相成。一件我们司空见惯、朝夕相对之物，即便再宏大、再优美，其动人心魄的力量亦有限，究其原因乃是我们对此物的赞叹之情并无好奇和惊讶从旁予以支持。如若先前有人已对我们精准地描摹过某一怪异之物，那么，一旦我们与其当面相遇，内心的好奇感便不似蓦然遭逢时那样强烈了，那是因为我们对它的了解已然在很大程度上化解掉了可能产生的惊讶之情。

以上三种情感，其影响范围远远超乎人们不经意间所能想象之极限。本文的用意即在于，将目光聚焦于这三种情感，逐一考察它们各自的本质及其产生的原因。以下，让我们先从**惊讶**说起。

第一部分　论意外或惊讶所产生的影响

任何一种久已被期待或预料之事，无论其性质适于激发何种情感，当它实际发生之时，人的头脑必定已对此有所准备，甚至事先已在某种程度上有所设想了。因为，关于此事的念头长久萦回于当事人的脑际，肯定会或多或少地牵动其产生某种情感，并使之有所宣泄;其实这情感亦即事件本身发生时将被激发产生的那种情感。如此一来,当事件果真发生之时,所引起的变化必不再那么剧烈,由此而生的情绪或激情也能较和缓地注入人的心灵,而不至于带来狂暴的冲击、强烈的痛楚或困难阻障。[①]

然而,当事件的发生全然出乎意料之时,其情境将完全相反。这时,事件所引发的激情骤然倾泻,如果这情感极其强烈,足以把人的一颗心瞬间抛入最极端的狂乱和震撼,有时甚至导致当事人猝然死亡。陡然降临的狂喜,有时会完全打乱想象的构架,以致后者竟不能恢复原本的正常状态,从而令当事者陷入一过性的迷乱或长期癫狂。更为常见的是,这情形会使人在短期内丧失理智,或是失去当时情境或责任所要求于他的关注其他事务的能力。

人们在通知他人某个可能引起震惊的消息之前,往往需要做某些必要的铺垫。这说明我们是多么惧怕突如其来的剧烈情感所引发的后果。谁会选择突兀地向自己的朋友报告凶信?当我们说出真相之前,难道不都是怀着忐忑的心情,极尽委婉地再三予以暗示和铺垫,从而使闻者不至于毫无防备地承受接下来的打击?

在战场上,面对近在眼前的强敌,有时整支部队或整座城池会突如其来地陷入恐惧惊惶,其严重程度,足以在一段时间之内令最有决断的人完全丧失自主判断的能力。然而,若不是突然而至的、出乎意料的危险,也绝不至于引起这样的惊惶。这种强烈的惊骇,能令整个群体顿时陷入慌乱,手足无措、头脑木呆、心焦如焚,承受

---

① 参见休谟(Hume),《人性论》(*Treatise of Human Nature*),I.i.4,“论观念的联系与联结”。

被夸大的恐惧所带来的一切痛苦。这种惊惧失措,从来都不会单单源自任何意料之中的危险,无论那危险有多么巨大。恐惧本身当然是一种非常强烈的情感,尽管如此,却绝不可能达到如此强烈的地步;除非有了“惊”(由于事发突然)与“奇”(由于不了解危险的性质)这两种因素从旁推波助澜,对其极尽渲染夸大之能事。

因此,我们不应该把惊讶视为某种具有独特形式的原初情感(original emotion)。头脑在任何一种情感的蓦然冲击之下,产生了强烈而突然的变化,便构成了**惊讶**的全部本质。

然而,只有当这种情感冲击来得剧烈而突然,并且其突袭的时机恰逢心灵最不适于接纳它的时候,才会制造出最强烈的震惊效果。因此,从大悲到大喜或从大喜到大悲的骤然跌宕,乃是最摧人心肝的。再没有什么转变比这落差更大了。心灵不仅要承受强烈情感的突袭,而且这种强烈的情感又恰恰与心灵原本沉浸于其中的那种强烈情感完全相逆。正当某个人的心田品尝着无上的喜悦而飘飘欲仙之际,却猛然被铅样沉重的悲伤砸到,其冲击力不仅会泯灭了先前的喜悦,还会将这颗心本身砸伤、砸碎,正如现实中人的肉体会被重物砸伤一样。反之,假若出于命运翻云覆雨的安排,让人在伤恸的心境之中蓦然遭逢喜悦的大潮,人的整颗心便会一下子被一股猛烈的、势不可当的力量涨满,登时苦辣酸甜、百味杂陈,引起一股撕扯般的剧痛,其结果亦往往会造成当事人的晕厥、神志错乱,甚至当即猝死。有一种现象或许值得一提,即,悲痛虽然是一种比喜悦更强烈的情感,正如一切不愉快的情感似乎自然地较之令人愉快的情感更加令人锥心刺骨,但是在上述两种情况当中,猝然降临的喜悦却比突然而至的悲痛更加令人难以承受。

据记载，[1]特拉西梅诺湖（Thrasimenus）战役[2]之后，有个罗马妇人接到通知说，她的儿子在这场战役中不幸阵亡；正当她向隅独坐，为这不幸的命运悲叹时，她的儿子却突然出现在她面前——原来，他并没有死，而是在被俘后逃了回来。妇人惊喜交集，不由得大叫一声，随即倒地而亡。我们且来假设发生了与之相反的情形，一家人正在欢喜宴乐之时，儿子突然倒在母亲的脚边死去，此事对母亲的影响会不会同样致命呢？本人以为未必。人心一旦遇到令它欢喜的东西，会立刻凭着一份天生的弹性腾跳起来，忘我地沉浸于这份欢畅的情感体验；它踊跃飞扑着去迎接这份情感，任灵魂即刻被那奔放不羁的激情完全彻底地占据。而悲伤时则是另外一种情形：面对一份无法令人愉悦的激情，人心的第一反应是退缩和抗拒。总要过上一段时间，令人悲伤的事物才能发挥其最大的影响力。哀恸的脚步缓慢而渐渐进逼，你不会一下子达到痛苦的极点，最痛的一刻，总是在稍后的某时才会降临；而喜悦则像一股汹涌的湍流，瞬间便将我们裹挟而去。因此，由意外惊喜而生的变化来得更为突然，故而亦更加剧烈，比起猝然降临的悲伤更易造成致命的后果。就惊讶的本质来看，其天性中似乎就有着某种东西，更易于与活泼轻快的喜悦相结合，而与滞重缓慢的哀恸不甚合拍。若是追忆起来，多数人都会发现自己所见所闻的事例中，人在惊喜之际猝死或神志错乱的悲剧，总要多于因突降的悲恸所造成的同样后

① 李维（Livy），《罗马史》（*History of Rome*），XXII.7.13。

② 公元前217年4月，布匿战争期间，由汉尼拔率领的迦太基军队在现意大利中部的特拉西梅诺湖畔设伏大败罗马军队，25,000名罗马将士中，阵亡者多达17,000人，余皆被俘。——译注

果;尽管按照世事常情来说,祸从天降的几率总是多于意外的喜事。一个人极有可能毫无防备地摔断自己的腿,或者失去一个儿子;但是毫无来由地突然走红运,就不那么容易了。

以上的道理不只适用于悲与喜,其他情感也一样。当你从一个极端骤然被抛到另一个极端之时,心灵受到的冲击总是更猛烈。当相爱的人发生争吵,那种恨之入骨的感觉是何等地强烈啊;而过后二人重归于好,又是多么你侬我侬,情意绵长!

就连感官对外物的体验也是如此。当处于两个极端的事物接踵而来或是被并置之时,所产生的印象便会格外生动。如果先经历了极冷的环境,一般程度的温暖都会让你感觉其热难耐;如果先品尝了非常甜的味道,再去尝苦的东西,你会觉得后者比原来更苦;而脏兮兮的白色若是放在漆黑的衬景下,就会显得洁白耀眼。简而言之,任何一种感觉、任何一种情感,其生动性总是要依照头脑或感官所处状态及此状态下所造成的印象,而发生着相应的变化,或是显得更加强烈,或是有所削弱。不过,当两种处于对立极端的感觉或情感彼此并列或前后紧随之时,这种印象的变化必然是最强烈的。当此之际,上述两种感觉或情感都显得最为生动,而此种印象的产生,正是由于二者呈现于人的头脑和感官的时机,恰逢其最不适合接纳它们的状态。

两种相互对立的感觉彼此反衬,造成的印象会更加鲜明生动。同理,当一些彼此类似的感觉接踵而至之时,所产生的印象就会变得渐次模糊,其冲击力亦有所减轻。例如,假设某一人家的孩子接连夭亡,当最后一个孩子死去时,其父母所感受到的悲痛反倒不如失去第一个孩子时那么强烈了,尽管他们此番的损失无疑比当初更为巨大。究其原因，乃是父母之心已经沉浸在悲痛之中，新的不幸似乎只是同一种痛苦的延续，已不见得会引起第一次遭逢此祸时所感受到的那种天塌地陷般的苦痛。他们默默地接受了现实，尽管万分沮丧，却已生出了些微的自制力，不再像突遭患难之人惯常有的那样激愤难耐了。那些一生遭际坎坷的人，的确常会养成忧郁寡欢的性情，有时甚至暴躁易怒；然而当新的挫折降临时，这种人虽也多少会烦恼抱怨，但更多见的往往是能处之淡然，不似那些素来春风得意的幸运儿，若是让他意外遇此窘况，必定大发雷霆或呼天抢地，做出种种反应激烈之态。

我们的生活当中，一些习惯和风俗所产生的效果，大半是基于上述原理。众所周知，习俗对人生的悲喜都有所中和，能缓和因前者而生的悲伤，削弱因后者所致的快乐，令人悲伤而不至于心碎、欢乐而不至于迷狂。这是因为，习俗以及任何事物的经常性重复，最终会形成某种套路，将人们的头脑或器官导向一种适于接受其印象的习惯性情绪或状态，而不必承受过于剧烈的波动。

第二部分　论好奇或新奇感所产生的影响

显然，人的头脑乐于观察发现不同物体间的相似之处。借助此种观察，头脑便可有条理地安顿自身的所有观念，对其进行适当归类。在一大堆杂七杂八、彼此差异极大的事物之间，只要能发现一个共同特点，便足以凭此把所有这些事物联系起来，形成一个共同的类别，并赋予它们一个共有的名称。出于上述道理，凡是具有自主活动能力之物——百兽、禽鸟、鱼类、昆虫等——都被纳入“动物”这一大的门类之下；而它们又和不具备自主活动能力的一大类事物一起，被归入“物质”这一更高的类别。事物和观念的无数门类划分，即学校里教授的所谓“种属学”的内容，以及所有语言中用来指称这些门类的各种抽象名称和通名，尽皆来源于此。[①]

我们在知识和经验上越是进步，上述种属的数目也就越多。这一方面是出于我们自身的倾向，另一方面也是出于情势所迫。我们在拥有某种共同点的一总类事物当中，总会观察到其中一些事物有着更多的独特性；当我们按照这些新发现的特性将上述总类事物划分出了新的类别之后，我们又不再满足于能指出某一事物与一较远种属或很笼统的一大类事物之间存在的关联；因为这一事物与该类别中许多个体之间的相似处，已是很模糊、很遥远了。一个植物学的门外汉可能会指着一株植物告诉你，这是株野草，或者干脆更笼统地说，这是一株草，以为这样便可满足你的好奇心了。但是，一位植物学家却永远不会给出这样的回答，也不会接受这样的答案。他已经按照自己根据经验所了解的一些独特性质，把这个总的类目细分成了更多子类；他在提到某一特定植物时，总想指出它具体属于哪一科、哪一属、哪一种，包括那些与它更为近似的同种的植物，而不是只泛泛论及大的纲目——在同一纲目下，许多“远亲”之间并无多少相似性。一个幼儿会指着一件他叫不上名字的物件对你说，这是个“东西”，并且满心以为自己已经给出了一个令人满意的答案，自认为已经告诉了你一点什么。他

① 斯密《论语言的形成与语言的特征》，1－2节中亦有此论述；参见洛西恩(Lothian)编《有关修辞学和文学的讲稿》(7－8)，i.17－19。

已经懂得,外物可分为两个最明显也最宽泛的大类,一类是被称为“东西”的现实或实在之物,第二类是不属于“东西”的非物质的现象。当他说“这是个东西”的时候,便是确认了这一特定印象应当属于上述二者之中的哪一类。简而言之,当任何一样事物呈现在我们面前,我们都喜欢参考某些与之极其相近的种或属的事物;尽管我们对这些种属的了解往往并不比对前一种事物的了解更多,但我们却倾向于认为,通过认识二者间的关联,我们就表现得更熟识该事物,并对它的性质有了更深入的洞察。然而,当面对某种极为新鲜奇特之物时,我们便觉得自己失去了这种能力。我们穷尽记忆的贮藏,也找不出任何堪与这一奇异现象相匹配的类似印象。如果说它的某些特点似乎与我们先前了解的某个类别相似或有联系,但它的另外一些特点又使它与上述类别区别开来,也使它有别于我们迄今为止已能划分的任何其他类别的事物。它在我们的想象领域中孤标独步,拒绝被纳入任何一个类别,不与其他事物相偕。我们的想象和记忆徒劳无功地检视着既有的观念类别,找不到一个适于安置它的地方。我们的头脑徒然从一个思路转向另一个思路,依然无法确定这个新事物应当归于何处,也不知道该怎么认识它。正是这种思路的不停转换和对记忆的徒劳搜索,加上它们所激发的情绪或灵魂①的活动,共同组成了我们可以恰当地称

① “灵魂”与肉体相关的概念,其存在历史久远、脉络颇为复杂。(可参见佩格尔[W. Pagel]著《帕拉塞尔苏斯的医学世界观》[*Das medizinische Weltbild des Paracelsus*,1962]书末索引,“Geist”和“Spiritus”条目。)在此,斯密似乎假定有某种准物质的存在,类似于笛卡尔设想的那种流动在“空心”神经内部的东西,它与寄居于大脑松果体中的“无广延性的灵魂”交互作用。参见休谟,《人性论》,I. ii. 5[塞尔比-比格(L. A. Selby-Bigge)编辑版,61]:“这些灵性物质常常激发以下想法……”。

之为“好奇”的那种情感，同时令人不自觉地睁大眼睛、转动眼珠、屏住呼吸，一颗心仿佛膨胀起来——我们都会发现，自己或其他人在对某个新奇之物感到好奇时，就会产生上述种种表现，这也是人在内心想法不确定或犹豫不决之时自然流露的外在表征。它可能是一种什么东西呢？它类似于什么？——处在这种情形之下，我们都自然地倾向于这么问。如果我们能想到大量与这个新现象非常相似的事物，后者又是那么主动、顺畅、自然而然地涌现于我们的想象空间，这时我们的好奇心就完全消失了；如果我们所能想到的相似物为数不多，并且是费了很大力气才想起来的，这时我们的好奇心确也有所降低，但还不至于完全泯灭；如果我们根本想不出任何与其类似之物，并因此顿生惘然若失之感，这时我们的好奇心才是最旺盛的。

当一位自然学家面对某一奇异的植物或是化石的时候，他是带着一份何等充满探究欲的专注来研究它啊！他可以蛮有把握地指出它属于哪个大的纲目，但这并不能教他满意，因为当他把迄今为止自己知道的所有种属一一拿来考量时，无论哪一种属都不适于包容眼前这个新的对象。它在他的想象中孑然独立，正如它与其隶属的纲目中的所有种属都格格不入一样。但是他依然孜孜不倦地思索着，试图把它与该纲目中的这个或那个种属联系起来，时而认为应该把它归入这一类，时而认为应该把它归入那一类，但总觉得不甚满意，直到最终找到一个在大多数特征上都与这个新对象十分相近的种属。当他做不到这点时，他不会让它就那么无所归依地存在着，而是设法扩大某些种属的边界——如果可以这么说的话——使它能被包容进去；或者特地创建一个新的种属来接纳它，将其称作“自然之剧”或其他什么名字，用以收容所有那些令他不知如何处置才好的奇特对象。但是，他必须把这个新对象与某一已知的种类联系到一起，并找到二者之间的相似点，才能摆脱心里的那份好奇，即由此奇异现象及其有别于任何当前已知之物的特性所激发的那种疑惑和略带焦虑的探究欲。

单一的特定对象能以其不同寻常的性质和奇异的外表激起我们的好奇心，令我们无法确定应将它具体归入哪个类别；同样，当多个对象按着某种奇特的次序出现在我们眼前时，也会造成同样的效果，尽管这些对象本身单独看来并无任何奇异之处。

当一个熟悉的对象紧随另一个它通常不会追随的对象而出现，首先会以它的出乎意料在我们心里激起那种可被适当地称为“惊讶”的情感，之后才是因其呈现次序之奇特而来的好奇感。我们先是因感觉到它的出现而吃了一惊，随后才开始想要弄清它是怎么来的。一枚小铁块沿着桌面运动，这本身并没有什么不寻常；然而当它受着不远处一块磁铁运动的感应，仿佛没有外驱力似的动了起来，往往令初见这一幕的人不禁大吃一惊；而当这种瞬时性的惊诧感过去之后，他依然好奇地想弄明白，这个小铁块何以竟与磁铁的运动发生关系，本来，按照他认识中事件发生的一般次序而论，他是想不到这二者间会有什么关联的。①

无论两个事物间有多么大的差异，当人们注意到二者常常前后相继出现，并且总是以同样的次序呈现于多种感官，它们就会在人的想象中结成一种紧密的联系，以致每当你想到其中一个的时

① 本段在措辞上与休谟的论述极为接近，参见第一部分第6页注①。

候，关于另一个的念头便会自动地跳出来。如果此后二者依然这样相继出现，那么这种关联——或者说，这两个概念之间的相关性——就变得越发绝对，人的想象在二者间游走的习惯也就变得越来越牢固。鉴于意念的活动速度要比外物快得多，所以人的思维总是跑在事件实际发生之前，故而能够预见到按着上述常轨发展的事件。当多个对象按照想象中概念运行的习惯次序相继呈现，并由此获得了一种自主向前发展的态势(并不是由呈现于感官的一系列事件引发的)，它们彼此间似乎都紧密相连，于是人的思维便能平顺地沿着这个连续面滑行，[①]不必费力，也没有任何阻碍。事件按照想象中的自然发展轨迹一一呈现。由于代表这一连串对象的理念彼此间似乎都存在相互引介的关系，也就是说，每一环节似乎都是受上一环节的招引而来，同时招引着下一环节，因此，真实对象本身的呈现过程也同样显得环环相衔，每个对象看起来既被上一个对象所诱发，又是下一个对象的诱因，中间没有缺口、没有停顿、没有间隔、没有空隙。被如此连贯的一系列事物所引发的意念，在头脑中顺畅自主地流动，从一个环节到另一个环节，一路轻松自如，毫不费力。

不过，如果这种惯常的关联被打断，如果出现在现实序列中的一个或多个对象与想象中已然熟悉并已准备好接纳的情形大不相同，就会发生完全相反的情况。我们先是因这个新现象的出乎

① 《古代物理学的历史》第二部分中也有类似表达。该理念来自休谟，尤可见于《人性论》，I.iv.2。

意料[①]而感到惊讶，而当这一瞬时性的情感过去之后，我们还会因执著于它是怎么来的而感觉好奇。想象力不再觉得自己能顺畅地从前一事件过渡到下一事件：这一次序或者说演变定律是它所不习惯的，因此它感到跟进或处理起来有困难。想象力在按原来的方向自然流动或运行的过程中，受到了阻断和干扰。在前一事件和下一事件之间，似乎拉开了一段距离；想象力竭力要将二者重新联结起来，但是它们却拒绝联结；于是它便感觉到，或者说在想象中感觉到，上述二者之间出现了一道缺口或间隔。很自然地，它在这缺口的边缘犹豫起来，也可以说是踌躇不前了。它努力寻找某种能填平这缺口之物，[②]后者恰如一道桥梁，至少能暂且把上述两个看似彼此脱节的对象联结起来，从而为思维提供一条自然顺畅的通路。假设存在一连串的中间事件，它们虽然无形，却是按照人的想象力已然熟悉的顺序排列，把两个看似彼此脱节的表面现象连接起来——唯有通过这种途径，想象力才能填平上述二者之间的缺口，可以说，这是想象力从一个对象顺利过渡到下一个对象的唯一桥梁。于是，当我们看到小铁块在磁铁的作用下开始运动时，不禁要凝神注目，心中犹疑，感到这两个如此奇异衔接的事件之间缺少了某种联系。然而，当我们依照笛卡尔的假设，想象着它们当

① 在关于科学知识的问题上，斯密的研究方法与“归纳主义（inductivism）”暨卡尔·波普尔爵士（Sir Karl Popper）及其门徒的反归纳主义观点存在有趣的关联——这种关联或可说成是至关重要的。A. N. 怀海德（A. N. Whitehead）有言曰：“我们有时看得见大象，有时看不见”，语出《过程与实在》（*Process and Reality* 1929），5。

② 此处斯密再次吸取了休谟在《人性论》，I. iv. 2（塞尔比－比格编，198）中表述的观点。在《有关修辞学和文学的讲稿》ii. 36（洛西恩编辑版，95－96）中亦有类似观点，即叙述中的“缺口”可能成为不安之源。

中的一个被某种看不见的流体——“电素(effluvia)”[①]所围绕,又想象着有一股持续的推力将二者吸向上述流体,并随后者的运动而运动,我们便在思维中填平了上面所说的缺口,用一道桥梁把这两个事件联结起来,由此消除了想象力从前一事件过渡到后一事件的过程中所感到的那种犹疑和艰涩。有了这一假设作为前提,铁块随磁石运动的现象就显得在某种程度上合乎事物发展的常轨了。物体在推力的作用下运动,这是我们日常生活中再熟悉不过的一种次序。两个对象被如此这般地联系起来,再不显得脱节,[②]于是乎,想象力便可在其间来去自如,通行无阻了。

这第二种类型的好奇,即因事物发生的奇特次序而产生的好奇,其全部本质即在于此:由于这种奇特的次序,令想象力在流动过程中产生顿挫,难以在彼此脱节的对象之间流动自如,并感到对象与对象之间存在着某种缺口或间隔。而当你清楚地发现其间环环相扣的中间事件所组成的链条时,这种好奇感便会消失无踪。随着这一发现,对想象力形成阻碍的东西已经被移除了。凡有机会到歌剧院的后台参观过的人,谁还会对控制大幕开阖的机关感兴趣呢?然而,对于大自然的奇异现象,我们却极少能把其背后的

① 笛卡尔自然哲学的基础便是否认宇宙空间“空空如也”;同样,超距作用(action at a distance)也不被承认。因此,就必须假定存在某种“中间介质”。“电素”一词此前已被 W.吉尔伯特(W.Gilbert)率先使用,以描述假想中的“散发作用”使“电物质”(如琥珀)与其他物体贴合在一起:他并未运用这个概念来解释磁力吸引。见《论磁》(*De Magnete*,1600),卷 II。

② “解释”一种“变化”就是发现一种途径来显示并没有发生真正的变化——即迈耶松(E.Meyerson)所称的“对前提与结果的辨识(l'identification de l'antécédent et du conséquent)”[《本体与现实》(*Identité et réalité*),第 3 版,1926,xviii]。

中间链条看得极尽清楚。这当中也确有个别现象是我们已经了解的，可以说，大自然慷慨地向我们披露了它后台的一小部分秘密，于是，我们对这些现象的好奇也就此告终。比如，在所有天文现象当中，日蚀和月蚀曾经在人类心中激起无比的恐惧和惊异，而今却失去了那种神奇的力量，因为我们已经看清了现象背后的发生机制：它就像一根链条，把天上的奇异事件与事物发展的一般秩序联系起来了。非但如此，对于那些我们尚未看清的事物，即便是笛卡尔的模糊假说、亚里士多德及其门徒的更为不确定的观念，也使得大自然的种种外在现象在我们眼中多少有了一点连贯性，因而削弱了——尽管尚未彻底破坏——它们的奇异性。如果说笛卡尔等智者的解说还未能完全填充两个看似彼此脱节的对象之间的缺口，他们至少是在其间布设了几块踏脚石，让我们看到二者之间存在某种松散的关联。

人的想象要在两个以极罕见的次序相互衔接的事件之间过渡，确实会感到困难，这一点有许多显在的观察结果可资证实。如果此类挑战不断地接踵而来，而想象力则不断勉为其难地在缺乏关联的对象间跋涉，以追踪这一系列事件的发展进程，这种情况在超出了一定的时间限度之后，想象力很快就会因持续的努力而疲惫不堪；想象力受到反复摧残的结果，其整体构架就会变得紊乱、支离破碎。出于这个原因，做学问的人若是用功过度，有时便会导致精神错乱，特别是那些年龄较大、但其想象力由于开发较晚，还未习惯于自如地顺应抽象科学之推理过程的人。对于谙熟此道者来说已成驾轻就熟的每一步推论，在这种人都需要绞尽脑汁。然而，或许是出于野心或许是出于对该学科的热爱，他们却执著地一再坚持，直到悲剧发生——先是思路不清、继而头脑昏乱，最后走向疯狂。让我们假设有这么一个判断力极其健全的人，在其成长、成熟过程中，他的想象力已经养成了习惯模式，带着我们这个世界的诸般事物必然在他头脑中打下的烙印；然后，他被突然送到另一个星球上面，在那里，万事万物都遵从着与地球上完全不同的一种自然律；置身于完全陌生的环境下，他只得不停地设法应对发生的各种情况，一切对于他都是全然的混乱、抵牾、格格不入。他很快就会产生同样的迷惑和昏乱感，最终和前面那种人一样，发展到精神错乱的地步。上述对象产生了把人逼疯的效果，但其本身并不一定是宏伟或有趣的，甚至不必非同寻常。它只要在衔接次序上极尽怪异就足够了。让任何一个人旁观一场牌局，特别注意研究场上各人每一次出牌的道理，假如他对这种玩法的本质和规则一无所知，也就是说，不懂得一次次出牌背后的规律所在，很快他便会感到同样的迷惑和昏乱，如果让这种情况持续下去，长达数天、数月，结果同样是令人精神错乱。然而，如果说长期应对一串串以怪异的次序接踵而至的事件，将使人的头脑陷入最严重的错乱状态，那么，当人观察到哪怕是个别的以怪异方式发生的事件时，其头脑也必定会在某种程度上体会到同样性质的混乱：因为上述的严重错乱状态无非是这种小的不适感频繁重复积累的结果。

正是事件衔接次序的异常本身造成了想象进程中的停顿或中断，以及两个连续的对象之间存在间隔、需要一连串中间事件进行填补的印象，这也是一个非常明显的事实。同样的一种次序，在一些人看来似乎非常符合事物发展的自然轨道，并不需要其他事件居间联结，可是在另一些人看来，则是完全缺乏连贯性、没有条理，

必有什么中间环节作为过渡才行得通。这种情况的出现，并无别的道理，只因前一种人对这种次序较为熟悉，而后一种人对此完全陌生罢了。当我们走进某些最普通的工匠作坊，比如染坊、酿制啤酒或白酒的作坊，我们会看到许多现象，其发生次序对于我们来说是见所未见、倍感奇妙的。我们的思维无法轻松地跟上这个进程，因此我们会觉得各个环节之间都存在间隔，需要某种中间事件的链条来填补缺口、把它们联结到一起。然而，那些工匠本人多年来早就谙熟了自己每一步操作所带来的结果，他们就感觉不到这种间隔的存在。他们不假思索地任想象沿着习惯塑就的河道自然流淌，内心的好奇感不再被激发；假若他不是一个超乎本身职业所囿的天才，不能体察下面这个简单的道理，即，那些事情尽管是他所熟悉的，对我们这些人来说却很可能极为陌生，那么他大抵要嘲笑我们的少见多怪，而不会体谅我们的好奇感。在他的眼中，所有那些现象一个接一个地发生，接续得非常自然、顺畅，有什么必要再添加任何居中联络的环节呢？他会告诉我们，上述现象以这样的次序出现，乃是出于本性使然，所以它们才永远如此，一成不变。[①]同样，面包这东西自古以来就充当着人类的食粮，人们天天对它熟视无睹，也知道它被吃下肚后会变成人的血肉、骨骼——尽管面包和人的血肉从各方面来讲都是如此不同的两种物质，但大家却绝少有这种好奇心去探究从面包到血肉的变化，到底是由哪些中间环节所导致的。由于习惯力量的支配，思维从前一对象到下一对

① 参见《论所谓模仿艺术中模仿的本质》，I. 17：“经过一段时间的使用和体验之后，任何一种镜子都不再被视为奇异之物；就连无知无识的愚人在熟悉了镜子的存在之后，也会认为它们的映像效果无须任何解释。”

象的过渡已经如此顺畅自如，它几乎顾不上推想其间是否存在这样的中间环节。哲学家们总想在全世界都司空见惯的连续事件之间找出隐形的中间环节，他们也确实不辞辛苦地找到了我们刚刚提及的两个对象之间存在的中间环节，正如他们同样不辞辛苦地找到了自然物体的重力、弹性乃至凝聚力与其他一些特质之间的中间环节。然而，所有这一切事件组合，都是大多数人的想象力从来视之为当然而穿行无阻、不会在中途有所迟滞的，因此不会激发一点起码的好奇心，也不会想到它们之间尚缺乏最紧密的联系。不过，正如有些声音在大多数人听来完全合乎节拍、和谐无比，可一旦进入音乐家的耳朵却是节拍不准、音高有误，与完美相距甚远；同样，哲学家一辈子都在研究环环相扣的自然律，他们训练有素的思维常能捕捉到两个连续对象之间存在的缺口，而在比较粗心的观察者眼里，这两个对象之间却是紧密相连的。通过长期关注呈现于自己眼前的各种联系，并且经常性地对其加以比较研究，哲学家在这方面早已获得了较常人更为敏锐的感知力，正像音乐家拥有比普通人更敏锐的辨音力一样。在音乐家耳中，一段乐曲只要有一丝丝不和谐，就显得极其刺耳；而在哲学家眼里，事件之间的衔接只要有些许不严密，就构成了天大的缺口。

哲学就是关于相互衔接的自然律的科学。① 以一般观察所能获得的经验极限来看，自然界似乎充满了表面看来与之前发生的

① 参见《古代逻辑学与形而上学的历史》，第一部分。斯密在《国民财富的性质和原因的研究》（*The Wealth of Nations*，V.i.f.25）一书中，对道德哲学也有过类似定义。关于斯密对“哲学”一词的不加区别的用法，参见 T.D.坎贝尔（T.D.Campbell），《亚当·斯密的道德科学》（*Adam Smith's Science of Morals*，1971），第一章。

一切不协调、不相干的事件，因而干扰了想象力的畅流，让人的思维意念无法顺利接续，岔头百出，于是乎在某种程度上引发了前文所说的那些混乱和困扰。而哲学则通过彰显那些把所有散在对象联系在一起的看不见的链条，努力为这杂乱无序、不谐调的表象世界引入一种秩序，以平息头脑中想象力的骚动，在纵览浩瀚宇宙之运转的同时，重新找回那份澄静安详——一种令人无比惬意、也最合乎人的本性的状态。故而，哲学可被视为一种与人的想象力交往的艺术，既然如此，它的理论和历史便顺理成章地落在我们的研究范围之内。那么，就让我们尽力去追踪它，从其最初的起源，直到今天人们认为它已达到的完美巅峰，以及在往昔的几乎所有时代里曾经达到过的、同样被当时的人们视为完美巅峰的高度。哲学是所有快适艺术(agreeable arts)当中至为崇高者，发生在它身上的变革也最为巨大、最为频繁，在人文世界的所有变革当中显得最为突出。如此说来，这样一门艺术的历史也必定是最能娱人、最有启迪意义的。因此，就让我们来研究那些林林总总的关于自然的体系吧，在我们西方——凭我们有限的知识，只对世界这一部分的历史[①]较为了解——上述体系已陆续被博学多才之士所接纳。我们且不管它们是否无稽之谈、有多大的或然性，与真理或现实是否相符，只从我们研究课题的特定角度出发来考量它们；只满足于探讨它们各自在何种程度上适于安抚想象力，令大自然显得更为协调、因而更显壮观，而不是呈现出别样的面貌。它们在这一点上

① 夸张之语。西方自然哲学在很大程度上得益于以阿拉伯语著述的东方思想家——这在当时已是众所周知的事实。参见下文第四部分21-23段。

的成功或失败，往往决定着其创立者的声名成败；你将会发现，这条线索最适于引领我们穿越哲学历史的迷宫：因为，它在确认过去的同时，也起到了阐明未来的作用。据我们观察，大体说来，没有一个体系能在对世界的解释上博得普遍的推崇，无论它在其他方面的论证有多么严密。支配这个世界的相互衔接的律是无法为全人类所熟知的。为什么化学哲学在过去的年代里一直在晦暗中默默无闻、[①]被人类群体的大多数所忽视，而其他一些不那么有用、也并不能给人带来更愉快经验的体系，却在漫长的年月里得到了人们的普遍赞赏？化学哲学中相互衔接的律是大多数人一无所知、极少见过，或从来不曾认识的；因此，对他们来说，凭着它并不能使想象在任意两个看似不相关的对象之间流动得更加顺畅。唯有那些终日生活在坩埚旁的化学家，才懂得如何利用盐、硫黄、水银、酸和碱这些要素[②]来使一种物质顺利地过渡到另一物质；但是对于他们来说最普通的操作，在大多数人看来却是莫名其妙、毫无条理可言的，正如化学家们凭借这种操作把两个事件联系到一起

① 由此看来，斯密的这篇文章不大可能写于格拉斯哥，因为1748年时，威廉·卡伦(William Cullen)正是在该地开始他那具有划时代意义的化学“普及”运动，将化学的影响力推广到工业、农业和医药等领域。这似乎进一步佐证了本文写作年代较早的论断。

② 现代化学术语只是在拉瓦锡(Lavoisier)的《化学基础》(*Traité élémentaire de chimie*)一书于1789年问世之后才成为可能(该书于1790年由罗伯特·克尔[Robert Kerr]译成英文)。这里的硫黄(sulphurs)、水银(mercuries)均用了复数形式，我们能从中看出炼金术和帕拉塞尔苏斯式思维的残留影响——在古代炼金术中，硫黄主物质的“可燃性”，水银主物质的“金属性”。按理斯密应当了解，“酸和碱”从来不曾被视为化学“要素”，在当时它们被看作“盐类”的变种。尽管如此，他在文中以弗朗西斯·培根(Francis Bacon)的“假相(Idols)说”(《新工具》[*Novum Organum*]，语录篇 xxxviii ff.)为例，则体现出一种重要的总体洞察力。

时,外行人也会感到不明就里一样。然而,艺术家们会自然而然地运用他们自己熟知的律来解释事物。正如亚里士多德所说的[①],最早研究算术的早期毕达哥拉斯派学者用数字的性质来解释世间万物;西塞罗也曾讲过[②],音乐大师亚里士多塞诺斯(Aristoxenus)发现灵魂的本质与和声相谐。同样,一位博学的医师前不久提出了一个基于医学原理的道德哲学体系,[③]在这个体系当中,智慧与德行被视为灵魂的健康状态;各种恶行和愚行则是不同的疾病状态;他还指出了这些疾病的病因与症状,并按照同样的医学思路,给出了适当的治疗方法。同样,其他一些人撰写著作论述绘画与诗歌、诗歌与音乐、音乐与建筑、美与德行,以及所有门类的美术之间的相似性;举凡上述体系,皆源于某些深谙一门艺术却对其他艺术不甚了解之辈的苦心钻研,因此他们会用自己熟知的现象来解释自己不熟悉的现象;在这种情况下,类比这种只被其他作者用来引出几个精妙比喻的手段,对于他们则成了认识万事万物之机枢所在。[④]

① 《形而上学》(*Metaphysics*),A,985b32－986a6。

② 《图斯库兰谈话集》(*Tusculan Disputations*),I.10.19,I.18.41。

③ 可能指拉美特里(J.O.de La Mettrie)的《幸福论》(*Discours sur le bonheur*,该书曾于1748、1750、1751年以不同书名出版,但内容基本相同)。与戴维·哈特莱(David Hartley)的《对人的观察》(*Observations on Man*,1749)相比,这本书更贴近于斯密的描述,前者也是由一位医生撰写的哲学著作。拉美特里的著作,最初缘于他翻译塞内卡(Seneca)所著《论幸福生活》(*De Beata Vita*)的工作,拉美特里对斯多噶派伦理观既有批评又表欣赏,或许正是因此才吸引了斯密的注意。

④ 在下文第四部分(第50段)中,斯密提到开普勒(Kepler)有一种"过于"偏爱使用类比手法来解释事物的倾向。

第三部分　论哲学的起源

在人类社会的早期阶段，当法律、秩序和安全尚未建立之时，人们并没有那份好奇心去探询那些把看似松散脱节的自然现象维系在一起的隐形的事件链条。[1] 一个自身生存尚无保障、其生命每天都暴露在最原始的危险之下的野蛮人，自然没有心情以这种求索来自娱——因为求索的结果，除了让自然这幕大剧在他想象中呈现出更多的关联性之外，并无任何实际用场。事件发生进程中的那些小小的脱节之处，有许多是足以让今天的哲学家们伤神的，而一个野蛮人却完全不会注意到。至于那些规模更为恢弘、令他无法忽视的非常规现象，则会在他的心中激起一种惊异而困惑的感受。彗星、日蚀、月蚀、雷电和其他的一些天体大气现象，都以其宏伟的气势自然而然地对他形成威慑，令他带着一份近乎恐惧的敬畏之情来看待它们。由于他缺乏经验，对相关的一切没有把握，不知道它们究竟是怎样发生、怎样结束的，之前和之后又会发生些什么，于是这种情感便愈发被夸大，变成了恐惧、惊骇。然而，正如马勒布朗士神父(Father Malbranche)所言，我们人类的激情都具有自证力；[2]也就是可以为自己找到正当的理由。这些现象令他感到恐惧，于是他便倾向于相信，它们的一切方面都会加增其

---

① 参见以下第四部分第53页第2段，斯密在该段中指出，社会法律、秩序和安全的崩溃往往导致对自然科学的忽视。

② 《真理研究》(*Recherche de la vérité*)，V.11。《道德情操论》III.4.3中引用过马勒布朗士的这句话；此外，斯密的老师弗兰西斯·哈奇森(Francis Hutcheson)在他的《道德善恶之研究》(*Inquiry concerning Moral Good and Evil*，II.4)当中也引用过这句话。

可怕性。他会相信这些现象源自某种有智能的，然而看不见、摸不着的存在，是后者表示报复或不满的征兆或结果——在所有同类观念当中，这种认知最能强化上述的激情，因此也最容易被接受。此外，野蛮状态下的人类自然形成的懦弱心态也使他倾向于这么认识世界；没有任何社会法则的保护，无遮无拦地暴露于各种危险之下，一个人时时处处都会深感自己的软弱，永远缺乏力量和安全感。

然而，自然界的非常规现象亦不尽是这样威严、可怕的。其中也有一些现象美到极致、令人赏心悦目。出于同样的软弱心态，野蛮人便会带着爱和满足来看待它们，甚至生出一股强烈的感激之情——因为任何能令人愉悦之物都会自然而然地引动我们感谢的情绪。小孩子会爱抚他所喜欢的水果，又去打一块碰疼了他的石头。[①] 一个野蛮人的认知和小孩子并无大的差别。例如，古代雅典人就郑重其事地惩罚因事故致人死亡的斧头，[②]并搭建祭坛，向彩虹奉献祭品。哪怕是具有高度文明的人，遇到类似情况心里有时也会生出此类苗头，但又会当即反省，认识到这种事情并不是上述情感的合宜对象。然而野蛮人的观念完全受着野性和激情的支配，他只知道一件事激起了这种情感，这就够了，无须等待别的什么方面来验证此事正是某种情感的合宜对象。某些自然现象在他心里激起的敬畏和感激，已经足以令他确信，上述现象正是这种敬畏和感激之情的合宜对象，因此它们必定源于某种悦纳此类情感

① 参见《道德情操论》II.iii.1.1："我们甚至会在瞬间对碰疼了我们的石头生出愤怒。在小孩子，便动手打那石头了……"

② 参见《关于法律、警察、岁入及军备的演讲(上)》，ii.119，《关于法律、警察、岁入及军备的演讲(下)》，188 坎南(Cannan)编辑版，141。

的智慧的存在。因此，在他看来，自然界中每一样足以吸引他的注意力——无论是由于它的美还是由于它的伟大，由于它的有用还是由于它的有害——并且其运行并不完全有规律的事物，都应当是在某种看不见的、匠心独具的力量支配下运转的。大海是波平如镜还是咆哮翻腾，都取决于海神尼普顿(Neptune)的心情好坏。大地在这一季奉上了丰美的出产，那是由于谷物女神刻瑞斯(Ceres)的恩惠。葡萄园喜获丰收，那是酒神巴库斯(Bacchus)的慷慨赐福。如果有哪一样收成欠佳，那必定是人的作为触怒了神灵。树木有时枝繁叶茂，有时黄叶凋零，则是因为每棵树的里面都住着一位女树精(Dryad)，她的健康或疾病决定了树的不同状态。泉眼有时出水丰沛、有时水量减少，有时清澈澄净、有时浑浊涌动，所有这些变化，都是居住在泉中的水泉女神那伊阿得(Naiad)造成的。这便是多神论的来源，普通百姓常把一切非常规的自然事件归因于人眼看不见的智慧的存在，归因于神、鬼、巫师、精灵、仙女等等，此种迷信亦来源于此。因为我们可以看到，在一切未开化人群的多神教中，以及古代异教信仰的早期，唯有那些非常规的自然现象才会被归因于他们信仰的神的力量和作为。火自会燃烧，水自会带来清凉；重物自会下坠，轻者自会上飘，这都是由它们本身的性质所决定的；我们也从未发现所谓“看不见的朱庇特之手”[①]在这些现象中起到什么作用。然而像雷鸣电闪、风雨阴晴这类不

① 关于这个提法，以及它与斯密后来使用的“看不见的手”的提法之间的关联，可参考 A. L. 麦克菲(A. L. Macfie)在《看不见的朱庇特之手》(“The Invisible Hand of Jupiter”)一文中的评论，该文载于《思想史杂志》(*Journal of the History of Ideas*)，xxxii (1971)，595－599。

太有规律的事情，却总是被归因于这位神祇的恩宠或愤怒。他们所了解的唯一一种具有设计能力的存在就是人类本身，而人的活动对自然事件的影响，不是中止其过程，就是改变其轨迹。因此，他们自然地认为，那些存在于他们想象当中、但他们并不了解的智慧存在，也必定采取同样的行为方式；当事物按自己的轨道正常发展时，他们不会为其助力，但有时会刻意去中止、阻碍或干扰这个进程。如上所述，在人类文明的早期阶段，就是由这种最低级、最懦弱的迷信占据了哲学的地位。

然而，当秩序和安全已在法律基础上得以建立，当生存已不再充满危险，人类的好奇心便开始滋长，他们内心的恐惧感逐渐减少。他们有了更多的闲暇去留意诸多自然现象，能够更敏锐地观察到自然现象中最细微的不合常规之处，也更迫切地想去探究自然现象背后的关联链条。① 如此势必会使他们认定，那些看似散在的自然现象之间存在着一些彼此关联的链条；大凡成长在文明社会中的禀性宽厚的人，都会养成大方、乐天的性情，这样的成长环境，使他们不太有机会感受自身的软弱，反而会更多地认识到自己是多么有力、多么安全。这样，由于对上述关联链条的认知，他们便不那么倾向于求神拜灵，求助于那些看不见的存在——也就是人类野蛮先祖的恐惧和无知所造成的产物了。② 那些家境丰

---

① 参看休谟论共和国的一段话："由法律生安全；由安全生好奇；由好奇生知识。"《论艺术和科学的兴起与发展》("Of the Rise and Progress of the Arts and Sciences")，选自《道德、政治和文学论集》(*Essays Moral, Political and Literary*)，格林(Green)与格罗斯(Grose)编，i. 180。

② 关于科学和宗教解释之间的关系，斯密认为："迷信首先试图通过把所有美好现象归因于众神的直接作用来满足这种好奇。随后，哲学又竭力要阐明，这些现象的发

裕,又不太把心思放在做生意或者寻欢作乐上的人,他们的想象力摆脱了生活中平凡琐事的牵绊,要填充由此而来的空虚,最好的办法就是留心观察周遭发生的一串串事件。自然的伟大造化在他们眼前一幕幕地上演,然而有许多事件发生的次序却是他们还不熟悉的。他们的想象力在追随常规的自然进程时,有一种轻松自在和愉悦感,然而在这些看似紊乱的事件面前,那种自在和愉悦便不复存在,代之以一种油然而生的尴尬;这些事件激起了他们的好奇心,仿佛在无声地要求他们找出那些隐形的中间环节——正是这一串串中间环节组成的链条,把眼前发生的事件与此前发生的其他事件联系在一起,令宇宙的整个进程显得连贯而统一。因此,对于哲学这种自命能揭示自然界万事万物间隐秘联系的科学,人类研究它的最初动机无非是出于好奇,而不是期待哲学发现所带来的好处;他们是抱着"为哲学而哲学"的目的而从事这一活动的,他们追求研究本身所带来的愉悦或益处,并不在意随之而来的许多种别的快乐。①

希腊,以及西西里、意大利和小亚细亚的希腊殖民地,是西方最早进入文明社会的地区。因此,正是在这些地方,诞生了后世对其学说有某种清楚记载的最早的一批哲学家。不错,亚洲和埃及

生,是缘于一些更为人们熟知的原因……"(《国民财富的性质和原因的研究》,WN V.i.f.24)而在以下的《古代物理学的历史》当中,斯密又写道:"无知产生迷信,而科学则在那些未曾获得神启的国度中孕育了最初的有神论。"

① 对于哲学起源的此种解释,其鼻祖通常被说成是柏拉图。后者的名句是"好奇心是哲学家的标志"(《泰阿泰德篇》[*Theaetetus*],155 D),然而在这句话里,柏拉图所说的"好奇"更多地是指"困惑",而非这个词的通常意义。关于斯密这句话的完整思想背景,可参阅亚里士多德的《形而上学》(*Metaphysics*,A,982b 11－24)。

的一些伟大的君主制国家确实比希腊更早地建立起了法律和秩序，关于迦勒底人和埃及人的学识，此间又有着那么多的传闻，然而我们却不知道，这些国家是否拥有任何配称为科学的东西，或者，盛行于整个东方的独裁制度——它对人民的安全和闲暇造成破坏的程度，较无政府状态更甚——是否阻碍了哲学在那里的生长，对于这个问题，由于缺乏确凿的史料佐证，我们现在已经找不到任何确切的答案了。[①]

希腊的各个殖民地，由于其周遭的邻居们即使不是全然不开化，便是十足地温良，因此它们很快便取得了对周边地带的强大支配权，从而变成了相当强盛、富裕的帝国；相比之下，此时它们的宗主国内尚没有任何一个城邦有能力超越极度贫困的状态——这种贫困，使得社会上难以形成清晰的等级划分，因此必然伴随着因缺乏规范有序的服从性而产生的混乱不治现象。[②] 希腊诸岛凭借地利，得以免受来自陆上的入侵，而那个时代几乎没有什么海军，所以他们也不用担心来自海路的进攻。或许正是由于这个原因，这些岛屿才会在文明进步的各个方面都领先于大陆地区。最早的哲学家和诗人，似乎都来自希腊殖民地或希腊诸岛。像荷马(Ho-

① 在当时有限的知识条件下，斯密的谨慎论断可以说并无讹误。现代研究基于真实可靠的史料(如纸草文件、古代碑刻等)，揭示了古埃及高深的文明素养，特别是“巴比伦人”在数学、天文学和广义的医药领域的成就。希腊承自上述文明先行者的许多地方，也逐渐变得明朗。尽管如此，希腊人在思维严密性和抽象性上的创新，却把人类引进了一个新的境界。

② 斯密在《国民财富的性质和原因的研究》，V.i.b.3 ff.(第二节，论司法经费)中广泛讨论了“一个民政政府，必先取得人民的服从”这一命题。关于“等级划分”的社会效用，参见《道德情操论》I.iii.2.3，VI.ii.1.20，VI.iii.30。

mer)、阿基洛克斯(Archilochus)、斯忒萨科罗斯(Stesichorus)、西摩尼得斯(Simonides)、萨福(Sappho)、阿那克里翁(Anacreon)等人,均出生于上述地区。泰勒斯(Thales)和毕达哥拉斯(Pythagoras)分别为世上最古老的两大哲学门派的创始人,他们一个出生于亚洲的希腊殖民地,另一个来自希腊海岛;两人都没能在其宗主国本土成功建立自己的学派。[①]

以上两位哲学家各自的哲学体系是什么?他们的学说是否已经足够条理化并堪称"系统"?鉴于与之相关的古代传统延续到我们的时代已经变得相当残缺不全,且不可靠,所以,对于以上问题,我们不可能给出确切的答案。不过,和那位爱奥尼亚哲学家[②]相比,毕达哥拉斯学派似乎在研究相互衔接的自然律方面造诣较高。泰勒斯的后继者们——包括阿那克西曼德(Anaximander)、阿那克西米尼(Anaximenes)、阿那克萨哥拉(Anaxagoras)、阿基老(Archelaus)等人——对以上两位先哲学说的记述,则充满了最为错综难解的混乱。然而在恩培多克勒(Empedocles)、阿契塔(Archytas)、蒂迈欧(Timaeus)及卢卡尼亚的奥塞琉斯(Ocellus the Lucanian)等意大利学派最知名的哲学家流传至今的学说

① 参见《国民财富的性质和原因的研究》,IV. vii. b. 4(论新殖民地繁荣的原因):"两个最古的希腊学派,即达理士(即泰勒斯)学派及毕太哥拉(即毕达哥拉斯)学派,并不是建立在古希腊,而是一个建立在亚细亚殖民地,另一个建立在意大利殖民地。"(此段汉译引自郭大力,王亚南译《国民财富的性质和原因的研究》,商务印书馆,2010,北京。——译注)在《有关修辞学和文学的讲稿》ii. 117 - 19(洛西恩编辑版,132 - 3)中,斯密又对这一点进行了详尽的阐述,指出泰勒斯在米利都(Miletus)、毕达哥拉斯在意大利、恩培多克勒(Empedocles)在西西里传讲各自的学说,都发生在"波斯远征"将商贸和艺术带到希腊本土之前。

② 指泰勒斯,因其主要活动地区为小亚细亚爱奥尼亚的米利都城。——译注

当中，[①]我们可以察觉到某种接近于优美有序的体系的痕迹。排在最后的两位哲人，在观念上有很多相近之处，他们一个与柏拉图见解相似，另一个与亚里士多德异曲同工；而柏拉图和亚里士多德这两位哲人的学说彼此间也并无很大差异，其中一位提出了"四元素说"，另一位则创立了"范畴"的概念；[②]因此，我们可以说，他们分别是古代物理学和古代辩证法的创始人；至于这两个学科之间的密切关联，我们将在下文中加以说明。[③] 然而，哲学却是在苏格拉底学派兴盛时期，从柏拉图到亚里士多德的时代才最初成形，并

① "卢卡尼亚的奥塞琉斯"论自然哲学的著作现被视为托名的伪作(《牛津古典辞典》,1970),其实际产生年代为公元前 150 年左右,即后亚里士多德时代。参见 R. Mondolfo 在芝诺(E. Zeller)著作《希腊哲学史》(*History of Greek Philosophy*)的意大利文译本中(ii.384－5)所加的附注。

关于蒂迈欧,斯密在这里做出了两个当时很常见的假定:(1)他把蒂迈欧这个柏拉图对话录中的人物当成一个历史人物。关于这一点,可参阅 F. M. Cornford 著《柏拉图的宇宙论》(*Plato's Cosmology*,1937),2－3。(2)他不怀疑《论世界魂》("*On the World-Soul*")这篇存留至今、被说成是蒂迈欧所作的论文的真实性。然而读者可参阅 A. E. Taylor 的《柏拉图〈蒂迈欧篇〉评注》(*Commentary on Plato's Timaeus*,1928),附录 II,655－664 以及其中引述的其他文献。"意大利学派"指活跃于意大利南部克罗顿(Croton)城的毕达哥拉斯派哲人。斯密还将在下文(《古代物理学的历史》,3ff.)中再次提到这一学派。

② 在这里,斯密再次过于轻率地接受了托名作品的真实性,并把自己的判断建立在这一基础之上。塔伦图姆的阿契塔(Archytas of Tarentum)的著作,确有部分真实的断章残篇存留于世;但那些号称阿契塔作品的逻辑著作,如《论一般命题》(*On general propositions*)、《论对立》(*On opposites*)等篇,今天一般被认为出自比那晚得多的新毕达哥拉斯派(neo-Pythagoreans)笔下。无可否认,辛普利修斯(Simplicius)和其他一些古代评注者在评注亚里士多德的《范畴》(*Categories*)时都认为上述作品确为阿契塔所著。见 E. 策勒尔(E. Zeller),《古希腊哲学》(*Philosophie der Griechen*),第 4 版,vol.iii b,114－126;迪尔斯－克兰茨(Diels-Kranz),《赫拉克利特著作残篇》(*Fragmente der Vorsokratiker*),第 6 版,i.439。

③ 《古代逻辑学与形而上学的历史》,1。

以这种形态为世人所普遍了解。因此，我们若要详细介绍哲学的历史，就应当从柏拉图和亚里士多德说起。尽管之前的体系中所包含的一些有价值的内容，是与这两位大师的一般原则完全相符的，但这些内容似乎都已被整合进了这两位大师自身的哲学体系当中。我本人至今尚未发现，自爱奥尼亚哲学当中曾经派生出任何东西。而柏拉图和亚里士多德的几乎全部教义，其基本原则似乎都是由毕达哥拉斯学派这个源头派生出来的。柏拉图好像还从另外两个哲学学派借鉴了一些东西，后两者似乎是由于极端晦涩而没能赢得广泛的声誉——其中一个学派的代表人物是克拉底鲁斯（Cratylus）和赫拉克利特（Heraclitus）；另一个学派则以色诺芬尼（Xenophanes）、麦里梭（Melissus）和芝诺（Zeno）为代表。[①] 如果我们妄图把这些前苏格拉底哲人当中任何一位的学说体系从现今湮没无闻的状态中拯救出来，那将是一种自负而徒劳无益的尝试。然而，我们在行文过程中，将时时对这些似乎是借鉴而来的地方做出标记。

除此之外，还有一个早于柏拉图的哲学学派，但是柏拉图非但没有从中借鉴任何内容，反而倾尽自己的辩才，竭力去破坏其声誉、批驳其主要信条[②]——这便是留基伯（Leucippus）、德谟克利

① 克拉底鲁斯（Cratylus）是赫拉克利特的学生。关于此人对柏拉图的影响，参见亚里士多德，《形而上学》（*Metaphysics*），A，987a32 ff.；以及戴维·罗斯爵士（Sir David Ross）著《亚里士多德的〈形而上学〉》（*Aristotle's Metaphysics*），vol. i，xlvii。在此处的评述中，斯密大大低估了巴门尼德（Parmenides）对其直接后继者们以及对于柏拉图的影响。

② 此语有过于武断之嫌。柏拉图很可能对留基伯的哲学体系有所了解，参见康福德（F. M. Cornford）著，《柏拉图的知识理论》（*Plato's Theory of Knowledge*，1935），231；但是，当他对唯物主义进行攻击时，如在《智者篇》（*Sophist*，246 A－D）、《法律篇》（*Laws*，X，889 B ff.）中，都是一般性的概述。普罗泰戈拉曾受到柏拉图的明确批评，但此中原委在下一条脚注中将有说明。

特(Democritus)和普罗泰戈拉(Protagoras)所宣扬的哲学。[①] 出于上述原因,这个学派似乎已经被柏拉图的雄辩驳倒,从此无声无息,在数个世代里几乎被人遗忘,直到后来又在伊壁鸠鲁(Epicurus)的手中成功地复活。

第四部分 天文学的历史

在所有的自然现象当中,各种天体现象由于其恢弘壮丽的特点,成为人类好奇心的一个最普遍的对象。[②] 人即使在最不经意中仰望天空,也必定能分辨出日、月、星这三种不同的天体。众星显得恒定而长久,仿佛永远是一个样子,相互位置也保持不变,似乎每天都在沿着平行的、由两极到赤道逐渐增大的圆环[③]绕地球运行着。因此,人们很自然地认为,从各种特征来判断,这些星星犹如无数颗宝石,附着在天球(firmament)的凹面内,并随同实体天球的日周运动,日复一日地转动:由于众星的运行从表面看来具有一致性,故而,人们很容易将散布着群星的蓝色苍穹理解为一种

① 把智者普罗泰戈拉包括在原子论"学派"当中,是没有根据的。

② 参见《古代物理学的历史》,1。另见《国民财富的性质和原因的研究》V.i.f.24("论青年教育设施的费用"):"自然的伟大现象,天体的运行,日蚀月蚀,彗星,雷电及其他异常的天文现象,植物与动物的发生、生活、成长及死灭等等,必然会刺激人类的惊异心,所以自然会唤起人类的好奇心,促使他们探究其原因。"在《有关修辞学和文学的讲稿》ii.18-19v(洛西恩编辑版,87)中,斯密又说:"无论任何现象,在人的头脑中留下的印象越是鲜明生动,它所激起的好奇心就越强,叫人忍不住要对它追根究底,尽管其重要性实质上可能远逊于另一种不那么引人注目的现象。我们对于雷电和天体运行的奥秘抱着极大的好奇,相比之下,对重力现象的探究欲便小得多,就是因为前面那些现象给我们留下的印象自然更为深刻。"

③ 见下文,谈到早期天文学理论时所讲的这些环状轨道的用处。

实体——宇宙的屋顶或外墙，在其内侧，镶嵌着所有那些小小的、闪烁的装饰物。

太阳和月亮相对于其他天体的位置和距离时时都在变化，因此被认为并非与后者附着于同一球层之上。所以，人们给日、月各自安排了一个属于自己的球层；也就是假定它们各自附丽于一个透明的实体天球的凹面内，并被这个旋转的天球携带着，围绕地球转动。实际上，与恒星天球的假说相比，太阳和月亮各附于一个实体天球之上的假说并没有十分扎实的依据；因为从直观上看，无论太阳还是月亮，与其他任何一个天体之间并不总是保持等距。然而，既然众星的运动是以这样一个假说来解释的，若以同样的方式来解释日月的运行，这套天文理论在整体上便显得更为统一了。人们认为太阳所在的球层位置高于月亮所在的球层，这是因为，当日蚀发生时，可以清楚地看到，月亮从太阳和地球之间穿过。据认为，日、月各自独立旋转运行，同时又受到恒星天球运动的影响。处于最外层的恒星天球的转动，传递到太阳所在的球层，带动太阳自东向西运转，形成其日周运动和地球上的日夜更替；而与此同时，太阳本身又在自西向东做逆向的绕地公转，这形成了太阳的年周运动，也使太阳相对于众星的位置处于不断变化中。人们认为，上述运动的方向并非与外层恒星天球的运动完全相逆，而是有所偏斜，这样其实现过程便会容易得多，这种偏斜造成了太阳所在天球的转动轴相对于恒星天球转动轴的倾斜，从而形成黄赤交角，这便是地球上四季变化的原因所在。月亮所在的球层低于太阳所在球层，它运行一周的距离相对较短；另外，由于它距离恒星天球较远，因此后者发出的反向作用力对它的影响较小。出于以上两个

原因，月亮所在球层转动一周所用的时间便相对较短，完成一次周转只需一个月，而不是一年。

更用心的观测之下，人们发现有些星体的运动并不恒定，与其他星星不太一致，它们与其他天体之间的相对位置也在不停变换；大体上讲，它们总是自西向东运动，但有时会停滞不动，[①]有时甚至自东向西地逆行。这样的星星总共有五颗，它们被称为行星，意即游走的星星；它们各自也有名称，分别是土星（Saturn）、木星（Jupiter）、火星（Mars）、金星（Venus）和水星（Mercury）。它们和太阳、月亮一样，看起来既随着恒星天球的运转自东向西而动，同时又在各自独立地旋转运动，而后一种运动的方向大体上是自西向东的。出于上述原因，人们认定这些行星也和日、月一样，各自附着在一个透明天球的凹面内，而这些天球也都在独立运转，方向几乎与外层恒星天球的转动方向完全相反；不过，与此同时，它们又被后者强劲的力量与速度影响着，加快了运行的速率。

这就是所谓的同心球体系，世界上第一个正规的天文学体系，它最初是意大利学派[②]传讲的，此后由亚里士多德与其同时代的两位哲学家欧多克斯（Eudoxus）和卡利普斯（Callippus）[③]加以完

---

① 在天文术语中称为“留”。——译注

② 对“意大利学派”科学成就的这种认识应该说是无可指摘的，因为迄至不久之前，古典学者们的说法也和这大体相似。毕达哥拉斯学派在数学和天文学早期历史上素来享有很高的地位，但今天看来，人们已经不敢确定，传统上给予该学派的这种崇高地位是否妥当了。如果把欧多克斯视为同心球系统的创始人，似乎更为稳妥。

③ 关于欧多克斯与卡利普斯，参见 T.L.希斯爵士（Sir T.L.Heath）著《萨摩斯的阿利斯塔克斯》（*Aristarchus of Samos*，1913），第 16 章，190－224，以及赫克斯利（G.L.Huxley）的《科学家传记辞典》（*Dictionary of Scientific Biography*），卷 iv（1971）；另可参考阿兰（D.J.Allan）的文章《柏拉图》（‘*Plato*’），出处同上，卷 xi（1975），22－31。正如

善，才得以被世人所接受。这个体系尽管粗陋且未加修饰，[①]但它却能在想象中把那些最壮丽、表面看来最不具相关性的天文现象联系到一起。按照这一假说，天空中所有最引人注目的对象——太阳、月亮和恒星的运动，彼此间都形成了充分的关联。和现代相比，日蚀和月蚀现象在这一古代体系中虽是容易解释却不易计算。当这些早期哲学家向门徒们解释上述令人敬畏的天象的简单成因时，就如同揭开了一道至圣的封印，将掩藏的秘密揭示给世界；他们必得躲开群众的愤怒，避免因不敬神明而获罪的可能，因为这无异于否认神在上述事件中的作用，而人们向来都把这些天文事件看作神祇即将对人类施以报复的先兆。我们看到，天文上的黄赤交角及由此而来的四季轮转、昼夜交替，不同季节里昼夜长短的变化，都与这一古代学说精确相符。可以设想一下，如果天空中除了太阳、月亮和恒星之外便无法观测到其他天体的存在，这一古老的假说大有可能经受住过去所有时代的检验，万古坚立，传诸子孙后世。

如果说这一体系因其可信的外表而赢得了人们的信服，与此同时，它也激发了人们的好奇心和赞叹；而这两种情感又通过呈现于想象中的新鲜感和美感，更加坚定了上述信仰。在这一体系被传讲开来之前，人们心目中的大地就像举目望去所见到的一样，是

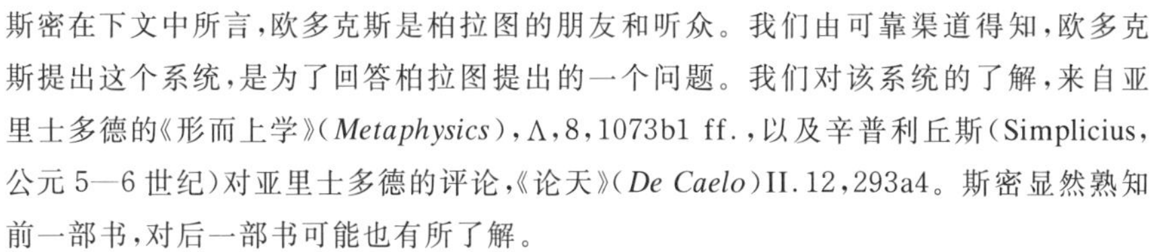

斯密在下文中所言，欧多克斯是柏拉图的朋友和听众。我们由可靠渠道得知，欧多克斯提出这个系统，是为了回答柏拉图提出的一个问题。我们对该系统的了解，来自亚里士多德的《形而上学》(*Metaphysics*)，Λ，8，1073b1 ff.，以及辛普利丘斯(Simplicius，公元 5—6 世纪)对亚里士多德的评论，《论天》(*De Caelo*)II.12，293a4。斯密显然熟知前一部书，对后一部书可能也有所了解。

① 欧多克斯提出的系统绝非“粗陋且未加修饰”，而是极其精妙的数学分析，实质上，它在几何学上的造诣，足可媲美约瑟夫·傅立叶(Joseph Fourier)以代数法将复杂的曲线运动分解为更简单的要素这一成就。

一片蛮荒未辟、高低不平的广袤原野,它是整个宇宙的基础,周围被海洋环绕,其下是无尽的虚空,大地之根穿透这虚空,扎进它的深处。天空被视为一个实体的半球,它覆盖着大地,在地平线的尽头与海洋连为一体。太阳、月亮和所有天体由东方天际升起,渐渐爬上天空半球的顶部,又从那里缓缓滑下,落进西方的海洋,然后,经历了某种地下之旅,再回到位于东方的初始位置。当时,持上述观念的并不仅仅是普通百姓,也不仅限于那些塑造普通人观念的诗人们:就连爱利亚(Eleatic)学派的创立者、哲学家色诺芬尼也是这么想的,爱利亚学派是继爱奥尼亚学派和意大利学派之后,最早出现在希腊的一个哲学学派。据亚士里多德记载,[①]米利都学派的泰勒斯曾经说过,大地漂浮于无穷无尽的海洋当中,这和上面的观念几乎是完全相同的;尽管普鲁塔克(Plutarch)[②]和阿普列乌斯(Apuleius)[③]曾经记载了他的一些天文学发现,但是这些发现显然都远远晚于这个时期。而那些对自然全无了解的人,他们从如此混乱的描述中除了能够或多或少地悟得一些知识以外,必定还能体会到一种和谐之美:该体系把地球视为一个悬于宇宙中心的自平衡的球体,由陆地和水体两部分构成,被气体和以太成分裹覆着,外围环绕着八个光滑的水晶球层,每一球层都有一个或多个美轮美奂、明光熠熠的缀饰,令其有别于其他球层;而所有这些球层均围绕一个共同的中心旋转,它们各自的速度虽不尽相同,总体上却处于一种稳定而均衡的运动状态。似乎柏拉图正是被这一体系

① 《论天》,II.13,294a28。

② 《德尔斐神谕》(*De Pythicae Oraculis*),18,402 E－F。

③ 《诗选》(*Florilegium*),18;英译见希斯著《萨摩斯的阿利斯塔克斯》,22。

的美所启发，[①]才联想到可以在天体的运行及相互间距当中发现某种“调和比例”(harmonic proportion)；而这一想法又启发了早期毕达哥拉斯派学者，从而萌生了那个关于“天体之音乐(Musick of the Spheres)”的著名幻想[②]：这诚然是一个浪漫不羁的观念，然而它又恰恰符合如此之美的一个体系在人心中所容易激发、并在新奇感的引介之下油然而生的那种赞叹之情。

无论这个体系对事物的描述存在多少缺欠与不足，然而史上最早的天文观测者们当时还没有能力发现这些。即便该体系无法完全囊括五大行星的所有运动，但是它毕竟能够解释其中的一大部分；再者，这些行星及其运动相对于整个宇宙而言，实在是微不足道的；人类的绝大多数对它们根本未加注意；而一个体系如果只在这方面存在瑕疵，并不会因此而使其立论招致怀疑。如果说太阳和月亮的运行也有时而加速、时而变缓的现象，与该学说的描述不尽相符，这些现象均不十分明显，若非极用心地观测，便根本无法发觉。因此，无怪乎早期从事天文探索的学者们对此都一带而过，基本未加注意。

然而，为弥补这一体系中存在的上述缺陷，柏拉图的朋友和听众欧多克斯认为，有必要增加天球层的数目。[③] 根据观测，每颗行星都有按自身轨道自西向东运行的时候，也有自东向西逆行的时

① 《理想国》(*Republic*)，X. 616－617；见前注所引希斯书中 148－158。

② 亚里士多德，《论天》，II. 9，290b12－29；西塞罗(Cicero)，《西庇阿之梦》(*Somnium Scipionis*)，5。参见格思里(W. K. C. Guthrie)著《希腊哲学史》(*History of Greek Philosophy*，1962)，i. 295－301；伯克特(W. Bürkert)著《智慧与科学》(*Weisheit und Wissenschaft*，1962)，328－335。

③ 如果欧多克斯是同心球体系的创始人，那么此句便是错误的。

候，以及停滞不前的时候。如果我们假设行星天球是自主转动的，那么它们这种时进、时退、时停的运动方式便违背了人类想象力的一切自然倾向：要知道，对于任何有秩序、有规律的运动，我们的头脑接受起来都倍感轻松愉快，但是要应对如此杂乱无章且不确定的对象，它就会觉得不停地受到打断和干扰。按其本性，它会自然而然地顺应天球正向运转的趋势，却不时地因行星的逆行和停滞现象而受到惊扰——如果可以这么说的话——被猛然抛出自身运行的自然轨道，令想象力顿感怅然若失，似乎这两种状态之间出现了一个跳跃、存在着一道鸿沟，若想填平这道鸿沟，只有假设二者之间存在着一串隐形的中间环节作为维系。[①] 欧多克斯试图加入同心球体系中的隐形环节，就是假设宇宙中除了发光天体所在的球层之外，还存在着其他一些旋转的球层。他为五大行星各配置了四个球层，其中一个是行星本身所附丽的球层，另外三个则在这一球层之外运行。每一球层的运动都是持续而有规律的，但各有其独特性，其影响传递至行星所在的球层，从而造成了这些天体运动中能够被观测到的种种差异。例如，其中一个球层呈钟摆式运动[②]——当你拨转钟表（这就等于天球围绕其中轴旋转），钟摆会在持续摆动的同时随着你的拨动而旋转，并且把这种旋转和自身摆动的动能传递给与之相连的其他机件；呈钟摆式运动的球层

---

① 以下的描述基于亚里士多德《形而上学》，A，8：关于行星天球的内容出自1073b22；关于太阳、月亮的内容出自 1073b17；关于卡利普斯的系统，出自 1073b32 ff.。

② 斯密对于“钟摆式运动”的本质似乎理解有误，与当前学界一致接受的“持续”和“稳定”这两种性质有所抵牾。他可能没有认识到，所谓“钟摆式运动”只是相对于观测者来说的。

也是一样，外层天球的旋转带动着它一起旋转，与此同时，它又把这种旋转以及自身钟摆式运动的动能一并传递给其下的球层；前者造成了行星的日周运动，后者则造成了行星时而前进、时而停滞、时而后退的现象，而行星的年周运动则是来自另一天球的影响。上述所有天球的运动本身都是持续而稳定的，足可以被人类的想象力轻松领会和追随；此外，这种假说将可以观察到的行星球层的种种异动联系起来，形成一个整体，否则这些异动便会显得杂乱无章。太阳和月亮的运动较五大行星的运动更有规律，欧多克斯认为，只要给它们各自安排三个球层，就足以把日月运行中可观测到的所有异动联为一体了。据他判断，恒星的运转既是完全符合规律，那么只需给它们安排一个天球就足够了。因此，按照这种估计，宇宙中天球的数目共有 27 个。卡利普斯比欧多克斯年轻些，不过也可以算是后者的同时代人，他发现，即使这个数字也不足以把自己观测到的大量天体异动联成一体，因此，他把天球的总数增加到了 34 个。[①] 而亚里士多德经过更加细心的观测，发现 34 个天球层仍然远远不够，所以他又新增了 22 个，使得天球的总数增加到 56 个。[②] 后来的观测者们又发现了更多新的天体运动和新的不规则现象。于是，整个体系中天球的数目便不断地增长，有些天球层甚至被认为存在于恒星天球之外。故而，到 16 世纪的时

① 据亚里士多德所言，卡利普斯发现，为准确解释天文现象，必须在太阳和月亮的体系中各加两个球层，再给火星、金星和水星各加一个球层。这样，他计算出的天球总数就是 27＋4＋3＝34 个。

② 亚里士多德曾在《论天》中描述了该体系逐步走向精细化的过程。

候，当弗拉托斯科里奥（Fracostorio）[①]凭着柏拉图和亚里士多德式的滔滔雄辩以及这二位先哲所倡导的体系的规范性、和谐性——其本身固然优美至极，却无法做到与客观现象精确相符——试图让这一早已让位给托勒密（Ptolemy）和依巴谷（Hipparchus）学说体系的古老天文学体系重拾生机的时候，[②]他发现，有必要把天球的总数进一步增加到 72 个；但即便如此，这一体系仍然显得不敷其用。

这个体系现已变得与客观现象本身同样地错综复杂，而它的本来意图是要赋予后者统一性和条理性的。它对事物的描述是如此令人费解，以致想象力在它面前依然未能从面对复杂现象时所感到的那种困窘中得到解脱。正是出于这种原因，在亚里士多德时代过去后不久，便出现了由阿波罗尼乌斯（Apollonius）首创的另外一个体系，[③]后来，该体系经依巴谷加以完善，又经托勒密的记载而流传至今。这便是带有更多人为因素的偏心圆－本轮体系（system of Eccentric Spheres and Epicycles）。[④]

① 即吉罗拉摩·弗莱卡斯特罗（Girolamo Fracastoro，1483－1553），一位将人文意义上的文艺复兴与所谓"科学革命（Scientific Revolution）"联系起来的杰出人物。斯密在这里介绍的理论，源自弗莱卡斯特罗 1583 年所著之《同心论》（*Homocentrica*）。参见《科学家传记辞典》，vol. v（1972），104－107。

② 依巴谷（活跃于公元前 146－前 127）生活的时代当然在托勒密之先，我们对于依巴谷的了解，有很大一部分是来源于后者的记述。

③ 佩加的阿波罗尼乌斯（Apollonius of Perga，公元前 3 世纪），有"伟大的几何学者"之称。我们从托勒密的《天文学大成》（*Almagest*）一书中了解到他关于行星运动的理论。

④ 参见希斯，《古希腊数学手册》（*Manual of Greek Mathematics*，1931），376，396－397；塔恩（W. W. Tarn）与格里菲斯（G. T. Griffith）合著，《希腊文明》（*Hellenistic Civilization*），ed. 3（1952），296－299，以及书中所引文献。

这一体系首先将天体真正的运动及其现象区别开来。天文学家们注意到，由于天体之间相隔遥远，它们的运动轨迹在我们看来必定是以地球为中心、层层环绕的同心圆；然而我们却无法认定，这些天体确实是以同心圆的方式运动的，因为，即使真实情况并非如此，从表面上看它们依然是这样。因此，上述天文学家们认为，假设太阳和其他行星是以环形轨迹运行的，其圆心与地球中心相距甚远，那么它们在做环形运动时，与地球的距离必定时远时近，其速度在地球居民看来也必定是时快时慢，因此，他们认为可以凭此解释所有这些天体看似不均衡的速率。

他们又假设五大行星各自的球层内，又形成了另一个称为“本轮”的较小球层，本轮存在于行星球层的凹面与凸面之间，它一方面围绕自身的中心旋转，同时又随行星球层围绕地球旋转；这就如同一个小轮被安置在一个大轮的轮周上，小轮在围绕自己的轴心旋转的同时，其轴心又被大轮带动着，围绕大轮的轴心旋转。因此，上述天文学家们认为，他们可以凭此解释这些运动最不规则的天体为何时常出现停滞和逆行的现象。他们认为，行星附着于上述较小球层的周沿，并围绕其中心旋转，[1]同时，它又随着较大的行星球层的运动，以地球为中心旋转。在这个小球层即本轮的旋转过程中，当行星位于它的上部，也就是离我们最远、最难被肉眼观测到的时候，其运行方向与本轮中心的运行方向一致，或者说，与本轮所在的行星天球的运行方向一致；而当行星位于本轮的下部，

① 托勒密的体系中没有“球层”一说；后来，穆斯林天文学家们在亚里士多德学派“物理学”的影响之下，才把球层的概念引入该体系。

也就是离我们最近、也最容易被肉眼观测到的时候，其运行方向则与本轮中心的运行方向相反：这就好比处于车轮外圈上半部分的每一个点，其旋转方向都是向前的，与轮轴的转动方向一致，而处于车轮外圈下半部分的每一个点，其旋转方向都是向后的，与轮轴的转动方向相反。当它处于上、下两部分之间的过渡位置（无论是由上向下还是由下向上的方向）时，就必定呈现出停滞不动的样子。

然而，尽管这个体系可以用较大天球的偏心运动在一定程度上解释天体运行速率的不均衡，又可用本轮的运转来解释行星时进、时退、时停的现象，但另一个难题却依然没有得到解决：那就是，当月球和火星、木星、土星这三颗外行星的运行速度最慢的时候，或者说，当它们与地球的距离最远的时候，它们在天空中的位置似乎并不恒定。由此可以推断，这些天体所在的天球，其远地点（即与地球距离最远的点）本身必定也在运动，携带着它逐次经过黄道上的各点。故而，天文学家们推测，当较大的天球层沿偏心圆轨道围绕其中心自西向东旋转时，这个中心本身也在围绕地球自东向西地旋转，携带着行星的远地点经过黄道的各个点。

以上所有这些圆的组合复杂到令人困惑，尽管这一体系的主张者能凭此或多或少地将行星的实际方位纳入一定规则，但是他们却发现，这些假想中的天球的运行速率根本无法与观测到的天象完全相符。例如，从理论上讲，任何一个天球层，如果从其中心观察，它的旋转应当是完全匀速的。对于处于圆周运动中的物体来说，只有站在圆心点上，才能对它的运动速率做出真实判断——而实际上，即使从上述天球层的中心点出发，这些天球层的旋转速率依然是不均衡、不稳定的，这个事实不免令人类的想象陷入了尴尬和困惑。有鉴于此，天文学家们为每一天球层引入了一个称为“偏心匀速轮(Equalizing Circle)”的新的圆形，从这个新圆的中心点看来，天球的运转是完全匀速的：也就是说，他们在这一点上校准了天球的运转速率——尽管从天球本身的中心点上看，天球的旋转并非匀速，但在天球的圆周范围内总有那么一点，天球的运动在以该点为圆心的偏心匀速轮上是完全匀速而均衡的。

偏心匀速轮的发明，最明确地彰显了哲学的终极目的就在于安抚想象力、追求一种澄净安详的状态。天体的运行，无论从其速率还是方位来讲，都表现得既不稳定也不合规律。当人类的想象力试图追踪其规律时，总是落得一个尴尬、困惑的结果。偏心圆的发明，本轮的发明，以及偏心圆的中心做圆周运动的说法，有助于减轻这种困惑，把表面上杂乱无章的天文现象联结为一个整体，并为人类头脑对于天体运行的认知引入和谐与秩序。可以说，偏心圆-本轮体系的确起到了上述的作用，但是它做得还不够完美；在这一体系的解读之下，天体的实际方位呈现出统一性和连贯性，然而它们的速率却始终是个问题：即使以天球层的中心点作为观察点——这是唯一能够对处于圆周运动中的物体做出真实判断的点——上述天球层的旋转仍然算不上匀速运动。面对这一事实，人类的想象力依然会感到尴尬。不过，无论这些天球的运动在表面看来是多么无序，如果从它自身的中心来观测，人们总能在其内部找到一个点，从这点看来，天球在以一种极易被人类的想象力所接受的运动方式匀速而均衡地旋转着——每当想到这一点，人们的头脑便会感到前面所说那份尴尬略微有所消解。这些先哲们在幻想当中飞升天宇，置身于意念中的天球中心，以欣喜的眼光俯察

着浩浩宇宙,一切天体的奇妙运动,无不和谐有序——他们所有的研究,其终极目的难道不就在于此吗?在这里,他们终于体会到了那份澄净与安详,他们在这个由假说构成的精致复杂的迷宫中一路走来,始终追求的正是这个;在这里,他们目睹了自然这场大戏中最完美、最壮丽的一幕,而它的构造布局又是如此地井井有条,他们足可以轻松而喜悦地把握其中的所有运转和变化。

这两个体系——同心圆体系和偏心圆体系——大概是在古代西方世界的天文学当中最具声望的两个天文学体系。然而,克莱安西斯(Cleanthes)[①]及其以后的一批斯多噶学派(Stoical sect)哲人们却似乎拥有一套属于自己的、与上述二者大不相同的体系。不过,斯多噶派学者尽管在辩证法方面荣享一份应有的美誉,又因其宁静而崇高的道德学说而蜚声远近,然而这些智者却似乎从未因其天文知识而获得任何崇高声望;他们当中也没有任何人[②]跻身于伟大的古代天文学家和勤奋的星象观测者之列。他们反对实体天球论,并坚称宇宙空间被流体的"以太"充满。由于以太是一种流体,不足以凭自身的流动承载日、月及五大行星这样巨大的天体随其运转,因此,以上天体和众恒星的运动并非来自周围天体的影响,而是各有其独特的内在动力,促使它们以自身独特的速率、按照自身独特的方位运行。正是在这种内在动力驱使下,众恒星按照与赤道平行的环形轨道自东向西绕地球运转,每颗恒星的轨道长度和运行速度都按照该恒星所处位置距地球两极的远近适当

① 继斯多噶学派创始人、基提翁的芝诺(Zeno of Citium)于公元前263年去世之后,该学派中涌现出的第二号代表人物。

② 波赛多尼奥斯(Poseidonius,公元前135－前51)却是一个明显的例外。

匹配,以致每颗恒星都约略在同一时间(接近 23 小时 56 分钟)完成其日周运动。同样,太阳亦在这种内在动力的驱使之下自东向西运行——在斯多噶派学者的观念中,天体不可能自西向东运行——但太阳的运行速度略慢于众恒星,需要花费 24 小时完成其日周运动,因此,太阳每天总是随在众恒星之后沉落于地平线下,相隔的距离差不多正是太阳在 4 分钟内运行的路程,相当于天球坐标系中 1°左右的差距。此外,太阳的运行既非精确的正东－正西方向,其轨道形状也不是纯粹的圆形:每年夏至以后,太阳的运行轨迹开始逐渐向南偏移,表现为太阳每天正午时达到的最高点日复一日地南移,形成了一条围绕地球的螺旋线轨迹,直至达到冬至点。在该点上,这条螺旋线又改变了方向,开始随着太阳的运行日复一日地北移,直到重新回到夏至点。同样,斯多噶派学者认为,月亮和五大行星也是自东向西运行,但其方位和速度各不相同,且在不断变化;不过大体上倾向于地球赤道,呈环状轨迹。

斯多噶派学者的这一天文体系似乎从未在学界盛行。相对而言,同心圆体系和偏心圆体系对于恒星的恒定不变和行星变化不定的状况做出了某种推断;二者均使表面看来散在脱节的众多天文现象呈现出某种一致性。但斯多噶派的天文体系却似乎满足于在这方面无所作为。你若问一位斯多噶派学者,为什么所有恒星都以相互平行的环形轨道绕地球运转,尽管其轨道直径相差悬殊,它们在速度上却如此步调一致,每天都能在同一时刻完成各自的周转?而且,在整个运转过程当中,它们彼此间的距离和位置何以能够保持不变?对于以上问题,估计他无法给出别的答案,只能说,每颗星体的独特运行方式,取决于它的独特本性,或者说是它自身特有的一种无理由的倾向。[1] 他的体系没有为他提供任何关联律，让他能够凭此在想象中将为数如此浩繁的星体的和谐运转联结为一个整体。其他两个体系尽管通过假设实体天球的存在而做到了这一点，但是也做得相当勉强。同样，关于可观察到的其他天体运动的诸般特异之处——比如，所有天体呈螺旋轨迹的运动方式、它们在南北方向间的交替巡回、太阳和月亮时快时慢的运行、行星的逆行和停滞现象——若问这些现象彼此之间是否存在着什么关联，斯多噶派学者依然是一筹莫展。在他们的体系中，所有这一切彼此间都没有关联，始终松散而互不相干地存在于想象之中，就像最初呈现于感官、没有经过哲学再处理的时候一样——后者的作用，即通过对这些现象的重新归置、安排不同天体的远近、赋予其独特然而有规律的运动法则，从而尝试将其条理化、形成一种秩序，令想象力得以顺畅无阻地在其间流过，如同在它最熟悉、最有规律、最协调连贯的自然现象之间流过一样。

以上所介绍的，就是古代世界中称得上较有影响的几大天文学体系。在它们当中，以偏心圆体系最切近于实际天象。它诞生于人类对上述天象有了较精确观测之后的一个多世纪；而且，此后又经过了更长一段时期的观测，直到安托尼努斯(Antoninus)统治时期，[2]方由托勒密臻于完善。如此看来，无怪乎它能够较其他两

---

① 关于“每颗星体自身特有的无理由的倾向”的观念，在后世的自然哲学，特别是医学上发挥了重要作用。

② “克罗狄斯·托勒密(Claudius Ptolemy)……可能是在安托尼努斯·皮乌斯(Antoninus Pius，公元138－161)统治中期写下他那部巨著的”：希斯，《古希腊数学手册》，402。

个体系更多地与实际天象相符了——这是因为，其他两个体系均成形于这些天象尚未得到仔细观测之前，只能粗略地体现不同现象之间的联系；而当人们已经对天象有了更细致的考察的时候，就不能指望这两个体系的原理依然适用了。所以，从依巴谷时代起，偏心圆体系似乎就已经被天文研究者们普遍地接受了。作为一位天文学家，依巴谷编制了人类第一份恒星表；[①]计算出此后600年间太阳、月亮和五大行星的运行趋势；标示出在这段时期内太阳、月亮和五大行星即将出现在天空中的哪些位置；精确地预测了日蚀、月蚀即将发生的时间，以及在地球上观察日蚀、月蚀的方位。他的计算都是以偏心圆体系作为基础的，此后，他的预言一一应验，其精确度虽不及今日天文学所能达到的水平，却大大地优于此前的任何方法。这些预言的应验，向当时的所有天文学家和数学家们表明，他所主张的体系确乎超出了前人的所有体系。

不过，能确信这一点的也仅限于天文学家和数学家们而已；因为，尽管该体系的优越性十分明显，但是从当时所有的名人记载看来，这个体系从来不曾被任何哲学门派所接受。

哲学家们似乎早在依巴谷生活的时代之前便已放弃了对自然的研究，[②]转而把主要精力投入到伦理学、修辞学和辩证法问题当

① 依巴谷在更早的阿里斯基尔（Aristillus）和提莫恰里斯（Timocharis）所制星表的基础上，编定了后世所称的“依巴谷星表”，为依巴谷进一步发现二分点的岁差提供了可能。关于依巴谷的成就，参见希斯，《古希腊数学手册》，395－399。

② 这一指责的打击面未免过大了；斯多噶学派和伊壁鸠鲁学派对待自然的态度虽有别于“天文学家”们，却远非视若无物。

中去了。[①] 到这时，各个哲学学派均已构建完成自身独特的宇宙体系或理论，任何出于人的考量都无法促使他们放弃以上理论的任何一个部分。他们用一种源于傲慢无知的轻蔑态度对待所有的数学家，其中也包括天文学家，甚至不肯放低姿态去考察一下后者的学说，了解他们的观点究竟是怎样的。无论是西塞罗还是塞内卡，都有很多机会在自己的著述中提及古代的天文学理论体系，然而他们谁都不曾提起依巴谷的天文学体系。我们在塞内卡的书里根本找不到依巴谷的名字。西塞罗也仅在致阿提库斯（Atticus）的一封信里提到过他一次，[②]却没有对其作为地理学者或天文学者的成就表示任何赞许。普鲁塔克的第二部书主旨就是论述哲学家的科学见解，他在书中历数了所有的古代天文学体系，[③]却对这个在他生活的时代里可以说是唯一差强人意的天文学体系只字不提。看来，以上三位作者只熟悉哲学家们的著作。老普林尼（the elder Pliny）[④]为人具有浓厚的好奇心，并把这份好奇心不带偏见地扩展到了每一个知识领域；他在自己的书中倒是对依巴谷的体系有所描述，却从未提及依巴谷的名字（虽说他有许多机会这样做），也未表露他本人对于后者的功绩理应抱有的高度敬意。这些公认

① 参见《关于修辞学和文学的讲稿》ii. 213 - 214（洛西恩编辑版，175 - 176），在提到西塞罗时代时，作者描写道："修辞、逻辑或辩证法，在古代人那里无疑得到了最大的发展。实际上，在那个时代里，也只有这些学科——如果我们把伦理学的一小部分排除在外的话——得到了相当程度的发育。所以说，它们是当时很时髦的学科……"

② 《致阿提库斯书》（*Letters to Atticus*），II. 6. 1。

③ 和哥白尼（Copernicus）一样（参见 § 28），斯密也认为《哲学家的物理学见解》（*Placita Philosophorum*）确为普鲁塔克的著作。关于此书的真正来源，参见伯内特（J. Burnet），《早期希腊哲学》（*Early Greek Philosophy*），第 3 版，（1920），34。

④ 《自然史》（*Natural History*），II，特别是在 54，95 当中。

的人类导师对于他们生活的时代里如此重要的一部分知识竟然无知到这般地步，[①]实在是一个非同寻常的现象，因此，我认为，我们哪怕是在这样一篇简短的哲学史概述当中，也值得对此提起注意。

体系，在很多方面就如同机器一样。[②] 一部机器就是一个小的体系，人们创造它的目的，是为了让它在实际层面完成和连接设计师在巧思中所要达成的各种运动和效果。一个体系就是一部假想的机器，它之所以被发明出来，就是要把现实中已经完成的各种运动和效果在想象中连成一体。无论是完成何种运动的机器，当它最初被发明出来时，构造通常最为复杂；后继的设计师们逐渐发现，如果去掉几个轮子、再简化其运动原理，这台机器反而能更容易地达到原来追求的效果。[③] 出于同样的道理，最早的体系往往是最复杂的，每一对看似松散的现象之间，必有某个特定的关联或原理起着居中联结的作用。然而，往往会发生这样的情况：一个大

① 尽管西塞罗可能没有能力充分理解相关的数学根据，但在我们可以称之为“科学哲学”的方面，他的一些提法（如，在《论神性》[*De Natura Deorum*]与《论预言》[*De Divinatione*]两部著作中的论述）却带有鲜明的现代色彩。

② 用机械原理来打比方在18世纪颇为常见，斯密也大量运用了这种比喻。在《古代物理学的历史》第9部分和《道德情操论》I.i.4.2，VII.ii.1.37当中，他都曾把宇宙喻为一架机器；同样，在《道德情操论》VII.iii.1.2，VII.iii.3.16当中，他又把社会喻为机器。

③ 参见《论语言的形成与语言的特征》，41：“任何机器最初被发明出来时，其原理通常极为复杂，设计意图中的每一特定运动都有一个特定的原理来管辖。而到后来，改进者们发现，或许可以用一个原理来统辖多个运动过程，这样，这台机器就逐渐变得简单起来，再不用原来那么多轮子、也不必应用那么多的运动原理，照样能产生同样的效果。”斯密用这个比喻来说明语言在产生、发展过程中由复杂到简单的变化，不过他认为，尽管机器从繁到简的历程能使机器本身“日臻完美”，但语言的简化趋向则令语言“越来越不完美”。在《关于修辞学和文学的讲稿》i.34v（洛西恩编辑版，11）中，他又将此段以综述方式再度加以重申。

的连接律后来被发现,足以将整个群体当中所有的不协调现象都联为一体。我们不妨数算一下,偏心圆体系这部假想中的机器,其运转需要多少个轮呢!天穹自东向西的日周运动需要一个轮,这种运动的速率带动所有其他天体随之运动。太阳、月亮和五大行星自西向东的定期运行,各自要求一个轮。它们在运动中各自独立地时而加速、时而减缓,因此,这些轮或者说圆必然既不与天球同心,彼此也不同心——这一点似乎对宇宙总体的和谐性构成了最大的干扰。五大行星时而退行、时而停滞不前的现象,以及月亮运行的极端变幻无常的特性,要求这些天体各自拥有一个本轮,即附于大轮圆周上的另一个小轮——这便对体系的统一性形成了更大的干扰。这些天体各自的远地点的运动,又各自要求有一个轮来带动它们所在的偏心圆中心围绕地球运动。如此看来,这部假想中的机器,尽管可能比亚里士多德的56层天球说更简单,当然也更符合客观天文现象,但它仍然过于复杂难懂,令想象力难以在其中得到完全的宁静与满足。

然而,只要古代世界这种完全不重视科学的情况没有改变,这个体系便会依然保持它的权威,声誉绝不稍减。自安托尼努斯统治时期以后——事实上,早在此前大约三百年,在依巴谷生活的时代之后,人们就开始对更早时代的哲人们服膺到五体投地的程度,似乎不敢想象自己的成就声望也能与他们比肩。他们以为,那些古代圣哲的著作中已然包括了人类的一切智慧。因此,自己所能做的,就只有对其进行节录、注疏和点评,以显示自己起码有能力理解那玄妙高奥理论中的一部分,这也是他们获得名声的唯一途径。比如,普罗克洛斯(Proclus)和赛昂(Theon)便曾著书评述托勒密的天文学体系。[①] 不过，若说尝试发明任何新的体系，则不仅会被视为一种僭越，而且简直就是亵渎了被他们敬若神明的伟大先贤们。

几个世纪以后，随着罗马帝国的崩溃，以及由此而来的法律及秩序的全面破坏，使得人们完全无暇顾及对自然现象之间的诸多连接律进行研究，这种研究唯有在闲暇和安全的环境中才能进行。[②] 自从人类史上这些伟大的征服者和教化者的统治灰飞烟灭之后，直到回教哈里发们统治的时代，这个世界才又一次逢到适于科学研究发育成长的太平盛世。正是在这些慷慨而高尚的皇族庇护之下，古希腊的哲学和天文学才得以在东方的土地上恢复并确立起来；这个温和、公正而虔信宗教的政府，[③]在其广大的国土上营造了一派祥和安宁的气象，人类探索自然界诸般关联律的好奇心在这种氛围之下得以再度苏生。声名赫赫的希腊时代之学，在人们的记忆中还不算太久远，令他们为之心仪，迫切地想知道那些有名的智者先贤在各种玄奥的问题上都有些什么主张。

于是，他们把许多希腊哲人的著作译成了阿拉伯语，如饥似渴地学习——特别是亚里士多德、托勒密、希波克拉底和盖仑（Ga-

① 普罗克洛斯（410－485），新柏拉图主义哲学家。其存世著作包括"《关于天文学假说之猜想》（*Hypotyposis of Astronomical Hypotheses*），介绍了依巴谷和托勒密的天文学体系，通俗易懂、可读性颇强"（希斯，《古希腊数学手册》，517）。亚历山大的赛昂（Theon of Alexandria，生活于公元前4世纪）则著书评介托勒密的《大综合论》（*Syntaxis*，又名《天文学大成》）。希斯在《古希腊数学手册》第516段中解释了其价值所在。

② 参见上文第三部分第25页注①。

③ 斯密对穆斯林王朝的"宽容"看得稍嫌乐观了。

len)的著作。[①] 他们无须费力便发现,与其本国[②]文明当时所能产生的粗陋文章(可以想见,无论在任何地方,科学最初萌生的阶段皆是如此)相比,这些书中的内容是何等的高妙,这必定促使他们决意全盘接受来自希腊、罗马的科学体系,特别是天文学体系;而且,自此之后,他们便一直没能脱离后者的权威影响。因为,尽管阿拉伯帝国的第二代哈里发阿巴赛兹(Abassides)慷慨解囊,为阿拉伯天文学家们配备了比托勒密和依巴谷时代更好、更大型的天文仪器,但是那个伟大帝国的科学研究却总是太短命,或是屡遭干扰,以致未能对前代数学家们的学说做出任何值得一提的校正。人类的想象力还没有足够的时间来熟悉那些古代的科学体系,在看待它们的时候总难免被其辉煌、新异所感染,产生一种叹为观止的震撼之感:这是一种极特别的新异——兼具了新生之美与古老的威望。故而,直到大大小小的波澜动摇乃至最终颠覆了哈里发的和平统治,也使得阿拉伯帝国的科学研究因此而夭折之际,阿拉伯的学者们依然无比敬仰地俯伏在这些体系面前,不敢有所僭越。不过,在研究过程中,他们也对上述体系做出了一些重大改进。比如,他们对黄赤交角进行了比以往更精确的测定。另外,托勒密编

① 在文中论及的这段时期,许多希腊科学著作(特别是盖仑和希波克拉底的著作)在被译成阿拉伯语的同时,也有叙利亚语的译本:参见M.迈耶霍夫(M. Meyerhof)文,载于T.阿诺德爵士(Sir T. Arnold)与A.纪尧姆(A. Guillaume)编著,《伊斯兰的遗产》(*The Legacy of Islam*,1931),316 ff.;E.吉尔森(E. Gilson),《中世纪的哲学》(*La Philosophie au moyen âge*,1944);R.沃尔泽(R. Walzer),《论亚里士多德〈形而上学〉……的阿拉伯语诸译本》("On the Arabic versions...of Aristotle's Metaphysics"),载于《哈佛古典语文学研究》(*Harvard Studies in Classical Philology*),lxiii(1958),218-221。

② 这里使用"本国"一词似有不妥:当时这些研究者当中很多是波斯人。

制的天文表由于时日已久,再加上当时的观测精度有限,恰如托勒密本人曾经预言的那样,已经与现实中的天体现象产生了较大差距,因此有必要编制一份新的天文表。于是,阿拉伯帝国的天文学家们便在哈里发麦蒙(Califf Almamon)[①]的旨意下实施了这项工作。在这位君王治下的另一件大事,便是完成了基督教纪元以来的第一次大地测量,由两位阿拉伯天文学家在山拿(Sennaar)平原上[②]测得了地球圆周中的两度在地表的距离。

撒拉逊人的胜利之师进占西班牙,带来东方的骑士风度,也带来了东方的学识,包括麦蒙天文表,以及译成阿拉伯语的托勒密和亚里士多德的著作。于是,欧洲从巴比伦人那里再次接受了关于天文学的基础知识。托勒密的著作从阿拉伯语被译成拉丁语,[③]亚里士多德的逍遥派哲学在阿威洛伊(Averroes)和阿维森纳(Avicenna)[④]那里得到了同样热切的研习;并且,和在东方传播的时候一样,西方学者们对亚里士多德的学说也尊崇到了亦步亦趋的程度。[⑤]

实体天球说的提出,最初是为了按照同心圆理论体系对天体

① 即 al-Ma'mūn(786－833),阿拉伯帝国阿拔斯王朝第七任哈里发,其统治年代从 813 年开始,直至 833 年他去世为止。关于麦蒙天文表,参见 Baron Carra de Vaux 在《伊斯兰的遗产》,380－381,"天文学与数学"一章中的介绍。

② 即《圣经》中的示拿。另有描述说,这项测量是由两组天文学家完成的。

③ 参见 C. H. 哈斯金斯(C. H. Haskins),《中世纪科学史研究》(*Studies in the History of Medieval Science*,1927),特别是第 1 章,关于中世纪西班牙的阿拉伯语译者,以及第 5 章,关于 12 世纪天文学著作的作者等内容。关于托勒密著作版本问题,见 103ff。

④ 这两位均为伊斯兰哲学家,亚里士多德哲学的主要阐释者。——译注

⑤ 参见吉尔森,《中世纪的哲学》,344－367,377－390。

的运行进行物理学描述，它与后者是非常容易相谐的。而那些发明偏心圆与本轮体系的数学家，则满足于向世人显明，假设众天体是以这样的轨道做环形运转，那么我们观察到的天体现象之间就能形成联系，天体的真实运动就有了某种程度上的统一性和连贯性。至于上述天体运动的物理学原因，只有留待哲学家们去思考了；不过，托勒密书中的一些段落似乎表明了，他们对此抱有某种笼统的理解，认为其中原因或可用类似的假说加以解释。然而，尽管依巴谷的体系[①]已经被所有天文学者和数学家所接受，但是正如我们先前提到的那样，它并未得到任何一个古代哲学学派的认同。因此，这些古代哲学家们从未尝试过为这个体系提出一个配套的假说。

当时的经院哲学家们从阿拉伯人那里同时接受了亚里士多德的哲学学说和依巴谷的天文学说，必然感到有责任将二者加以协调，也就是将依巴谷的偏心圆和本轮体系与亚里士多德提出的实体天球说联系起来。许多哲学家都曾就此进行过多方尝试，在他们所有人当中，做得最巧妙、声望最高的一位是15世纪的普尔巴赫(Purbach)[②]。尽管他提出的假说在所有同类假说当中是最简单的，但若没有一个示意图，你还是无法描述它；即便有示意图，它也不那么容易让人明白：因为，如果说偏心圆和本轮体系本来就是

① 在这里以及书中其他一些地方，斯密未能强调指出，当时为“知识界”普遍接受的是托勒密的体系（其中包括偏心匀速圆，是以依巴谷卓越的天文观测作为依据的）。但下文中还有进一步介绍。

② 普尔巴赫(Georg von Peuerbach 或 Peurbach，1423－1461)当然并非“经院哲学家”，而是一位人文主义者。

极其复杂难解的，令想象力难以在其中安享到完全的宁静与满足，那么现在，经过如此这般的一番补充之后，它就显得更复杂、更难懂了。这个世界有着充分的理由为这位哲学家的独创性而喝彩，因为他能如此巧妙地将两个表面看来互不相容的体系联为一体。不过，他的努力似乎并不能令托勒密体系很快在学者们的心里引起不满的原因得以稍减，反而使之更为强化了。他和此前曾为同一计划付出努力的所有学者一样，都使这个体系对事物的描述变得更加复杂，使之较原来更加令人困惑了。

该体系的复杂性并不是导致上述不满的唯一原因——在普尔巴赫的时代过去后不久，这种不满便开始普遍地表现出来了。托勒密的天文表由于观测有欠精密，很快就与实际天象产生了极大差距；与其基于同一假说的麦蒙天文表[①]产生于9世纪，是为了校正前者与实际天象的偏差而编定的，但出于同样的原因，完成后没过多少年，也失去了作用。13世纪时，热爱哲学的卡斯蒂利亚(Castile)国王阿方索(Alphonsus)[②]认为有必要下旨编定新的天文表，这就是后世所称的“阿方索天文表”。他有一句大不敬的古怪名言，说假如神在创造宇宙时向他咨询过，他肯定能给出更好的意见。这很可能说明他对错综复杂的托勒密体系不抱好感。到了15世纪，阿方索天文表与实际天象间的差距也开始表现出来，正如此前的托勒密天文表和麦蒙天文表一样。由此可知，尽管托勒

① 参见第55页第1段及注①。

② 阿方索十世(1221年生)，有“智者”之称，卡斯蒂利亚－莱昂王国的国王，于1252－1284年在位。参见哈斯金斯，《中世纪科学史研究》，16－17，以及其中引用的文献。关于他的“古怪的大不敬之举”的传说，则是出自较晚近的来源。

密的体系可能在大体上是正确的，但尚须对它进行某些校正，方能使之与实际天象精确相符。[1] 鉴于天体的运行在短期内便与依照这一假说所做的最精确的计算产生了相当大的偏差，可见托勒密提出的偏心圆和本轮的运转（假设它们确实存在的话）和他所表述的并不完全一样。因此，显而易见，天文学家们有必要通过更精确的观测，校正托勒密的假说中组成天体系统的所有轮与圆的运行速率和方向。这项工作由普尔巴赫起始，此后由其门徒雷格蒙塔努斯（Regiomontanus）[2]继续——此人继承和发扬光大了普尔巴赫的学说体系，其不幸夭亡令许多发掘传统、开创新知的研究项目半途而废，这即使在当时也不由得令人扼腕痛惜。

当你已经说服世人，应对某一公认的体系加以校正，那么也就不难再进一步，使其相信应当废去这一体系。于是，在雷格蒙塔努斯去世之后不久，哥白尼便开始酝酿一个新的体系，和托勒密的体系相比，这个新体系能以更简明、更精确的方式将天体现象连为一体。

哥白尼告诉我们，[3]由于旧的天文学假说对天体运动的反映十分紊乱，这种状况促使他考虑创建一套新体系，要让宇宙这个大

① 为解释“第八层（恒星）天球”运行中的两种异常现象（实际上二者均为假想中的现象），人们又在原有基础上引进了更多的球层（第九层和第十层）。弥尔顿曾在《失乐园》iii.483 中提到了其中一种异常现象，即“天球的震动”。

② 雷格蒙塔努斯（1436－1476），原名约翰·缪勒（Johannes Müller），他出生于现德国哈斯富特（Hassfurt）附近的柯尼斯堡（Königsberg），后来便以柯尼斯堡的拉丁名作为自己的别名。关于他的生平及成就，参见《科学家传记辞典》vol. xi，(1975)，348－352 所载相关文章。

③ 见《天体运行论》(*De Revolutionibus Orbium Coelestium*)序言。

自然最壮丽的造化重新显示出其和谐均衡之美，正如大自然的每一细微之处所体现出来的那样。传统天文学最令他不满的地方，就是天体的偏心圆运动，即认为天球的运动只有从偏离其环形轨道中心的某一点上观察时，才是均匀的：这相当于引入了某种不均衡运动的概念，与那条至为自然、也最为根本的原则相抵触——以宇宙之美与神圣，其中天体的运行必定达到完美的均衡，并以同样的和谐呈现于人们的感官和头脑。关于这条原则，自古以来所有天文学体系的创建者，包括柏拉图、欧多克斯、亚里士多德，甚至依巴谷和托勒密本人，都曾在著述中予以阐明。于是，他开始思索，如果假设天体的分布与亚里士多德和依巴谷的模式不同，是否可以由此使天体的运行呈现出人们苦苦追寻的一致性？为了找到这种更合理的天体模式，哥白尼埋头钻研古代流传下来的所有知名和不知名的天文学典籍，涉猎了古人提出的每一种不同的假说。他在普鲁塔克的著作中查到，[①]古时候的一些毕达哥拉斯派学者曾经相信，地球围绕宇宙中心转动，如同车轮围绕其轴心旋转一样；该学派的另外一些学者则认为，地球并非宇宙的中心，它像别的星体一样，沿着黄道围绕"中央火"运转。哥白尼猜想，古代哲人

① 参见希斯，《萨摩斯的阿利斯塔克斯》，301。相关段落见于哥白尼的《天体运行论》，I.5 及序言。哥白尼认为《哲学家的物理学见解》一书确为普鲁塔克所著。

他显然清楚地了解，公元前 3 世纪时，萨摩斯的阿利斯塔克斯曾经提出日心说，阿基米德（Archimedes）曾在他的《数沙术》（*The Sand-Reckoner*）当中清楚地表述过这一事实；不过，他删去了原稿中与此相关的一条注解，因此，后来出版的《天体运行论》中，只提到历史上毕达哥拉斯派学者曾经提出地动说及地球自转说。

在这里，斯密也没有提及阿利斯塔克斯的杰出成就。这或许是出于不知情，或许是他有意为之，要把本文的讨论对象限于具有广泛影响的古代学说体系。

所说的"中央火"就是太阳；虽说他在这一点上是大错特错，[①]然而，正是由于这种误读，他才开始思索如何使这样的一个假说与实际天文现象相符合。即使哥白尼的体系最初不是源于这些古代哲人的启发，后者的崇高名望至少是坚定了他先前出于别的因由而产生的一种既有想法——这并不是不可能的，尽管他本人曾言之凿凿地表示，情况并非如此。

他随即想到，如果假设地球每天围绕地轴自西向东自转的话，那么所有的天体在我们看来必然是向相反方向，即自东向西旋转的。根据这种假说，我们看得见的只有天体的日周运动；整个天穹是完全静止的，没有任何能感知的运动。而太阳、月亮和五大行星，除了它们所独有的自西向东的运转之外，也没有其他的运动方式。如果假设地球随众行星一起沿环状轨道围绕太阳运行，其轨道位于金星和水星的轨道之外，火星、木星和土星的轨道之内，那么他就能将太阳的年周运动与众行星前进、退行和停滞的视运动联系到一起，而不再有本轮带来的困扰[②]：一方面，当地球实际上自转一周的时候，相对看来，就像是太阳围绕地球转了一圈；另一方面，当地球其实在沿着其年周轨道绕日运行的时候，太阳看起来仿佛也在自西向东地运动；此外，假设地球的自转轴在地球运行轨道的各点上都是平行的，并不垂直于地球轨道面，而是有一个倾

① 关于太阳与"中央火"的概念，这个评论可谓颇有见地——后世的历史学者并不总能分辨二者间的区别。但"黄道"一词用在这里却有误导之嫌。

② 斯密在文中不止一次地提到"没有本轮带来的困扰"，这句话只能用来指人眼所见的天体的形状和运动方向。为避免使用托勒密的偏心匀速圆(equant)，哥白尼实际上使用了比托勒密更多的本轮。斯密在下文中部分地更正了这种说法。

角，那么，当地球运行到太阳的一侧时，它以地轴的一端朝向太阳，而当地球运行到太阳的另一侧时，则以地轴的另一端朝向太阳：这就是黄赤交角产生的原因。由此解释了太阳在一年中为什么会在南、北回归线之间来回移动，以及四季更迭、日夜长短随季节变化的缘由。

这个新假说能将以上所有天文现象轻松地连为一体，丝毫不逊于托勒密的体系，而实际上它的好处还不止于此：对于其他一些天文现象，它的连接作用发挥得更为出色。我们在地球上观测火星、木星、土星这三大外行星，当它们运行到靠近太阳的位置时，似乎总是与地球最远，因为此时它们看起来最小、最不容易用肉眼分辨，它们向前运行的速度也似乎总是最快。反之，当它们处在与太阳遥遥相对的位置时，即大约午夜时分、当它们在天穹中位于自身的最高点时，它们似乎离地球最近，看起来最大、也最容易用肉眼分辨，但运动方向却改为向后逆行。为解释上述现象，托勒密的体系假定，在前一种情况下，这些行星各自处于其所在本轮的上部；在后一种情况下，它们各自处于其所在本轮的下部。但这仍然很难给出一个令人满意的关联律，让人轻松地理解下面的问题，即：这些行星所在的本轮与太阳所在的天球相隔如此遥远，彼此的运动在时间上却何以能够如此同步。而哥白尼的体系却轻而易举地对此做出了解释，它就像一架构造更简单的机器，无须借助本轮，只用寥寥几步便将众多复杂的天体现象连为一体。当外行星运行到（从地球上看）几乎与太阳合相的位置时，恰好和地球遥遥相对，处于各自轨道上离地球最远的点，因此看起来最小、也最难用肉眼分辨。而当它们与地球迎面而行的时候，它们的速度似乎加倍地

快;这就好比两艘相向行驶的海船,相互眺望时会觉得对方的船速很快,这是因为,它们彼此接近的速度等于双方的船速之和。相反,当这几颗行星运行到与太阳遥遥相对的位置时,和地球处在绕日轨道的同一侧,因此与地球的距离最近,也就最容易被肉眼感知,且与地球同向运行。不过,由于它们绕日运行的速度比地球慢,结果必然被地球甩在后面,这样一来,从地球上看,它们就仿佛是在后退(逆行)一样。依然以海船为例:两艘同向行驶的船,如果其中一艘的航速比另一艘慢,那么在另一艘船上的人眼里,这艘船就好像是在后退一样。按照同样的道理,哥白尼用地球的年周运行解释了金星和水星这两颗内行星的顺行和逆行现象,以及所有五大行星偶尔显得停滞不前的现象。

此外,关于两颗内行星,还有一些特别的现象,与哥白尼的体系更相符,而与托勒密体系的差距甚大。金星和水星在运行中看起来总是与太阳相伴相随,有时在太阳的这一侧,有时在太阳的那一侧;水星几乎总是掩藏在太阳的光芒里,而金星与太阳之间的视角距也总在48度之内。这和其他三大行星完全不同,后者常常出现在与太阳相对的方向,与太阳的距离达到最远。托勒密的体系将此现象解释为,金星和水星所在本轮的中心点总是与太阳及地球轨道的中心点处于同一直线上,因此从地球上看起来,当这两颗行星处于各自本轮的上部或下部时,它们便随侍在太阳的左右;而当它们位于各自本轮的侧面时,它们与太阳之间的距离便达到最大。不过,该体系并未解释为什么这两颗行星的运行规律与另外三颗差别如此之大,也没有说明为什么金星的本轮竟然异乎寻常地大——其本轮侧面与太阳之间的最大视角距达到48度,而其中心点又和太阳基本重合，这说明其本轮的直径肯定占大圆的四分之一强。然而，如果我们假设金星和水星这两颗行星绕日运行的轨道包含在地球绕日运行的轨道以内，以上所有的天文现象均能轻松地与之吻合，这一点是如此地显而易见，以致无需更多解释。

至此，可以说这个新体系对于天文现象的描述，在人们眼前展开了一幅更为协调统一的图景，优于以往的任何体系。而且，从其构造原理上看，也比以往的那些体系更优美且简单易懂。在这个体系中，太阳作为宇宙的能量之源，安然不动地居于宇宙中心，其体积比所有行星加在一起还要大，它向四面八方放射出光和热，照耀着按同一方向围绕它运转的其他所有天体。这些天体按照自身距太阳的远近不同，绕日运行的周期也各不相同。该体系抛弃了天球日周运转的理念，而按照旧的假说，这种运转的速率完全超出了人类想象的极限。它使想象力从此摆脱了随假想中的本轮而来的困惑，而且，人们也无须再为众行星的运行何以存在两种相反的方向而伤脑筋——无论是托勒密的体系还是亚里士多德的体系都这样讲，我指的是，行星在自东向西做日周运动的同时，还会时而逆行，改为自西向东运转。在哥白尼的体系中，提出地球围绕地轴自转，于是关于本轮的假设便失去了其存在的意义；而行星顺行和逆行现象的原因，在这一体系中更是显得不言自明。在所有其他体系中，五大行星均被看成一个独特的物质类别，但哥白尼的新体系却突破了人类想象力向来熟悉的范畴，认为它们与地球一起围绕太阳运行，如此，人们才会自然地将其理解为与地球同类的物质，是可居住的、不透明的，只有在受到阳光照射的时候才会发光。

这一假说既把五大行星归入我们最熟悉的一类物质，从而泯灭了它们那与众不同的奇异表象在人们心中激起的奇妙和不确定的感觉；同时，也更加符合哲学的宏旨。

这一体系之所以受到想象力的欢迎，还不只是因为它的简单[①]优美；这种自然观为人的想象力敞开了一扇通往新异境界的门，这个境界比最奇异的天象——体系的创建，本是为了让这些天象在人心目中显得自然而熟悉——更能引动人们的好奇和惊异，而在此种感情的催使下，人们便更加喜爱这个体系了。因为，尽管哲学的宗旨在于缓解那种因奇异的或者说彼此看似脱节的自然现象而惹动的好奇，但在这一点上，它从来都不曾取得如此巨大的成功——就是当它试图将一些（就其本身而言或许是）微不足道的东西连成一体时，创造出了另一种构造体系，和以往的体系相比，它确乎显得更自然，令想象力更容易领悟，却比上面所有的现象本身更新异、也更背离一般的见解和预期。在我们面前的这个例子当中，为了解决行星运动中一些看似不规则的现象（关于这些对象，天空中最奇妙之物，人类的大多数成员一生一世都没有机会注意到它们）[②]，并将其纳入统一的规律体系，哲学——按照第谷·布拉赫（Tycho-Brache）的夸张说法——动摇了地球的根基，阻止了天球的运转，令太阳停下脚步，颠覆了整个宇宙的秩序。[③]

① 只是大致看来“简单”罢了。

② 当然，对行星位置的更准确的计算，是那个时代直至文艺复兴时期（也包括文艺复兴时期）的大多数天文学者们一直致力的工作。

③ 此段引文似为失真的转述，或者可能把第谷的原话和其他人的话弄混了。这处假定的引语并不符合第谷的语风，后者向来对哥白尼尊敬有加，尽管他倾向于把哥白

这个新的假说，当它最初被构想出来之际，其发明者对于它的优势就是这样认识的。他是如此热爱悖论——作为一位博学之士，这是再自然不过的；上述假想中的发现又以其新异性令他倍感欢欣鼓舞；而且，这个体系将使整个人类为之惊诧，这一点可能也在某种程度上促动了哥白尼提出他的新体系（虽有他的一位门徒告诉我们，实际情况并非如此）。尽管如此，当他的《天体运行论》（*Treatise of Revolutions*）终告完成时，[①]他开始冷静地考虑，自己将要提出的理论对于这个世界来说将显得何等荒谬古怪。出于对人类偏见的畏惧，他以极大的克制力（这对哲学家来讲是最难的一件事），将这部书稿锁在秘处，一锁便是三十年。[②]最后，直到年事已高，他才在别人的再三催迫下，同意将其公之于众。[③]但在此书付

尼和托勒密二人的体系视为“荒诞不经”。在此处及本书其他地方，斯密对第谷·布拉赫姓名的拼法有失规范。尽管这种拼法可能更接近于其在丹麦语中的发音，但同年出版的都柏林版本中对此做了修改。

① 事实上，早在1514年时，哥白尼撰写的一本名为《纲要》的小册子（拉丁名为*Commentariolus*，而不是《天体运行论》）便已在他的朋友圈中流传。现存的《纲要》手稿只有三册，均为近现代稿本，其中一册是不久前在阿伯丁大学（University of Aberdeen）发现的。不要将此书与哥白尼弟子雷蒂库斯（Rheticus）所写的小册子《初述》（*Narratio Prima*）混为一谈。

② 斯密曾在《道德情操论》III.2.20中概括道，数学家和自然哲学家们“或许对于真理和自身发现的重要性有着十足的确信，因此往往并不在乎自己是否被大众所接受”。哥白尼的情形则是个引人注目的例外。

③ 1540年时，雷蒂库斯传播他的《初述》，就是为了检验外界对哥白尼的完整著作可能作何反应——当时他正在力劝哥白尼出版他的《天体运行论》。路德教派的牧师安德列亚·奥西安德（Andreas Osiander）通过出版社渠道读过哥白尼的伟大著作之后，曾经直截了当地讲（匿名，像是哥白尼自己说的一样），这个体系必不会被视为具有“物质”的真实性。根据斯密的记述，伊拉斯谟斯·莱因霍尔德（Erasmus Reinhold）依据哥白尼的体系来计算普鲁特里克星表（Prutenic tables），但现在看来，莱因霍尔德除

印过程中,[①]他就去世了,终未看到书的出版。

当《天体运行论》面世之际,无论是名流学者还是黔首愚氓,几乎众口一词地对它加以抵制。源自感官的自然偏见,又因教育而得到强化,在各色人等的心目中打下了太深的烙印,以至于他们根本不可能公正地对这一新的体系加以考察。只有少数他亲自传授的学生,满怀敬仰地接受了书中的理论。莱因霍尔德(Reinholdus)[②]便是其中的一位,他在这一假说的基础上,编制出一个天文表,比《天体运行论》书后所附的星表规模更大、更精确——原来那个星表是哥白尼编制的,在计算上存在一些失误。这份被称为普鲁特里克星表的天文表很快显示出了优势,它比阿方索星表更精确地与天文现象相符。这当然使人们更多地认同了哥白尼在天文观测方面的勤奋和准确,却并没能使人对他的假说产生任何好感;因为这些观测及计算结果,如果放在托勒密的体系中也同样适用,而不必对该体系进行如此之大的改动,无须超过托勒密本人曾经预见的,甚至曾经亲口指出过的改动范围。不过,作为其结果,人们对两个体系都表现出好感了:学者们开始抱着一定的关注来研究这样一个能提供最简便的计算方法,并在此基础上做出有史以来最准确预言的假说。这个体系令众多天文现象呈现出高度的统一性,并且,关于行星运行的真实方向和速度,这一理论的解释也

了把这一体系用作计算星表的依据之外,在其他方面是否也接受哥白尼的理论,仍是一件值得怀疑的事。

① 即《天体运行论》(1543)。

② 即伊拉斯谟斯·莱因霍尔德(1511－1553),于1551年编制了《普鲁特里克星表》(*Prutenicae Tabulae Coelestium Motum*)。1583年格列高利改革儒略历时,就是以这个星表为依据的。

显得简单而一致，这令许多天文学家先是对它产生好感，最后便心悦诚服地接纳了它——因为它是如此轻松自如地解决了萦绕在他们心头的大问题，把这些彼此最脱节的对象联系起来了。许多有才华的天文学家都接受了这个在所有哲学当中最极端的悖论——尽管该体系与当时所知的任何一种物理学体系不尽相符，尽管这种对世界的解释还面临着大量更为实际的阻力（这也是它应得的），和哥白尼辞世之际的情形一样。这件事再清楚不过地说明，学者们是多么容易抛弃感官证据，以维护其想象中各种观念的和谐。

然而，真正接受这一体系的只有天文学家，这倒也不足为怪。[①] 所有其他科学领域的学者们一直以轻蔑的眼光看待它，仿佛这是某种粗俗之物。甚至天文学家的圈子里对于其价值的认识也有两派意见；他们当中的许多人都排斥这种学说，因为它不仅有违于当时公认的自然哲学体系，而且，即便是单从天文学的角度考虑，也有许多令人难以理解和接受的地方。

一些反对者基于感官偏见而对地动说提出异议。在这一点上，该体系的倡导者们很容易地说服了众人。他们指出，地球可能真的在运动，而地球上的居民却以为它是静止不动的；太阳和众恒星可能真的静止不动，而从地球上看起来，它们却像是在运动。这

① 这是一个十分有趣、并且深具洞察力的评价。此处宣称："只有天文学家"接受哥白尼的理论，这实际上与历史事实严重不符：托马斯·迪格斯（Thomas Digges）、罗伯特·雷科德（Robert Recorde）、赖纳尔·伽马（Reinerus Gemma），特别是乔达诺·布鲁诺（Giordano Bruno），都不是真正意义上的"天文学家"，只能说在比较宽泛的意义上算是如此。直到17世纪以前，没有一位"职业"天文学家接受哥白尼的体系，唯有雷蒂库斯是个例外。

和海上的航船是一个道理,[①]当船行驶在平静的海面,船上的人会觉得船好像并未移动,尽管它的确是在前行;而沿途的景物虽是静止不动的,在船上人的眼里却仿佛尽在运动中。

然而,还有另外一些反对意见,虽说建筑在同样的自然偏见之上,却不那么容易被扭转。一直以来,在人们的感官印象里,地球不仅是静止不动的,而且笨重、充满惰性,甚至可以说是与运动的特质相抵触的。人的想象力向来习惯于这样看待地球,因此,一旦要它去领会、思索哥白尼的体系所赋予地球的高速运动的特征,它就会觉得无比困难。[②] 为了坚持异议,反对哥白尼假说的人不辞辛苦地计算出地球运动的极限速度。他们声称,前人已经算出,地球的圆周长为23,000多英里,因此,假如地球真的每天绕地轴旋转一周,那么,其表面位于赤道附近的每一个点就势必要在一天中运行23,000多英里,相当于每小时运行近1,000英里,每分钟运行约16英里。这个速度,比炮弹还要快得多,甚至超过声音传播的速度。如此看来,地球周期性自转的速率较其日周运动的速率要迅猛得多。如此巨大笨拙的地球,却被自然地赋予这样惊人的运动,叫人如何想象得出?逍遥派哲学,当时唯一为世人所知的哲学,[③]

① 正如哥白尼在《天体运行论》,I.8(依据维吉尔[Virgil]在《埃涅阿斯纪》[*Aeneid*]iii.72中的描写)中指出的那样。

② 参见《论外在感官》,12:"按照想象力通常的习惯,人们总以为质量大的物体更适于静止,而不是运动。"接着,斯密又说,在现代科学教育下,人们"(从理智上)已经不太能拒绝"地球"以几乎超出人类想象的速度高速运动"的观念了。

③ 大体上讲,当时各学校(大学)里所讲授的确实不超出逍遥派(即亚里士多德学派)哲学的范畴。但也不能忽视新柏拉图主义的强大影响(主要是通过神秘哲学的介导)。托勒密便考虑过由此而来的"风"的问题,参见下文。

也进一步强化了这种偏见。此种哲学出于一种极其自然但或许是毫无依据的区分法，把所有运动划分为自然(Natural)运动和强力(Violent)运动两种。自然运动源自物体自身的一种固有倾向，比如，石头下落的运动；强力运动则源自外力的作用，在某种程度上违背了物体本身的自然倾向，比如，当石头被抛向高处或水平抛出时的运动。强力运动都无法持久；由于它不断被物体本身的自然倾向削弱，所以其势头很快就会衰竭。地球的自然运动趋势，正如它的所有组成部分所显明的，乃是向下的运动，与地心成一条直线；而火和空气的自然运动趋势，则是向上的，同样与地心成一条直线。只有天穹才自然地呈圆周运动。因此，无论是假想中的地球自转，还是其绕日运行，都不可能是自然的运动，而必定是一种强力运动，故而不可能持久。对此，哥白尼徒劳地回应道，[①]所谓重力，或许无非是同一行星的不同部分彼此联结成一体的倾向罢了；这种倾向很可能也同样出现在其他行星的各部分之间，像在地球上一样；这种倾向的合力，很可能最终形成圆周运动；这无论是对整个行星来说，还是对其各个部分来说，都同样自然；他的反对者们自己也说过，圆周运动对于天穹来说是自然的，而天穹的日周运动，其速度要远远大于哥白尼赋予地球的运动速度。此外，地球虽处于与此相似的自然运动中，但地球居民仍可感觉到它是静止的，而且，地球各个部分的重力，方向依然向下，与地心成一直线，和现在一模一样。这样的答复，无论在今天看来多么圆满，但在当时却显得无法令人满意，也不可能令人满意。它承认所谓自然运

① 《天体运行论》，I.9。

动和强力运动的划分，在这一点上，它和反对派的理论一样，都是出于对力学原理的无知。诚然，亚里士多德和依巴谷的体系都曾推想，天体日周运动的速度极快，远非哥白尼赋予地球的运动速度所能比。但是他们同时又假定，这些天体属于某种特殊物质，大大不同于我们在地球表面所知的任何物质；因此，不难想象，任何一种运动在这种物质都可以是自然的。再者，这些天体的运动方式和速度向来与上述体系中的表述一致，从未以别的运动方式或较慢的速度呈现于人的感官。因此，想象力可以毫不费力地追随这种早已为感官所熟悉的表述。然而，当你把行星视为许多和地球一样的天体时，情况就大不相同了。想象力已经惯于认定此类物体的性质趋于静止而不是运动；可以说，这种对于其自然惰性的认知束缚了想象的翅膀，使它无法随同那些星体一起，沿着周而复始的轨道，以迅疾的速度无止无休地遨游于太空。

那些最早接受哥白尼理论的人针对其他反对意见所做出的答复，也同样没能令世人服膺。实际上，所有这些异议均起因于人们对于运动法则的无知，然而与此同时，这和当时知识界看待事物的主流思维方式也是分不开的。

反对者们提出，如果地球真在自西向东高速旋转，这种运动必然会带起一股自东向西持续不停的劲风，其风力肯定比最狂暴的飓风还要猛烈得多；另外，向西投掷的石头将比以同样力量向东投掷的石头飞出更远，因为任何逆地球转动方向而动的物体，和与其速率相同但与地球同向运动之物相比，在地表经过的距离必定更远。据说，如果一只球从行驶中的船的桅杆顶上落下，它不会正好落在桅杆脚下，而是落在桅杆后面；同理，假如地球在动，那么当石头从高塔上掉落时，就不会径直落在塔脚下，而是要落在偏西的位置——因为在石头下落的过程中，原来在它下面的那块地面已经向东移动了。今天我们可以怀着莫大的兴味，看哥白尼的追随者们在面对这些反驳时，祭出了怎样微妙而充满玄学意味的借口来逃避尴尬；因为，在伽利略对运动合成原理做出解释之前，[①]这一类问题是完全无法回答的。他们承认，从航船桅杆顶上落下的球的确不会直接落在桅杆脚下，而是落在桅杆的后面，因为这个球不是船的一部分，而且，船的运动无论对于船来说还是对于球来说都不属于自然运动。然而，石头是地球本身的一部分，地球的日周和年周运动无论对于地球整体还是它的各个部分（包括那块石头）来说都是自然的。这块石头与大地的自然运动状态相同，因此它才不偏不倚地径直掉落在塔脚下。然而，这样的解释依然无法让想象力感到满意，人们还是觉得不可思议，凭什么这样的运动对于地球来说就是自然的，或者说，地球这么一个在人们感官印象中向来是笨重而充满惰性、与运动倾向相抵触的东西，何以竟能自然地围绕自身中轴和太阳做如此高速的持续运转？此外，依据同样的哲学原理，第谷·布拉赫又提出，任何此类运动对于地球整体来说均属自然，但是，石头既已脱离了地球这个整体，就不能再受上述运动的制约了。比如，动物的手足一旦被割断，便无法再参与整个身体的自然活动；又比如，树枝一旦被砍下，它就脱离了整棵树自然的植物性生长活动。就连金属、矿物和各种岩石，一旦被从大地深

① 《关于两种新科学的论述》（*Discourses on Two New Sciences*），IV；载于伽利略《文集》（*Opere*，国家版，佛罗伦萨，1890－1910），viii. 268 ff.。

处挖出，就脱离了它们在原始状态下那种自然的、令其得以形成和生长的运动。也就是说，尽管石块深埋在大地深处时，地球整体的日周和年周运动对它来说都是自然的；然而当它脱离了大地母体之后，便失去了这种属性。

第谷·布拉赫，这位天文科学的伟大复兴者，他为天文学研究的进步投入了毕生精力、耗尽了家财。[①] 他所做的观测，不仅比之前任何一位天文学家的观测数量更大，也更为精确。他本人因为受上述反对意见的影响甚大，所以，尽管他每次提到哥白尼的体系时都对它的创始人赞誉有加，但他自己却从来不曾全心接纳过这种理论。不过，他所有的天文观测结果都倾向于证实这一理论。比如，他的观测表明，金星和水星时而出现于太阳上方，时而出现于太阳下方，因此可以推断，这两颗行星周期性运行所围绕的中心乃是太阳，而不是地球。又比如，他在观测中发现，火星在午夜时分处于距地面最高点时，它与地球的距离较地球距太阳的距离更近；不过，当火星与太阳形成合相时，它与地球的距离却比太阳与地球的距离远得多。这一发现与托勒密的理论体系绝对不符，它证实了，火星、金星和水星的周期性运转是以太阳为中心的，而不是以地球为中心；同时证实了地球的轨道位置处于火星和金星的轨道之间。第谷的观测结果还同样证实了木星和土星也在围绕太阳运行。因此可以说，太阳即使不是宇宙的中心，至少也是一个星

① 后世并没有在多大程度上将第谷·布拉赫视为天文学的“复兴者”，而是称之为“现代天文学的鼻祖”，至少肯定了他在天文观测方面的成就。另外，在他燃情追逐其天文梦想的过程中，他所“耗费”的并不仅仅是自己的“家财”，还有那些处于弱势的佃户们的资财。

系的中心。观测证实，彗星的位置高于月亮，可在宇宙空间中以任何方向穿行；以上的观测结果，与亚里士多德和普尔巴赫所主张的实体天球说是矛盾的，因此，我们至少可以说，它颠覆了当时公认的天文学理论的实际应用部分。

有了以上的观测结果，加上他对哥白尼的体系抱有异议，此外，尽管他的性格宽宏，恐怕也难免对哥白尼的声望怀有些许妒意——于是，第谷构想出了一个新的假说，[①]在这个假说里，地球仍像旧的天文体系所描述的那样岿然不动，是宇宙的中心，整个天穹（恒星天球）都围绕着它，每天自东向西运转，并出于某种神秘的机理，带动着日、月和五大行星随之运行——尽管它与这七个天体之间相距遥远，其间除了流体的以太之外别无他物。以上这七个天体，在随同天球做日周运动的同时，各自还有一种反向（自西向东）的周期性循环运动，正如旧的天文学体系所说的那样，因此它们每天总是或多或少地略迟于恒星天球的旋转进程。太阳是五大行星周期性循环运动的中心；而地球则是太阳和月亮所环绕的中心。五大行星绕日运行，同时随太阳一起绕地球做周期循环运动，又随恒星天球进行日周运动。地球的位置包含在三颗外行星绕日运行的环状轨道之内，这些外行星各有一个本轮，关联于它们各自的前行、逆行和滞留的现象——正如托勒密体系所解释的一样：虽则与太阳相距遥远，但它们追随太阳周期性地绕地球运转，并且始终与后者保持着同样的距离：如此说来，当它们运行到与太阳遥遥相对的位置时，与地球间的距离必定比处在与太阳相合的位置时

① 第谷的假说并不完全是“新”的。

更近。火星是三者当中离我们最近的，当它在午夜时分达到距地面的最高点时，其位置处于太阳绕地球运行的轨道之内，因此它与地球之间的距离必定较地球与太阳之间的距离更近。说到与两颗内行星有关的诸般天象，第谷体系的解读与哥白尼体系大体一致，因此并不需要引入本轮来加以联结。五大行星绕日运行的轨道，以及太阳和月亮绕地球运行的轨道，无论在旧的体系还是新的假说当中，均为偏心圆，用以联结这些天体各不相同的加速和滞留运动现象。

以上是第谷·布拉赫的天文体系，很明显，它是托勒密体系和哥白尼体系的综合。它对外行星运行方式的解释，要比托勒密的解释更巧妙；但它比托勒密体系复杂的地方在于，它假设所有五大行星都同时围绕两个中心做不同形式的旋转：围绕地球的日周运动和围绕太阳的周期性运动。不过，与哥白尼的体系相比，它在所有方面都更复杂，也更缺乏协调性。然而，正是由于人类对地动说的认知困难，才使这个体系声望甚高，能在很长一段时期内堪与那个更美的体系相抗衡。可以这么说，那些单单抬头望天的人偏爱哥白尼的体系，因为它如此巧妙地将所有天文现象连为一体；而那些只顾低头看地的人则相信第谷·布拉赫的学说，因为这一体系仍旧让地球静止地置于宇宙中心，不至于和想象力的旧有习惯发生太剧烈的冲突。当时的知识界确也觉察到了该体系的复杂性及其许多不协调之处；也知道它没有说明许多重要问题：为什么太阳、月亮和五大行星会随着恒星天球的转动而动？为什么五大行星，特别是三颗与太阳相隔遥远的外行星，会跟从太阳的周期性运转？为什么处于火星和金星轨道之间的地球本身会始终静止不

动，稳居于恒星天球的中心，并不受任何天体作用力的影响？要知道，这种力量能够带动地球周围许多比它大得多的天体，在做着周期性的绕日运行。第谷·布拉赫还未来得及充分阐释他的天文学体系，就离开了人世。由于他生前享有的崇高声望，致使许多知识界人士都相信，若假以天年，第谷定能完善他的学说，弥合其中的许多不协调之处，设法使这一体系与更多的天文现象相符，而这些都是他的追随者们所无法做到的。

上述见解从运动的本性出发，对哥白尼体系提出质疑，其中以第谷·布拉赫的态度至为坚决。然而直到第谷去世后30年，也就是哥白尼去世后大约一百年，这些问题才由伽利略最终给出了一个圆满的答复。伽利略阐明了运动合成的本质，又通过推理和实际验证，说明从航船桅杆顶上落下的球恰会不偏不倚地落在桅杆脚下，随即把这个原则推衍开来，援引大量为人的想象力所熟知的例证，推翻了针对哥白尼假说的主要反对意见。

另外几个有碍于人们接受哥白尼理论的天文学难题，也是由伽利略解决的。在哥白尼体系中，地球失去了宇宙中心的地位，改为随其他行星一起围绕太阳运转。但是月亮还得像以前那样绕着地球转。在那个时代，人们还没有发现其他行星带有卫星的情况，因此，地－月相伴就成了一个孤立的特例，使得哥白尼的整个体系显得有欠严密。伽利略是利用望远镜观测天象的第一人，[①]他借助于望远镜，发现了木星的几颗卫星，它们在围绕木星旋转的同

① 究竟是不是伽利略最先将当时尚属新发明的望远镜应用于天文观测，现今有人提出了疑问。英国人托马斯·哈里奥特(1560－1621)也在差不多同一时候使用望远镜对月球进行了独立观测。

时，还被木星携带着，围绕地球或太阳运转，这样看来，月球在绕地球运转的同时又随同地球绕日运转的情形，便无违于自然的类比了。

哥白尼体系的反对者还提出，假如金星和水星真的像哥白尼所说，是在地球轨道以内绕日运行的，那么它们就会像月亮一样，呈现所有的相位，即各种盈亏圆缺的变化。对此，哥白尼的回答是，这两颗行星无疑确有各种相位变化，但由于它们相对较小，且与地球相距遥远，所以不易为人察觉。哥白尼的大胆断言在伽利略的实际观测中得到了确认。① 后者所用的望远镜清晰地呈现了金星的不同相位，比以往任何观测——哪怕是第谷·布拉赫本人的观测——都更明确地证实了金星和水星绕日运行的轨道，至此彻底推翻了托勒密的理论体系。

同样借助于望远镜，伽利略发现了(或者说，他想象自己发现了)月球上的山脉和海洋，从而说明，月球在各个方面都和地球相似。这样一来，月球绕着地球转，地球绕着太阳转，就显得无违于自然的类比了。此外，他还通过望远镜发现了太阳黑子，这些黑子的动态说明太阳在绕自身轴心自转；如果连太阳都在自转，那么，比太阳小得多的地球为什么不能同样地围绕自身轴心做自转运

① 伽利略关于金星相位的发现，最早是在他 1610/1611 年 1 月 1 日致朱利亚诺·德·美第奇(Giuliano de'Medici)的信中宣布的，后者时为托斯卡纳大公派驻布拉格鲁道夫二世皇帝宫廷中的大使。此信后发表于伽利略的《文集》(国家版)，xi. 11 - 12。然而，他对月球表面山脉和海洋的描述，已见于此前出版的《星座信使》(*Sidereus Nuncius*，1610)一书中(收入《文集》，iii. 59 ff.)。斯密在提及以上发现时，未按时间顺序排列，这或许说明他在写作本文时，参照了科林·麦克劳林(Colin Maclaurin)在《艾萨克·牛顿爵士的发现》(*Sir Isaac Newton's Discoveries*)第 54 页中的叙述。

动呢？

随后，观测者们又通过望远镜发现，五大行星表面都有类似于伽利略在月球表面所见的点片痕迹，这似乎证实了哥白尼的猜想，即，行星本身是不透明的，只是在阳光照射下才发出光亮，它们的表面可供居住，间错分布着山脉、海洋，在任何方面都和地球相似，从而再为哥白尼的体系增添了可能性。他们还发现，五大行星在围绕地球或太阳运转的同时，都在围绕各自的轴心自转；于是，根据自然的类比法则，我们可以非常顺畅地想到，地球既在其他各方面都与五大行星类似，那么它也应当像它们一样，在围绕太阳做周期性运转的同时，还围绕自身的轴心进行自转。

正当不幸的[①]伽利略在意大利为哥白尼体系增添大量可能性的同时，在遥远的德国也有一位哲人，正在埋头确认、修正和改进这一体系：他就是开普勒（Kepler），一位才华横溢的学者，他虽然没有伽利略的品位，或者说缺乏后者井井有条的秩序和方法，但他和他所有的同胞一样，具有最勤勉肯干的精神，此外，他还怀着满腔激情，一心要揭示大自然不同组成部分之间的结构比例和类似之处——这种激情虽然是所有哲学家们共有的，但在他却格外的热烈。他曾受教于马斯特林（Maestlinus），[②]从而对哥白尼的体系有所了解；据他自己所说，当时他最感到好奇的是，为什么行星（地球也算在内）的总数是 6 个？它们与太阳之间的距离为什么如此不规则？不同行星与太阳之间的距离及其各自的运转周期是否符

① 这里的“不幸”二字，或许是指伽利略曾经饱受罗马教廷迫害而言。——译注

② 迈克尔·马斯特林（Michael Maestlin，1550 - 1631），图宾根（Tübingen）大学数学教授，曾经是开普勒的老师，并成为他的朋友。

合某一共同的比例？在他看来，若不能发现这一内在的因（或者说比例），该体系就不算达到完美的协调。[①] 开普勒首先试图在数字比例及平面图形中找到这个“因”，随后又把搜索范围扩大到正多面体，最后是音乐上的八度音程——无论他研究哪一门学科，他似乎都在不懈地寻求它与宇宙系统之间的类同点，并以获得此种发现为乐。[②] 就这样，数学、音乐、平面和立体几何，都一一被他用来阐释关于天体的理论，这是他毕生致力的工作。他把自己写的一本书献给第谷·布拉赫，后者虽然不赞成他的理论体系，却赏识他的才能，并赞赏他不知疲倦地投入最艰苦的运算工作的那股干劲。于是，这位慷慨而豪爽的丹麦人邀请当时默默无闻、生活困顿的开普勒去和他同住，[③]开普勒一到他那里，他便把自己多年积累的、其弟子们正在整理、归纳的火星观测资料倾囊以授。开普勒在对这些资料进行比较之后发现，火星的运行轨道并不是一个正圆；它一边的直径比另一边略长，令整个轨道呈椭圆形，太阳的位置正处于该椭圆的一个焦点上。他还发现，这颗行星的运动不是匀速的：

① 斯密在文中没有提到恒星视差问题，这是所有针对哥白尼体系的质疑当中令人最伤脑筋的一条：假设地球绕太阳旋转的话，那么必定存在恒星视差，即，天空中的所有星星必以一年为期向相反方向完成一次大致为360度的“斗转星移”，但是，这一推断当时却没有得到任何观测结果的支持。由于这方面观测的阙如，以致人们当时认为地球到其他星球的距离是不可测的。直到1838年，天文学家才第一次测出了恒星的年周视差。

② 参见上文第二部分。

③ 开普勒的生活确实经常处于“困顿”状态，因为他的雇主们总是迟迟不愿或者没有能力付给他薪俸；不过，当他受第谷之邀为其充当助手时，已经远非“默默无闻”之辈了。

当它与太阳最近的时候，速度最快；与太阳最远的时候，速度最慢。这种速度的变化，随着它与太阳距离的远近而变。同样，他又从第谷的观测结果中发现，对于其他行星而言，上述情况虽不显著，但也同样存在：它们的轨道也呈椭圆形，而且，当它们运行到距太阳最近的位置时，其运行速度最快，距太阳最远时，运行速度最慢。由此看来，假如太阳围绕地球旋转，那么太阳便很可能符合同样的规律；反之，假如地球围绕太阳旋转，那么同样的情形也很可能发生在地球身上。①

关于一切天体的运动轨道均为正圆的观念，自古以来便是所有天文假说的基础，唯有斯多噶学派的独出心裁的假说是个例外。正圆形的曲率在圆上任意一点都相同，它在所有曲线当中是最简单也最容易想象的。② 既然众天体很明显不是沿直线运动的，于是，人类那懒惰的想象力发现，若假设天体沿正圆轨道运行，便能最容易地把握它们的运动。有鉴于此，以下的先入之见才在我们头脑中扎下根基：即，圆周运动是所有运动当中最完美的一种，也只有这种最完美的运动，才配得上如此优美而神圣之物。出于同样的原因，人类的头脑往往徒劳地拿许多假设天体以此种方式运转的体系来硬套天文现象。③

① 斯密对于开普勒所做工作的叙述，尽管在内容上经过高度精炼，并对年代顺序有所“重构”，但基本上是正确的。

② 参见《关于法律、警察、岁入和军备的演讲》（上），vi.14：“正圆形可在时时转换方向的同时永保相似的形状，并且易被认知，这使它较之椭圆、抛物线、双曲线和阿基米德螺线等富于变化的图形更受人喜爱……因为它更容易被理解，而那些图形的性质是无法一望而知的。”

③ 此处的论述偏颇之处甚多，即使算不上谬误，也大有强词夺理之嫌。

另外一个基本观念是天体运动的匀速性，它也和前述的观念一样——以同样的方式、出于同样的原因——出现在所有天文学体系创立者的假定当中。因为，与不断加速或减速的运动相比，匀速运动更容易把握。于是，人们宣称，一切不稳定的运动方式都配不上天界的星体，只适用于低劣的尘世之物。在对行星的认识上，开普勒的计算推翻了所有这两条由想象力自然生成的偏见，打破了它们的正圆形轨道，又把不均衡性引入其真实运动，这是用任何偏心匀速轮都无法加以补救的。然而，哥白尼在最初发明这个体系的时候，曾经亲口保证过，行星的运动是完全匀速的，甚至无须偏心匀速轮的辅助。既然开普勒的计算颠覆了哥白尼体系创建之初的一个主要观点，因此，难怪简单看来他似乎是在给哥白尼的理论挑毛病，而不是对其加以改进完善。

的确，开普勒确定了行星以椭圆轨道做非匀速运动，从而使哥白尼的天文体系摆脱了众多小本轮带来的麻烦——这原是哥白尼为了把行星时快时慢的实际运动现象和假想中的完美匀速运动协调起来，[①]在不得已之下从旧有学说中引入的概念。哥白尼令行星轨道脱离了依巴谷学说中的巨大本轮，从而令他所发明的体系大大优于古代天文学家们提出的体系，这是值得称道的成就；然而，为了弥补体系中个别看似失序之处，他也不得不在其中加入了一些小的本轮，从而令该体系的优长在某种程度上有所减损。实际上，无论是前面所说的“失序之处”，还是为此目的而引入的本轮，与体系本身相比均属微不足道，因此，哥白尼最早的追随者们

① 因为“均衡性”就意味着“一致性”。

对此不是含糊地一带而过，就是干脆视而不见。就连伽利略和伽桑狄（Gassendi）——哥白尼体系的两位最雄辩的捍卫者——也没有注意到它们。哥白尼体系中竟然还有本轮存在，人们对此一直普遍地未予注意，直到开普勒为了证明自己提出的行星轨道椭圆说而发出质疑的时候为止。开普勒强调指出，即便按照哥白尼的理论，行星体的位置也应该处于其本轮中心所画出的圆周内的两个不同点上。

的确，在所有的曲线中，椭圆是除了正圆以外最简单、也最容易想象的一种；而且，当开普勒剥夺了行星最简单的运动方式即匀速运动的时候，他也并未假定它们的速度是完全无序的，而是确定了行星速度渐快和渐慢的变化规律；对于这位如此热爱类推法的天才来说，每当他推翻一种规律性，势必要以另外一种规律性来取而代之。尽管开普勒的体系较之前的任何体系更加符合实际观测的结果，但是关于匀速圆周运动的先入之见在人们心中是如此地根深蒂固，以至于在很长一段时间内，开普勒的体系在学术界几乎无人问津：不消说哲学界对其完全不予理会，即使在天文学的圈子内也未得到任何重视。[①]

伽桑狄[②]是在开普勒晚年之际才开始在学界崭露头角的，也

① 关于开普勒的《新天文学》（*new astronomy*）所获反响，近期已有重新评价，参见 J. Russell，S.J.，《开普勒的行星运动定律，1609－1666》（"Kepler's Laws of Planetary Motion，1609－1666"），载于《英国科学史杂志》（*British Journal of the History of Science*），ii（1964），1－24。

② 皮埃尔・伽桑狄（Pierre Gassendi，1592－1655），主要以其哲学家的身份而名满天下，但同时也像斯密所说的那样，是一位颇有名望的科学家。

称得上是一位卓有成就的天文学者,实际上,他的声望似乎在很大程度上得自于其孜孜不倦地将第谷·布拉赫的观测结果与哥白尼体系进行精确对位的工作。然而,伽桑狄好像并不理解开普勒对哥白尼体系的改进具有何等重大的意义,我们看到,在他卷帙浩繁的天文学著述中,几乎从未提起开普勒的贡献。而与伽桑狄生活在同一时代、又是其竞争对手的笛卡尔,对于开普勒的理论更是全未理会,在《天体理论》(*Theory of the Heavens*)中[①]对其只字不提。即使那些出于严肃的关注而确信开普勒对哥白尼体系的修正于理有据的天文学家们,也仍然过分沉迷于匀速圆周运动的观念,以至于总是企图把他的理论与那些旧的、却是自然的偏见尽量捏合到一起。比如,沃德[②]便试图证明,尽管每颗行星都沿着各自的椭圆轨道环绕太阳运行,而太阳的位置恰在椭圆的一个焦点上,而且,行星在椭圆周线上运行的速度处于持续变化中,然而,假设有一道光从椭圆的任一焦点延伸到另一焦点,并随行星一起做周期性运动,那么它在同等时间内所扫过的角度相同,因而与以另一焦点为圆心的圆周上所截份额相等。所以,如果从另外一个焦点看来,该行星的运行轨迹仍将是完全的正圆形,且速度完全均衡,正如托勒密和依巴谷的偏心匀速轮理论所设想的那样。布里

① 是为《宇宙论》(*Le Monde*)的一部分,该书完成于1633年,但直到1664年作者去世后很久才最终出版。(估计是因为作者担心因支持哥白尼的天文体系而遭迫害:就在此书成书前后,伽利略刚刚被迫声明放弃哥白尼学说。)不过,此书的基本观点都包括在他的《哲学原理》(*Principia Philosophiae*,1664)当中了。

② 塞斯·沃德(Seth Ward,1617-1689),牛津大学萨维尔天文学教授,英国皇家学会奠基人之一,埃克塞特主教。

奥[1]对沃德的假说表示非难，但他自己提出的假说也和前者同属一类，甚至比前者还要异想天开。根据这位天文学家的理论，行星的运动轨迹永远是正圆形；因为，正圆形是最完美的形状，天体的运动不可能有其他方式。不过，每一颗行星都不是持续地沿一个圆周运转，而是不断从一个圆过渡到另一个圆，在各自的运行中先后经历了无数个圆。他解释说，椭圆是由圆锥体的一个横剖面倾斜而成的，如此形成的一个椭圆，其一对顶点[2]之间可包容无数个圆，也就是说，椭圆是由无数个圆上的微小片断总合起来构成的。所以说，行星沿着椭圆周线运行时，它所处的每一点，都是某一极小的圆的一部分，那么行星就相当于运行在无数个小圆之上了。同理，鉴于匀速运动是所有运动中至为完美者，每颗行星的运行也必定是完全匀速的。然而，行星在椭圆轨道上的运动并非匀速，唯有相对于那些平行于圆锥体（该椭圆即由它的一个横剖面倾斜而成）底面的正圆形来说，其速度才是均衡的。因为，假设有一条光线将行星与这些圆中的任意一个相连，并随行星一起做周期性运动，那么它于同等时间内在此圆上所截出的份额是相等的。这又是一个极尽幻想色彩的匀速轮，其存在的基础仅仅在于圆锥体与椭圆之间那一点点微末的关联；论到令其成为可取的原因，也只是

① 伊斯梅尔·布里奥（Ismael Boulliau，1605－1694，其姓名有多种拼法，亦写作Bullialdus），著有 *Astronomia Philolaica*（1645），他是将平方反比关系应用于行星运动的第一人。沃德曾在一本题为 *In Ismaelis Bullialdi Astronomiae Philolaicae Fundamenta Inquisitio Brevis* 的著述（1653）中对其加以批评，布里奥则推出一本题为 *Astronomiae Philolaicae Fundamenta clarius explicata . . . Adversa . . . Sethi Wardi impugnationem* 的作品（1657）予以反击。

② 原版中此处为“vortices”，应是排印错误，为“vertices”之讹。

人们内心对于正圆形轨道和匀速运动所怀的一种自然的偏爱之情。它可被视为上述激情最后一次颇不甘心的垂死挣扎，我们从中亦可看出旧有原则的影响力是何等强大，竟能使这位精确的天文观测家、《天体理论》的伟大修正者去接受一个如此离奇的假说。以上便是哥白尼的追随者们在接受开普勒对该体系做出的修正时所表现出的困难和犹疑。

开普勒所确定的[①]关于行星运转过程中逐渐加速和减速的定律，确是复杂而难以理解的；因此，未见得有助于想象力追踪理解在此规律制约下的天体的运行。根据这位天文学家的理论，若从每颗行星的中心引出一条与太阳相连的直线，该直线又随行星做周期性运动，那么，它在同等时间内所扫过的面积是相等的，尽管行星所走过的路程并不相等；他还发现，月亮的运动也大体遵循同样的规律。当想象力已经熟悉了任何一种运动加速或减速的规律时，便能比较容易地追随和理解行星运动的这一规律；相比较之下，如果对前一种规律惘然无知，自然会对制约行星速度变化的这种比例关系感到迷惑不解。因此，上述推论[②]的发现无疑令该体系比以前更符合世人自然的口味了：但无论如何，它还是太难以追随和理解了，所以即使人们对它的接受度有所提高，也是有限的。

除此以外，开普勒又向该体系中引入了另一新的推论，[③]他首次发现，行星与太阳间的距离相对于它们绕日公转的周期存在着某种统一的关系。他发现，行星绕日公转周期在比例上大于其与

① 《新天文学》(*Astronomia Nova*，1609)。

② 即比例。

③ 《宇宙和谐论》(*De Harmonice Mundi*，1619)。

太阳之间的距离，又小于这个距离的平方；但接近于其与太阳的距离和这个距离的平方数的比例中项；或者，换句话说，它们绕日公转周期的平方约略相当于其本身与太阳之间距离的立方；[①]这个推论和上述的所有其他论述一样，无疑使该体系在某种程度上显得比以前鲜明易懂，但它在本质上仍嫌过于复杂，令人的想象力很难跟上。

以上的两个推论，尽管极其复杂难解，但后来还是通过卡西尼(Cassini)的观测而得到了最终确认。[②] 这位天文学家最先发现，木星和土星的卫星在环绕其所属行星运行时，遵循开普勒所提出的行星绕日运行及月球绕地运行的定律：首先，它们在相等时间内扫过的面积相等；其次，它们各自运转周期的平方相当于其本身与主星距离的立方。这两条深奥难懂的推论，当开普勒最初提出它们的时候，几乎是无人问津；此时，通过卡西尼的观测，验明它们适用于木星的四颗卫星及土星的五颗卫星，这就不仅证实了开普勒学说的正确，而且为哥白尼的假说增添了一种新的可能性。卡西尼的观测结果似乎确立了以下法则适用于整个体系的地位，即：当一个天体围绕另一天体运转时，它在相同时间内扫过的面积相等；当多个天体围绕同一天体运转时，它们各自运转周期的平方相当于其本身距中心天体距离的立方。如果假设地球和五大行星均围

---

① 严密地讲，“其本身与太阳之间距离的立方”应为“其本身与太阳之间平均距离的立方”。

② 乔瓦尼·多米尼克·卡西尼(Giovanni Domenico Cassini，1625－1712)，著名天文学家(自他以后，卡西尼家族陆续涌现了多位成就卓著的天文学家)，被法国皇家科学院设立的天文台聘为总监，他是最早获得该天文台颁予养老金的科学家之一。

绕太阳运转,那么,据说这些法则便能普遍适用于所有这些行星。然而,如果按照托勒密的体系,太阳、月亮和五大行星都是围绕地球运转的,那么,日月的周期运转的确会与其中的第一条法则相符,即,它们在相同时间内扫过的面积相等;但它们却不符合第二条法则,即,它们各自运转周期的平方不相当于其本身与地球距离的立方。至于五大行星的运转,则与这两条法则都不相符。再以第谷·布拉赫的体系来看,假设五大行星绕日运行,而太阳和月亮则绕地球运行,那么,五大行星绕日运行的运动确将符合这些法则,但太阳和月亮绕地球的运动则将只遵循其中的第一条。如此看来,大自然的规律性唯独在哥白尼的体系中得到了全面的反映,故而,该体系必定是正确的。在伏尔泰(Voltaire)[①]和波利尼亚克红衣主教(Cardinal of Polignac)[②]看来,这是一条无可辩驳的实证;就连更有能力做出判断的麦克劳林(McLaurin)[③]也这样认为;不仅如此,甚至牛顿本人似乎也曾提到,[④]这一点是说明该假说正确性的主要证据之一。然而,像这样的一种推论,恐怕还远远不足以称为实证,最多可以算作一种蒙蒙胧胧的可能性吧。

---

① 《牛顿哲学原理》(*Éléments de la philosophie de Newton*,1738)。

② 即梅尔基奥·德·波利尼亚克红衣主教(Cardinal Melchior de Polignac,1661–1742)。

③ 科林·麦克劳林(Colin Maclaurin,1698–1746),在格拉斯哥大学接受教育,于1717被任命为阿伯丁大学马修学院数学教授,后经牛顿推荐任爱丁堡大学教授。著有《关于伊萨克·牛顿爵士发现的说明》(*Account of Sir Isaac Newton's Discoveries*),该书于1748年他去世后出版。

④ 牛顿在《自然哲学的数学原理》第三卷开头的论述,并没有确切说明这一点,但斯密的审慎表述方式并非暗指他意。

事实上，尽管卡西尼认为行星是按照长圆形曲线运行的，[①]但是他所描述的曲线却和开普勒所说的椭圆有所不同。在椭圆中，圆周上任意一点向两个焦点引出的两条直线之和为常数。而在卡西尼主张的曲线中，曲线上所有的点到两焦点的距离之积为常数。由于这个比例较之前者更难理解，因此卡西尼主张的曲线从未在学界流行。

如今，妨碍哥白尼体系被世人接受的难题，只剩下一个了：那就是，人们难以想象，像地球和其他行星这样巨大而笨重的物体，何以竟能围绕太阳如此高速地运转。哥白尼不理会那些源自感官的偏见，自顾提出，行星的这种旋转运动就像抛起的石头会落地一样，皆是出于自然；但他的这种解释纯属徒劳之举。人类的想象力向来习惯于认为，此类物体具有稳定的倾向而非运动的倾向。关于这类物体具有天然惰性的定见，与其自然运动的观念是格格不入的。为了帮助人类的头脑在想象中把星体的这种天然惰性与其惊人速度联系起来，开普勒曾论到[②]太阳向周围宇宙空间散发出某种至关重要的、无形的作用力，这种作用力在太阳自转的带动下形成涡旋，于是裹挟着众行星（尽管它们自身是如此笨重且具有强烈的稳定倾向）围绕太阳系中心旋转；但他的这种解释也同样是徒劳无功的。人的想象力对这种所谓的无形物质完全无从理解，无法就其构成形成任何确定的观念。实际上，想象力在此遇到了一

① 称为“卡西尼卵形线”。——译注

② 《宇宙的奥秘》（*Mysterium Cosmographicum*，1596），第 20 章；《新天文学》（1609），第 33－34 章。

条鸿沟——感到行星的持续运动与想象中它们的惰性之间存在着一道缺口或间隔，必须由一连串中间事件组成环环相扣的媒介链条，方能将以上两种彼此脱节的特性联系起来。但这个联结之链究竟由什么构成，我们的头脑无从得知；就连开普勒的学说也未能在这方面提供任何帮助。他的理论，像那个时代几乎所有时髦的哲学学说一样，给这种看不见的链条起了一个名字，称之为无形的作用力，但关于它的本质却未能给出任何确定的概念。

笛卡尔最早尝试确切地弄清这个隐性链条的构成，为想象力提供一条由一连串中间事件组成的媒介之链，这些事件环环相扣，都是按照人类想象力最熟悉的次序前后接续的，如此将行星的高速运动和它们自然的惰性这两种不相干的特性连成一体。笛卡尔最先解释了物质的惰性缘于何故——这并不在于它本性中具有反运动的特质，或是具有静止不动的倾向，而是在于一种保持原状的趋势，无论它原本处于静止状态还是运动状态；它会以特定的力量，抗拒任何企图令它从一种状态转向另一种状态的努力。按照这位富于天才和想象力的哲人的说法，无限的宇宙空间被物质所充斥，因为在他看来，物质和广延性是一回事，故而宇宙中不可能有绝对虚空之处。他认为，这无限的宇宙物质被分成无数极微小的立方体，每个小立方体都被某种力量促动着围绕自身的中心旋转，必然促成了两种不同成分的形成。第一种成分来自那些小立方体带棱角的部分，它们在立方体的运动中被磨蚀、脱落，又因彼此间的摩擦而变得更为细碎，从而成为物质当中最难以捉摸、活动性最强的部分。第二种成分是那些小立方体被磨蚀后形成的小球体。上述小球体之间的空隙，都被第一种成分的微粒所填满。而

在一个被不停运动的物质所充满的无限空间中，必定会发生无穷无尽的碰撞，其结果就是，许多小球体都会破碎，被磨成细小的微粒，由第二种成分转化为第一种成分。因此，第一种成分的数量便逐渐增加，除填充球体间隙之外尚余出许多，那么这种成分必然会在许多地方积聚起来，其中并不夹杂第二种成分。按照笛卡尔的理论，这个过程就是物质的最初分类。鉴于这种物质分类的无穷性，造物主在万有之初便给物质运动规定了一个量，在这个律的调节下，物质运动的总量永远保持恒定，既不增多也不减少。[①] 任何一部分物质所消耗的动量，必会传递给另一部分物质；任何一部分物质所取得的动量，必是由另一部分物质传递而来：如此，通过由静到动、由动到静的永恒循环，在宇宙的各个部分，动量的总和永远保持不变。

然而，由于宇宙中没有虚空，无论哪一部分物质在运动时都必须挤开另一部分物质，而后者又必须挤开别的物质，依此类推。为避免这一进程无止境地持续下去，于是他设想到，被任何事物所推开的在它之前的物质，会立即滚到其后，填充它前进时留下的空处；就像我们可以看到的鱼儿游动时的情形一样，鱼向前游，它前

① 《哲学原理》(*Principles of Philosophy*)，II.36。结合笛卡尔关于惯性定律的进一步阐述(参见下文的介绍——牛顿第一运动定律，伽利略对此仅想到了一部分)，可以说他的这个理论与线性动量守恒定律(即牛顿第三定律)相当。莱布尼茨(Leibniz)发现，在某些碰撞的情形下这条原理并不适用，因此他宣称守恒的并不是动量(质量和速度的产物)，而是“活力”(质量和速度之平方的产物，即 *vis viva*)。“活力之争”在18世纪学术界是一个热门话题，在亚当・斯密生活的时代，这个问题在达朗贝尔(d'Alembert)那里得到了部分的解决，后于1847年由赫尔曼・冯・亥姆霍兹(Hermann von Helmholtz)给出了最终结论。

方的水受到推动,立即流向它身后,去填补那里空出的位置,这样,鱼身周围便形成了一个小小的回流,或者叫涡旋。[①] 同样,造物主给予宇宙中无穷物质的初始推动,也必定造成了无数或大或小的涡旋;又由于宇宙中总体动量守恒的定律,这些涡旋或者是永恒持续,或者是分解成其他同类性质的涡旋。因此,宇宙中便永远有无穷多的涡旋或者说环状运动的旋流在不停流转。

然而,任何做圆周运动的物体都有一种持续的离心势头。因为所有物体的自然运动趋势都是直线运动。故而,宇宙中各个大涡旋中所有的物质微粒便不断由中心靠向涡旋的边缘,其离心力的大小取决于它们各自不同的体积和坚实度。第二种成分,即体积较大、也更坚实的球体具有更大的离心力,兀自占据了圆周的外缘,而体积微小、容易受其他因素影响,亦更为活跃的第一种成分——它们甚至可以在第二种成分的间隙里穿流——则被挤到中央部分。它们被挤到中央,尽管其自然的运动趋向是离心的;这就如同一块木片被投入水中时,尽管它自然的趋势是下沉,结果却会浮起,因为它下沉的力量不如水分子的浮力大,可以说是被后者顶托着上浮到水面的。然而,由于第一种成分的数量极大,填满了第

---

① 对于充满物质的空间中的运动的这种解释,斯密在此没有提到它的历史沿革。笛卡尔是从古希腊哲学家那里承袭了这种观念,后者否认绝对虚空的存在,因此不得不面对这个问题。柏拉图在《蒂迈欧篇》(*Timaeus*)79A－E 当中曾使用本文中描述的这一过程来解释呼吸的机理。在该篇中,该过程被称为“*periosis*(循环挤压)”。卢克莱修(Lucretius,i.370－83)在谈到这个问题时也曾借用鱼的游动来打比方,但他的目的仅仅是反对上述观点,坚称虚空的存在是一种必然。霍布斯(Hobbes)在他的《论物体》(*De Corpore*)第 22 章 12 节和第 25 章 3 节中继续主张这种解释,笛卡尔也是一样。参见 A.E.泰勒(A.E.Taylor),《柏拉图〈蒂迈欧篇〉评注》(*Commentary on Plato's Timaeus*,1928),558。

二种成分的间隙尚有多余，它们必然在每个大的涡旋中心积聚起来，形成了构成太阳的那种炽热而活跃的物质。因为，根据那位哲学家[①]的理论，宇宙中存在无穷多的太阳系，每颗恒星都是这样一个太阳系的中心。他又是现代人当中主张取消宇宙边界的先驱者之一。就连哥白尼和开普勒都认为宇宙包含在他们假设存在的恒星天球的穹窿之内。

如此，每个涡旋的中心都被最活跃、活动性最强的物质成分所占据，发生在它们之间的扰动必然较之涡旋的其他部分更为剧烈，整个涡旋的运动就是靠其中心的这种剧烈扰动而得以保有并维持的。不过，在充斥着第二种物质间隙的第一种物质微粒当中，必定有许多由于受到来自不同方向的球体的压力，形成带棱角的形状，从而构成了宇宙中的第三种微粒成分，它们的活动性较之前两种略差。由于这第三种成分是在第二种成分的间隙里形成的，它们必定比第二种成分更小，因此，它们和第一种成分的微粒一起，被挤向涡旋的中心，在那里，当它们中的若干个体偶然碰撞结合在一起，就在第一种微粒积聚而成的物质集团表面形成了点状的斑驳，正如我们用望远镜在太阳（正是它照亮了我们所在的星系并赋予其活力）表面经常看到的黑斑那样。受第一种成分微粒剧烈扰动的影响，这些点状斑驳时常破裂消失，幸而如此，我们的太阳表面的黑斑就是这样不断生生灭灭的。然而，有些时候，这些斑块逐渐联结成片，继而在涡旋中心火的整个表面结成一层硬壳，阻断了涡旋中最具活力的部分与最无活力部分之间的交流，整个涡旋的运

① 指笛卡尔。——译注。

转速度随之立即放缓，亦无力抵御来自另一涡旋的强力，以致被其吞并裹挟；于是，曾经的“太阳”变成了其他星系中的行星。按照这种理论，在很久以前，我们的月亮也和太阳一样，是某个涡旋的中心火，有以太物质不停地围绕它旋转；后来，带棱角的第三种微粒在它的表面逐渐聚集成硬壳，于是以它为中心的涡旋运动开始放缓，因无力抵御正好处在它旁边的地球涡旋的巨大引力，从而被地球（当时也是一个“太阳”）俘获。就这样，月亮变成了地球的卫星，围绕地球转动。随着时间的流逝，同样的命运也降临到地球身上；它的表面被大量不具活性的物质覆盖，结成硬壳，于是它主宰的涡旋运转速度变慢了，被更大的太阳涡旋所俘获；不过，尽管地球涡旋的速度已经放缓，它还有足够的力量来维持地球本身的日周运动和月亮以一个月为期的绕地公转。我们可以很容易地想象到，围绕地球存在着一个小的涡旋，这个涡旋在自主流动的同时，又被以太阳为中心不停流动的更大规模的以太涡旋携带着，围绕太阳运动；这就如同水的旋涡一样，一个大旋涡里常包含着几个小的旋涡，它们围绕自己的中心旋转，同时又被水流裹挟围绕大旋涡的中心旋转。以上便是行星系最初形成的因由和继后按此种方式运动的道理所在。当固体物质自转的时候，它的各个组成部分，无论距其中心远近，都在同一时间内完成一次周转。但液态物质围绕中心转动时，情况却与此不同：距中心最近的部分运行一周的时间比处于较远位置的部分更短。在太阳系里，行星是漂浮在以太的大潮之中，这潮流不停地自西向东围绕太阳运转，因此，不同行星完成一次绕日周转所用的时间也按照它们各自与太阳的距离远近而有长有短。然而，根据笛卡尔的理论，人们还未发现行星运转周期与其距涡旋中心的距离之间存在一个确切的比例关系。这是因为，正如本人先前提到的那样，开普勒所发现的存在于上述二者之间的那种美妙的比例关系，当时尚未由卡西尼的观测结果所证实，也完全没有被笛卡尔注意到。此外，根据他的理论，行星的运行轨道不一定是完美的正圆，而是在一个方向上拉长，在与之垂直的方向上变短，从而接近于椭圆形。我们也不必假定它们所行过的轨迹是几何学上的精确椭圆，甚至其各自的形状都未必百分之百地相同。大自然所产出的物件，其形状极少能达到数学上的精准，因为她制造出的每一种效果，都是无数种心血来潮之举相互叠加组合的结果。即便是同种的植物或动物，也没有两个完全一模一样的个体，更没有任何一个能长成十足规则的形状。因此，天文学家们试图在天体运动中寻求在大自然的其他部分无法找到的那种完美的恒定性和规律性，不过是一种徒劳而已。[①] 天体的运动，和所有其他运动一样，必定要随着其动因——太阳涡旋运转的疾缓而相应地加快或放慢；而足以造成此种疾缓变化的情形又多到不可胜数。

就这样，笛卡尔试图将哥白尼体系中最难理解的部分，即硕大的行星体何以能够高速运动的问题，带入人类想象力所熟悉的领域。如此，当想象力学会了把上述天体看作漂浮在无垠的以太之海中，它就能按其通常的思维习惯，想到它们会随着这海洋的潮流而动，无论其速度有多快。事件发生的这种承接次序，乃是早已为想象力所习惯的，因此，它对此非常熟悉。此外，这种对于天体运

① 作者在这里富于洞见地肯定了一切自然“定律”的趋近性。这意味着消除了“自然”和“大”这两个领域之间的界限，也意味着此后扰动理论的出现成为一种必然，包括神学界关于造物主之“完美”命题的大量自我反省。

动的描述，关联着一个规模巨大的体系，与任何其他假说相比，它能把更多的看似脱节的自然现象连成一体；这个体系当中的关联律，尽管或许同样是出于想象，却比此前人们所知的任何体系中的关联律更加鲜明、更加确定；它们不仅试图在想象中追踪天体运动的发生次序，还欲揭示它们以及几乎所有其他自然物被创造时的次序——笛卡尔的哲学最初几乎遭到众口一词的抵制，而与此同时，哥白尼的体系则持续地获得了普遍的认可。可是，令人难以想象的是，这个备受推崇的体系，其或然性与一致性在很大程度上是得自于那个被抨击的假说。[①] 直到笛卡尔发表他的原理之前，那个杂乱无章、缺乏一致性的第谷·布拉赫体系在整个学界依然常常被提起，[②]虽说几乎没有任何人全心全意地通盘接受它，但人们总是就其或然性把它与哥白尼的体系相提并论。他们确实注意到，它在协调性和关联性方面有所欠缺，但在表态时，总希望这些缺点能通过未来的改进得到补救。然而，当世人领悟到笛卡尔哲学赋予哥白尼体系的那种完全、乃至近乎完美的一致性之时，人类

---

① 参见《致〈爱丁堡评论〉创刊人的一封信》(Letter to the Authors of the *Edinburgh Review*)，5。在信中，斯密再次提到笛卡尔的自然哲学"几乎遭到众口一词的抨击"，又谈到它最初似乎具备的优点。他还在《道德情操论》VII.ii.4.14中提到了笛卡尔的涡旋理论在很长一段时间里一直受到高度尊崇。达朗贝尔在为《百科全书》(*Encyclopédie*，1751)撰写的《序论》(*Discours préliminaire*)中写道："如果站在不偏不倚的立场上判断，那些涡旋在今天看来已显得近乎荒诞无稽，但我敢说，如果换了我们，也未必能想象出更好的理论。"

② 伽利略在他那部有名的论战性著作《关于托勒密和哥白尼两大世界体系的对话》(*On the Two Chief Systems of the World*，*Ptolemaic and Copernican*)当中，对于第谷的体系持漠视态度：该理论与金星相位的实际观测结果一致，便会削弱他所坚持的地动说。

的想象力再也无法拒绝如此愉悦的体验，情不自禁地要顺应这种洋溢着和谐的对世界的描述体系。自此之后，第谷·布拉赫的体系越来越少人问津，直到最终埋没尘埃，完全被人遗忘。

论到笛卡尔的体系，尽管它根据哥白尼的体系把天体的各种实际运动联结为一个整体，取得了前所未有的成功，但这只是宏观角度上的成功；如果究其细节，便和实际天象不甚相符了。正如我们在前文中所说，[①]笛卡尔自己从未做过任何实证性的天文观测。虽说他对以前时代的观测结果并非一无所知，但他似乎并未特别重视它们；这或许是由于他自身在天文研究方面缺乏经验之故。至此，笛卡尔通过运用其体系解读开普勒所探明的行星运动中所有细微的不规律之处，或者说，通过特别阐明根据该体系的原理，上述不规律之处何以恰恰会产生，从而满意地宣称，我们无法期待行星运动呈现完美的一致性，这是由其成因的性质所决定的；在接下来的大多数旋转运动中，都会产生某些不规则之处，它们随后又将让位于其他类型的不规则运动。经过此番表态，他便无须再费心令自己的体系与开普勒及其他天文学家的实际观测结果完全相符了。

然而，在卡西尼通过观测确证了开普勒最初在哥白尼体系框架内发现的天文定律的权威性之后，笛卡尔的哲学由于无力解释天文现象为何会符合上述定律，便再也无法令内行的天文学研究者感到满意了（尽管它仍然能够使其他科学领域的学者们愉快地接纳）。艾萨克·牛顿爵士最先尝试用物理学原理来阐释行星的运动，使其符合天文学家们历来观测到的行星运动中所有常在的

① 实际上，斯密在前文中并没讲过这样的话。

不规则之处。笛卡尔力图用以统一行星运动现象的物理学关联律,实际上就是关于推动力的定律;这是所有的事件承接次序当中最为想象力所熟知的一种;而人们在这方面的认知,都源自物质的惰性这一观念。除了这种性质之外,我们最熟悉的恐怕就是引力了。我们从不对物质发生此种作用,但我们有观察此种作用的机会。正因为如此,艾萨克·牛顿爵士以其超人的天才和智慧做出了最巧妙的、目前可以说是哲学领域最伟大、也最令人钦佩的改良:他发现,可以用以上这个如此为人熟知的关联律将行星的运动联结成一个整体,这就完全消除了迄今为止想象力在理解这些运动方面所遇到的一切困难。[①] 他论证道,假设行星受太阳的引力作用,彼此间亦有引力作用,同时受到原初推动力的影响,那么,所有一等行星的运行轨道就可能形成以太阳为一个焦点的椭圆形,而它们的卫星就可能各自环绕其所属行星形成类似的椭圆形轨道,不被其中心行星的持续运动所扰乱。他还指出,如果那种使行星保持在各自轨道内的作用力与重力相类似,是一股趋向太阳的引力,那么运行中的行星就会各自在同等的时间内扫过相同的面积。此外,如果太阳的引力和其他所有以光的形式由某一中心点向外发散的物质属性一样,其强度的递减与距离的平方数成正比,那么,当行星与太阳的距离最近时,运动速度将达到最快,而当它们与太阳的距离最远时,运动速度则最慢,上述疾徐变化的步调亦和实际观测结果一致。基于同一假定(即行星引力递减的假定),行星的运转周期和它们与太阳之间的距离是成正比的,正如开普

① 一个乐观的评价。

勒和卡西尼所证实的那样。牛顿爵士以上述方式说明了引力很可能就是将行星运动联结为一体的关联律，接下来，他又努力去证明事实确乎如此。我们凭经验知道，接近地球表面的引力即重力是怎么一回事。在地球上，自由落体在下落的第一秒内，垂直落差约为 15 巴黎尺①。月球表面距地球的距离约为地球半径的 60 倍。那么，假使地月之间引力强度的递减与距离的平方数成正比，月球上的物体掉向月球表面时，在一秒钟内的垂直落差应当等于它掉向地球时在 1 分钟（即 60 秒）内的垂直落差。然而，观察月球在绕地运转时每分钟内所走过的一段弧线，以其起始点为切点做一条切线，可以看到，这段弧线的截止点恰好位于这条切线以下大约 15 巴黎尺处。如此说来，我们可以认为，月球始终有一种向着地球坠落的趋势。②

艾萨克·牛顿爵士的体系与天文学家们此前观测到的很多其他的不规则天象也尽皆相符。它论证了行星绕日公转轨道的中心为什么不是太阳的中心点，而是太阳和行星共同的重心点。它又从行星彼此间引力的角度，解释了行星运动中其他一些不规则现象的原因；这种不规则性，在木星和土星身上体现得更为明显，尤其是当它们处于接近合相的位置时。在所有的不规则天象当中，自古以来最令天文学家们感到困惑的则是月球运动的不规则之处；而艾萨克·牛顿爵士的体系与月球实际运动的相符程度较之其他行星显得更为精确。当月球运行到与太阳合相或与太阳相对

① 计量单位，1 巴黎尺相当于 12.785 英寸。——译注

② 《哲学原理》，卷 III，命题 4，定理 4。

的位置时，看上去与地球的距离最远，而当它呈现上弦月或下弦月的月相时，则显得与地球最近。根据牛顿的体系，当月球与太阳合相时，它与太阳的距离比地球与太阳的距离更近，受太阳的引力比地球更强，因此月地之间的距离会稍稍拉开。反之，当它运行到与太阳相对的位置时，地球与太阳之间的距离就比日月之间的距离近了，地球受到太阳的引力较强，同样，造成了地月距离的拉大。另一方面，当月球处于上弦或下弦的位置时，地球和月球各自与太阳之间的距离相等，承受的太阳引力也相等。这本身并不构成地月距离拉近的原因，但是，由于太阳作用于二者的引力并不是平行的，这两股力量在太阳的中心点相互交会，从而拉近了地球和月球的距离。艾萨克·牛顿爵士依据自己的理论体系，分别计算了地球和月球分别处于上述各个位置时，彼此距离拉近所需的力，结果发现，天文学家们实际观测到的二者彼此间距离拉近的程度与他们的计算结果完全相符。当日月在天空中处于合相及相对位置时，来自太阳的引力部分地抵消了地球对月球的引力，致使月球绕地球公转的环形轨道被拉长，从而延长了它的公转周期。而当地球在公转轨道上处于距太阳最近的位置，同时月球又处在与太阳合相及相对位置时，来自太阳的引力最为强大，这时，地球对月球的引力被最大限度地抵消，月球绕地球公转轨道被最大限度地拉长，月球的公转周期也最长。以上解释既与我们的生活经验相符，也同样精确符合依据其原理运算得出的结果。

月球的公转轨道面和地球公转轨道面并不完全重合；二者之间存在一个很小的夹角。这两个轨道面之间的相交点被称为“月交点”。它们始终在自东向西逆行移动，每隔 18 年或 19 年，就会在黄道上完成一次周转。月球完成每一次绕地运行，其运行轨道与地球绕日公转轨道的交点总是比前一次的交点稍有微小的错后。不过，尽管月交点的移动通常是逆向的，但也不是一成不变，有时它们会变成正向移动，有时甚至停滞不动。月球绕地周转时，其轨道每次与地球公转轨道相交形成的交点通常错后于前一次相交形成的交点，但有时也会位于前一次的交点之前，有时与前一次的交点相重叠。月蚀发生的时间就取决于这些交点的位置，出于这一缘故，天文学家们历来对它们的移动给予特别的关注。然而，这种运动的不规律性却使他们极为困惑，也令他们始终苦苦探寻月球运行的规律而不得其解。他们由于找不到能把众多与月球有关的天文现象联系到一起的其他纽带，唯有假设造成这些现象的运动实际上是完全均衡而稳定的。因而，在天文学历史上，关于月球运行规律的理论比所有关于其他天体运行规律的理论加在一起还要多。引力说从太阳和地球所产生的不同力的作用这个角度，最为准确地揭示了月球各种不规则运动现象之间的联系；而且，计算结果也证实，月交点位置的前移、逆行和滞留现象发生的时间、程度和维持时长，都和天文学家们的观测结果完全一致。

凭借来自太阳的引力这一原理，除了能说明月交点的运动之外，还能阐释月球运动中另一个极其令人困惑的不规律现象，那就是月球轨道相对于地球轨道的倾角始终处在不断的变化当中。

月球沿椭圆轨道绕地公转，地球的中心正处在该椭圆的一个焦点上。我们把该椭圆的长轴称为月球的拱线(line of apsides)。观测发现，月拱线在天球上所指的方向并不总是恒定的，而是不停地自西向东移动，大约每隔 9 年会经过黄道上所有的点，完成一次周转。月球的这种不规律运动曾经令天文学家们大伤脑筋，但如今我们运用引力理论，便足以解开这个奥秘了。

人们历来都认为，地球的形状是完美的球体，究其原因，可能和当初想象行星轨道必然是正圆形是同样的思路。然而，艾萨克·牛顿爵士[①]却从力学原理出发，得出结论说，由于地球赤道部分受到日周运动的力的影响较两极更大，地球必定是一个赤道略鼓、两极略扁的球体。通过观察可以发现，在赤道地区，摆锤的振荡速度比在两极慢，这种现象似乎能够说明，两极地区的地心引力相对较强，而赤道地区的地心引力相对较弱。于是他认为，这便证实了赤道离地心较远而两极离地心较近。尽管自古以来人们对地球的勘测似乎都显示出相反的结论，即地球的两端略鼓而中部稍扁，但是牛顿还是坚信自己根据力学原理做出的推断，不肯苟同于前辈地理学家和天文学家们的测算结果。在这个问题上，天文学家们对木星的观测为牛顿的说法提供了支持，他们发现，贯穿木星两极的直径与贯穿其赤道的直径之比为 12 : 13。当然，对于地球而言，如此巨大的差异是不可能的；但是对于身形庞大、日周运动速度极快的木星来说，它却完全符合比例。此后，天文学家们在拉普兰地区和秘鲁的观测完全证实了艾萨克·牛顿爵士的理论体系，[②]它

① 《哲学原理》，命题 19，问题 3。

② 斯密的私人图书馆中存有一册描述拉普兰探险结果的著作的英译本，即莫泊丢（P. L. M. de Maupertuis）著《地球的形状：奉法国国王钦命赴北极圈实地观测之结果的结论》（*The Figure of the Earth, determined from observations made by order of the French King at the polar circle*，1738）。参见水田洋（H. Mizuta），《亚当·斯密的图书馆》（*Adam Smith's Library*，1967），40。秘鲁科考探险的结果见于皮埃尔·布格（Pierre Bouguer）著，《地球的形状》（*La Figure de la terre*，1749）。

们不仅证明了地球的形状与牛顿爵士的设想大体一致，而且验证了地轴与地球直径之比与后者计算出的数值几乎完全一样。在所有关于地球日周运动的证据当中，这个证据恐怕是最确凿也最令人满意的。

想当初，依巴谷[①]通过对比自己和前辈天文学家们的观测结果，发现二分点并非永远相对于天空的同一部分，而是在缓慢地逐渐东移，但因其移动速度极慢，以至于一百年间都难以察觉，它们经行黄道上的所有点而完成一次周转，需要3600年。后来，更精确的观测发现，二分点的岁差[②]并不像依巴谷想象的那么慢，它完成一次周转所需的时间大约将近2600年。古代天文学体系把地球视为固定的宇宙中心，那么在解释这种现象时，就必然假定天球在围绕赤道轴做快速日周运动的同时，也在围绕黄道轴做缓慢的循环运动。而当学者们将依巴谷的宇宙体系与亚里士多德的固定天球体系相结合时，他们在天球层之上添加了一个新的水晶球层，以便使这种运动与其他天体运动统一起来。在哥白尼的体系中，一直假设地轴存在自东向西的小规模回转，从而将这一现象与其假说的其他部分联结为一体。到了艾萨克·牛顿爵士这里，他运用引力原理，把这种运动统一到整个宇宙体系中来，同样，他也依据这个原理将所有其他天体现象联结为一体；他还证明了，地球赤道部分的鼓凸是如何在太阳引力的影响下造成了分点的退行，正如它造成了月交点的退行一样。他计算了因受太阳影响而造成的

① 关于依巴谷对二分点岁差的发现，以及他对于岁差周期的估算，参见希斯，《萨摩斯的阿利斯塔克斯》，172－173。

② 原文中为“procession”而不是“precession”，无疑是排印错误。

分点移动的距离，所得结果也与天文学家们的观测结果完全相符。

自古以来，在所有的天文现象当中，彗星是最不受天文学家们重视的。它们不仅极为少见，而且样貌多变，因此，似乎和那些恒定、有序而一致的天体完全不属于同类，倒像是存在于地球附近区域的那些变化无常、短暂而偶然的现象。因此，亚里士多德、[①]欧多克斯、依巴谷、托勒密和普尔巴赫都认为彗星所在的层次低于月球，认为它们与大气上层的流星是一回事。第谷·布拉赫通过观测发现，彗星升上天穹时，常达到比金星或太阳更高的位置。笛卡尔甚至随意假设彗星永远高于土星的轨道，仿佛想以此来补偿它们长久以来所遭受的贬抑一般。后世的一些天文学家[②]通过观测发现，彗星也在绕太阳运动，因此可能也属太阳系的一部分。于是，牛顿便应用了他的关于引力的力学原理来解释这些天体的运动。此后，一些天文学家们又发现，彗星在运动的时候，在相同时间内扫过的面积相等；牛顿便开始在这方面下功夫，力图凭借他的原理和上述天文观测结果，来确定不同彗星的性质以及它们在运行轨道上的位置，从而测定它们的运行周期。他的追随者们甚至已经运用这一原理，预言了几颗彗星的回归时间，特别是即将在

① 《气象学》(*Meterologica*)，I.6－7；342b－345a。

② 斯密在这里可能是指约翰·赫维留(Johann Hevelius)、约翰·弗拉姆斯蒂德(John Flamsteed)以及埃德蒙·哈雷(Edmund Halley)等人的观测，以上三位的观测结果分别发表于《天文学指南》(*Prodromus Cometicus*，1665)、《大英天文学史》(*Historia Coelestis Britannica*，1725)和《彗星天文学概论》(*Astronomiae Cometicae Synopsis*，1705)这三部著作中。

1758年露面的那一颗。[①] 我们必须等到那个时候，才能确定他的理论是否贴切地符合这部分天文现象，就像符合所有其他天文现象一样。然而，与此同时，这一原理所具备的极强的可延展性，使它能够巧妙地适用于最不合常规的那部分天文现象，从而将所有天体的运动纳入了一个和谐统一的大轮廓。单凭这一点，它便在极大程度上博得了人类想象力对它的好感。

在依据牛顿哲学所做的一切尝试中，貌似最超乎人类理性和经验的，就是试图计算太阳和几大行星的重量和密度的举动了。然而，此举对于完备证明牛顿体系的一致性却是必不可少的。根据牛顿力学原理，物质的引力大小与其质量呈正相关。但是，如果距离是一定的，那么一个天体围绕吸引它的另一天体运动的周期就会随着引力的增加而缩短，也就是说，吸引它的天体质量越大，引力就越大，它的运动周期就越短。假如木星和土星的密度与地球相同，那么围绕它们旋转的多颗卫星的运动周期必定比我们现在观测到的要短。这是因为，物体的质量——以及它们所具有的引力——相当于其直径的立方。通过比较上述行星的体积和它们各自卫星的运转周期，我们发现，根据重力学假设，木星的密度必定大于土星，而地球的密度必定大于木星。由此似乎可以归纳得出以下结论，在太阳系里，离太阳距离越近的行星，其物质密度就越大：这种构造似乎是所有可能性当中于我们最有利的一种。就拿水来说吧，与地球上同样密度的水，在土星的赤道上会冻结成

① 由此句话可以看出，这篇文稿写于1758年之前，这里提到的“即将在1758年露面”的那颗彗星，即是著名的哈雷彗星。在那一年，它果然如约而至。——译注

块，而到了水星上就会沸腾起来。

以上介绍的是艾萨克·牛顿爵士的理论体系，其各部分之间联络之严密，令任何其他哲学假说都无法望其项背。承认了引力在宇宙中无处不在这个前提，以及引力随距离平方数的增加而衰减的原理，那么由这个原理联结成一体的所有天文现象的答案便随之迎刃而解。它们之间的联系并不仅仅是一种普遍而松散的关联，像在大多数别的体系中那样——在那些体系当中，根据某一原理，具体出现的可能是这样一种天文现象，也可能是与之大同小异的另一种天文现象，似乎都无关宏旨。但是在牛顿的体系当中，每一处接榫都是如此严丝合缝，每一个具体现象出现的时间、地点、数量和维持时长，都依照原理得到确切说明，又无不与实际观测结果精确相符。它用以联结、统合所有天文现象的原则，以人类的想象力可以轻而易举地理解跟从。物质的重力（引力），本来就是物质的所有属性当中除惰性以外最为我们所熟知的。每当我们以任何方式作用于物质之时，总能观察到它的这种属性。此外，物体引力的大小随着距该物体中心点的距离增加而减弱的定律，也和光或其他由中心向外发散的物质属性没什么两样。我们不仅观察到它们确实如此表现，而且，根据我们对其本质的理解，还认为它们理所当然会是这样。该体系在普及过程当中，在法国及其他一些国家之所以会遇到阻力，其原因并不是人类头脑难以自然而然地理解引力是宇宙构造中原初的、首要的推动力。在此之前广泛被人们接受的笛卡尔体系，已经使人类头脑习惯于认为，凡是运动都是因外力推动而来的，并把近地表的重物下落运动及其他行星的运动与这一普遍原则统合起来。正是由于世人念念不忘这种旧的

对事物的解释，所以他们才对艾萨克·牛顿爵士的理论感到不适应。尽管如此，牛顿体系现在已经克服了重重障碍，日益流行开来，并大有征服最广大的哲学领域之势。必须承认，牛顿提出的原理具有某种坚实而完整的特性，是我们在任何其他体系中都找不到的。即使那些最富于怀疑精神的人也会无可避免地感觉到这一点。这些原理不仅极其完美地将此前各个世代所观测到的天文现象全部联结为一体，而且包容了后世天文学家们凭借不懈的努力和更完善的观测仪器新揭示出的更多的天文现象。这些现象，有些可以运用牛顿体系的原理轻松地立即得到解释，也有些可以根据这些原理通过繁复而精确的计算最终得到解释——这都是以前我们做不到的。甚至，在我们试图把所有那些欲将零乱无序的自然现象纳入统一架构的哲学体系统统视为想象力的产物时，[①]我们所使用的语言依然在不知不觉当中表述着其中的关联律，仿佛它们是一些真正的链条，大自然真的用它们来把自己的造化行为联结在一起了。如此说来，难怪上述的哲学原理会得到人类普遍而完全的肯定，难怪它现今被视为人类所取得的最伟大的发现，而不仅仅是在想象当中把各种天象联结为一体的一种尝试——它发现了那个把一切最伟大、最崇高的真理紧紧连在一起的宏大链条，而维系这个链条的关联律，正是我们每天都在经历着的一个基本事实。

① 参见上文第二部分。

原编者后记

在此篇论文的末尾，留有作者的一些附注和备忘录，我们从中可以看出，他认为《天文学的历史》这篇论文的最后一部分尚不够完美，需要进一步加以充实。然而，作为编者，我们还是选择了将这部分文稿照原样发表，而不忍加以埋没。我们不应把它看成对艾萨克·牛顿爵士的天文学体系的历史写照或内容描述，它只是斯密先生为我们提供的一个补充例证，用以阐释他所提出的作为哲学研究之普遍动机的人类一般思维原则。

古代物理学的历史

——以古代物理学的历史为观照，论引领并指导哲学探索的诸原则

哲学，一方面致力于建构井然有序的天体系统，一方面又把关注的目光转向大自然中不那么崇高的部分，即地球本身及地表附近的物体。[①] 这些物体并不像宇宙天体那般高贵、优美，故而对于人类的头脑未必如前者一样具有强大的吸引力，然而，人类的头脑一旦对它们加以关注，往往会被它们的复杂多样、纷乱无序所扰乱，以致陷入尴尬与迷惑之中。天体的种类相对较少，哲学家们只需分辨日、月、行星、恒星几大类别就可以了；人们从中所观察到的一切变化，无非来自上述各天体有限的几种运动方式，以及这些方式在速度和方向上的改变而已。但是，大气层中的流星、云彩、虹霓、雷电、风、雨、雪、雹等现象，却极尽丰富、变幻无穷；[②]而这些现象出现的次序，似乎更加变化无常，更无规律可言。至于我们在水体中、在地表附近发现的化石、矿物和动植物等，其种类就更加纷繁复杂；若论其形成的不同方式，在变化、毁灭和互为依存过程中

① 参见《国民财富的性质和原因的研究》，V.i.f.24。

② 参见《天文学的历史》，第三部分开头。

的相互影响，那么，其呈现的次序则又有着近乎无穷无尽的可能。所以，如果说人的想象力在面对宇宙诸多现象的时候，经常会被迫脱离其自然的路径而陷于茫然困惑，那么当他把注意力转向大地呈现在他面前的这些事物、并努力追踪它们的发展和后续演变规则之时，就一定会感到同样的尴尬——而且其程度要比在前一种情况下严重得多。

这些既无相似性、又彼此脱节的现象，反映在人类头脑中，形成了一种看似混乱无序的观念，为了向这片混乱无序中引入秩序与和谐，就有必要从那些已经被人们了解和熟知的个别事物中，推演出其他一切事物的性质及其运行和演化的规律，从而使人的想象力可以沿着如此形成的连续面向前顺畅滑行，不受任何阻碍。[①]但是，正如我们无法由开放式烟囱逸出的热量来推测一只火炉的热量，除非能事先证明该烟囱中的火和火炉中的火是一回事；同样，我们也不可能由熟悉的事物中推演出罕见自然现象的性质和演化规律，除非我们事先假定这些常见的事物存在于那些比较罕见也更加奇特现象的构造之中，无论从表面看来它们伪装得有多么巧妙。因此，如果想让这出宏大的自然之剧中较粗陋的那一部分在人的想象中呈现出协调一致的面貌，必须首先做出两个假定：第一，作为大自然组成部分的一切奇特事物，其基本成分均是人类头脑所熟知的为数有限的一些事物；第二，所有这些事物的性质及其运行、演化规律，亦无非都是人类早已司空见惯的那些主要且基本事物的性质及其运行、演化规律的多样化变种而已。

① 参见《天文学的历史》，第二部分。

在这个宇宙较粗陋部分的所有构成物当中，我们最熟悉的一些物质，就是我们脚下的土地、我们每天所用的水、我们不断吸进呼出的空气，还有我们获取日常生活所需必须仰赖的火——非但如此，火的有益影响还是一切动植物维持生命活力必不可少的。因此，恩培多克勒(Empedocles)和其他一些意大利学派的哲学家便把土、水、气、火这四种物质视为构成世界——至少是构成大自然较粗陋部分——的基本元素。由于人类头脑对于上述物质极为熟悉，无论任何事物呈现于它跟前，它都会自然地倾向于在其中寻找与上述物质的相似之处，凭着如此发现的某种类同点，便可将这个新出现的事物与我们的想象力所熟悉的某一类事物联系起来。如果能在复合物质与简单物质的运行和演化规律之间观察到任何类同性，那么人的想象力在追踪其进程时，便能形成一种相当顺畅自如的流动。这种自然的预测，又进一步被当时既不可靠也不准确的对事物的分析所证实——可以想见，在科学的婴孩期，情况当然如此——此时，人类的好奇心试图抓住某种对世界的总体描述，但是却对任何一套学说都感到不完全满意，于是便急于在想象中构织出一幅宇宙的大模样。人们在动物和植物体内所观察到的热，似乎表明了火是它们的一种构造成分。空气对于二者的生存也同样必不可少，而这种物质似乎是通过呼吸进入动物的组织当中，又通过某种其他途径进入植物的组织的。动植物体内都存在着循环不息的体液，这似乎表明，它们的组织当中有很大一部分是由水构成的。此外，它们死后会腐烂并化为泥土，这说明土这种元素也是构成动、植物体的一种成分。通过类似的分析，似乎可以表明其他大多数复合物也符合同样的原理。

上述四种物质的广泛存在似乎从另一角度说明，它们的储量丰富，非常适于被大自然用以合成其他所有种类的物质。整个地球表面几乎都被土和水占据着。在地球的周围，包裹着一层稀薄而透明的空气，其厚度一直上达高天。火及其“扈从”光，似乎是从天界降到凡间的，因此，斯多噶学派认为，它们弥散于整个以太空间，并在遍布宇宙的发光天体中得以凝聚并形成球状；而逍遥学派则直接将其安置于月亮所在的天球层以下的区域，因为他们无法将火的那种倾向于吞噬毁灭的特性和他们心目中固体水晶球层的永恒本性协调起来。

我们惯常用来描述各种自然物的特点并对其加以辨别的一些属性，也都在水、火、气、土这四大基本元素中得到了最纯粹的体现。人们对于地表附近区域物体的总体归类法，无非是把它们分成冷的/热的、干的/湿的、轻的/重的。这些都是四大基本元素最显著的属性，而各种事物所具有的其他多种易于察觉的属性和影响力，似乎都建筑在这些根本属性的基础之上。在它们当中，冷与热非常自然地被大自然的早期探索者们视为一对积极的属性，而干和湿则被视为消极的。在人们看来，动、植物的生长和消解似乎都是因温度的冷热变化引起的，季节更嬗对动、植物产生的影响便是一个明证。适当的干湿度对于动、植物的生长和消解也同样必不可少，我们从干、湿季节的转换对动、植物的影响，以及不同干湿度土壤的不同产出，都能看出这一点。然而，后面这一对在其他情况下不甚活跃的属性，其状态的改变却是由冷与热的变化所促动和决定的。而轻和重则被视为两种运动原理，尘世间的一切物质都在它们的指引下找到各自的适当位置。这六种属性合在一起，在古代那种粗疏的自然观看起来,乃是哲学在其初创阶段必定要加以认识的,人们确实倾向于认为,凭着把握这些属性的变化消长,就能够把这个宇宙中较粗陋部分所发生的所有最引人注目的重大改变联结成一体。火这种基本元素的特性是热与干;气的特性是热与湿;水的特性是湿与冷;土的特性是冷与干。在上述四种基本元素当中,土和水的自然运动趋势是下沉,因为它们比较重。不过,由于土在重量上超过水,因此,土的下沉趋势要比水更强烈。另外两种基本元素,即火和气的自然运动趋势是上升,因为它们比较轻;同样,其中一种的上升趋势要比另一种更强烈,因为火比气更轻。不要因为古代先哲们认定火和气这两种元素在现实中具有上升的运动趋势而哂笑他们吧!别忘了,这种观念在表面上拥有最明显的观察结果作为支持;那些证明空气具有重量的事实和实验,也并非出于现代人超群的智慧,不过是他们机缘巧合的发现罢了[①]——而古人却对此闻所未闻;[②]再者,关于物体上浮(特别是在超过自身重量的液体中上浮)之原因的推理过程,虽然可以在某种程度上替代上述实验,但是在古代世界,直到阿基米德(Archimedes)做出相关发现之前,[③]人们似乎对此一无所知;而当阿基米德的发现问世之际,古代物理学体系早已经构建完整,并且已经确立

① 斯密没有说明这里所说的"机缘巧合"具体指什么。关于空气重量的实验,是"新实验哲学"最早实施、记录也最完善的实验之一。

② 阿那克萨哥拉(Anaxagoras)通过实验证明了空气是一种物质——见于亚里士多德《物理学》(*Physics*),VI.6,213a22 及《论天》(*De Caelo*),II.13,294b21。然而,似乎的确没有任何一位古代思想家证明过空气是有重量的。

③ 阿基米德在他的专著《论浮体》(*On Floating Bodies*)中"发现"了它们:见希斯著,《古希腊数学手册》,332-336。

了声望;另一方面,上述推理在当时还远远称不上显而易见,即使在其提出者的眼里,亦似乎只适用于固体在水中上浮的情形,却并不适用于固体在空气中的上浮,更遑论一种液态物在另一种液态物中上浮的情形了。然而火焰、各种蒸汽和燃烧形成的发散物之所以会向上升腾,其原因恰恰可以用最后一种情形的原理做出解释,而不必假设这些上升物具有某种特殊的轻飘属性了。

如此,这四种基本元素便在这一宇宙系统中各自占据了其特定所属、且自然而然趋向的位置。土和水落到中心;气铺展于土和水之上;而火则向上升腾——或是进入天界,或是聚于天穹下方、紧邻最低的天球层的那个区域。当这些简单物质各自占据了其适当的位置之后,就其本性来讲,它们就会各自相安无事,不会侵犯彼此所在的领域——火不会降入气中,气不会降入水中,水亦不会降入土中;反之,土不会升入水中,水不会升入气中,气也不会升入火中。故而,这个世界上的所有物体,如果没有受到外来影响的话,就一定会处于永恒的静止状态。然而诸天的周转、日月星辰的运行,造成了地球上的昼夜交替和季节更嬗,从而使我们所在的这个大自然的较粗陋部分不至于全然呆滞、死气沉沉。由于宇宙天体的高速旋转,令火元素活跃起来,促使其以猛烈的势头下侵到气、水和土的领域,从而产生了各种元素的复合物,令整个下界随之运动、旋转起来。有时只是出于偶然,发生了一种元素向另一种元素的嬗变,便造成了在形态和种类均不同于这两种元素的某物质;在这个结合体中,尽管两种元素的属性皆可以被找到,但是它们已经过极大的改变与调和,以至于难以分辨了。

比如,少量的火与大量的气相混之后,后者温热潮湿的属性完

全压倒了前者极度干热的属性，使之混同于自己；如此在总体上体现为气的样貌。反之，如果以少量的气与大量的火相混，总体上将会表现为火。同样，如果少量的火与大量的水相混，结果可能有两种：一是水的湿冷属性压倒了火的干热属性，总体上表现为水；二是水以其潮湿盖过了火的干燥，而火反过来又以其炽热盖过了水的冷，于是在总体上形成了湿与热组合的属性，即为气，它被认为是水与火这两种元素自然而容易的变体。古代哲人们又以同样的方式阐释了因火与土、土与水、水与气、气与土之间不同程度的相混而造成的各种类似变化，从而将不同元素彼此之间的逐次转化嬗变，以一种理论连成一体。

然而，不同元素相混时，并不一定都能发生完全的嬗变。有时候，一种元素的属性无法绝对压倒另一种元素的属性，只是使之有所缓和。例如，当火与水相混时，有时产生以湿热为基本属性的水蒸气；这种物质同时具有火的轻和水的重，因此在前者的作用下升入空中，又因后者的影响而无法升到火所在的区域。在相对较冷的大气中层（之所以如此，是由于这里是一个中间带，与上方火的区域和下方地表反射光的距离相等），水蒸气又被凝结成水；火元素从中释出，向上飞升，而水则以雨的形式降落到地表——或者按照不同季节的寒冷程度，凝固形成雪或冰雹降下。同样，当火与土相混时，有时会产生属性干热的炽热发散物，它因火的轻而向空中升腾，进行燃烧；同时又在水蒸气的包裹下，一次次迸发而形成雷电及其他激烈的大气现象。就这样，古代哲人们用四大基本元素的属性将各种大气现象连为一体；又以同样的方式从中演绎出地表附近其他均质物体的所有其他属性。例如物体的软与硬这对属性，古代哲人们发现，热与湿最能令物质软化。因此，无论何种坚硬之物，必是因其缺乏热的属性或湿的属性而致。冰、水晶、铅、金和几乎所有金属，皆因缺乏热的属性而变得坚硬，正因如此，它们具有遇火即熔的特点。而岩盐、硝石、矾和硬质黏土，是由于缺乏湿的属性才变得坚硬，因此它们会在水中溶解。此外，他们还竭力用同样的方式将物质的其他一些可感知的属性联系起来。的确，他们用来联结上述对象的原理，往往并非实际存在，而且通常是极模糊、极不确定的；然而，在科学的萌芽阶段，这种情形亦属正常，而且，尽管这些原则有着诸多不尽完美之处，但是其存在仍然能使人类的思维和语言在涉及上述普遍问题时，可以表现得比没有这些原则时更加连贯有序。此外，古代先哲们的这个体系也并非全无美感与宏大庄严。四大元素各有一块独特的所属领域作为其归依之处，它们自然的运动趋势，无论是向上还是向下，都是径直指向自身所属领域的；一旦到达那里，它们的运动就自然而然地停止了。土会一直下降，直至抵达土的领域；水也会下降，直至抵达水的领域；气会上升，直至抵达气的领域；各种元素在其各自领域内都趋于进入永恒的静止状态。宇宙的天球则由完全不同的第五种元素构成，[①]这种元素的属性既不轻也不重，其自然运动趋势既不向心也不离心，而是围绕中心做环形运动。因为受上述运动方式

① 亚里士多德的以太说从未像下文中暗示的那样，得到世人的广泛认同。该学说不仅受到伊壁鸠鲁派(Epicureans)的攻击，他自己的传人中也有许多对其不以为然的。我们不应想当然地以为，所有认可同心圆体系是一种天文假说的人都是赞同这种观念的。参见P. 莫罗(P. Moraux)的文章《第五元素》(“Quinta Essentia”)，载于《保吕氏古典学专业百科全书》(*Pauly's Real-Encyclopädie der classischen Alterthumswissenschaft*)，Halbband 47(1963)，col. 1231a ff.。

所限，天体物质相对于其旋转中心的位置总是一成不变，它们没有静息之处，除了周而复始的旋转以外，再无其他的去处。人们认为这第五种元素自始至终不生不灭，也没有任何改变；这是因为，发生在宇宙中的任何变化，都是人的感官难以感知的，宇宙星辰的面貌在一个时代和另一个时代看来总是一样的。此外，假想当中的水晶球体系也以其美丽而使人更有理由认为，这些天球是由某种独特的、永恒不朽的物质所构成。正是这些天球的旋转运动造成了地表附近四大基本元素的混合，从而产生了所有形态和种类的物质，令世界变得如此五光十色。具体说来，是太阳和其他行星接近地球之时，对地球的不同部分产生影响，促动火元素侵入下层各元素的领域，导致了上述各种形式物质的生成。[①] 而当上述天体离地球相对较远时，其影响减弱，地表附近各种元素开始向其固有的领域散逸，于是原来生成的物质便随之消解泯灭了。凡尘间一切事物的存在时间、生长和消亡，都是由天穹中那些灿烂星体的运行周期所决定的；至于它们的寿数或是只能维持一季或是持续多年，则要看构成它们的元素彼此是否精确相混了。凡尘间的任何一种事物，皆不可能永生不灭，因为其构成要素都存在着解离的趋向，总是倾向于回归其原属的领域，结果必然会造成这种物质的分解。然而，尽管从个体而言凡世间的物质都是易朽的，并且始终处于不断衰朽的过程之中，但是每个物质种属却能永存，因为构成它们的主要素材，以及令它们得以生生不息的肇因——天体的运转，

① 亚里士多德，《生灭论》（*De Generatione et Corruptione*），II. 10，336a14 ff.；《形而上学》（*Metaphysics*），Λ，1071a15。

都是永恒不变的。

在远古洪荒时代，大自然的诸般现象在人类眼中显得如此混乱无序，令人困惑不解，他们对于发现其中有规律的运行体系已经失去了信心。由于这种无知和思想上的困惑，他们心中必然会滋生怯懦的迷信意识，以致几乎每一种意想不到的事件，都被认为是某种看不见的、但却匠心独运的神灵的专横意志使然，后者做出这些安排，均出于自己的独特目的。[①] 关于"宇宙心灵（universal mind）"，即全宇宙的独一神——是她最初创造了万有、并以普遍法则统治万有，其关注点在于万有的总体存续和昌盛，而非任何个体的命运兴衰——的观念，对于他们来讲是完全陌生的。他们所信仰的神灵，尽管据信在某些特定情况下会插手世间事，却远非世界的创造者，其诞生也应稍后于宇宙的诞生。根据赫西俄德（Hesiod）的说法，[②]大地最早由混沌中产生。随后，由大地中升起了天空。天空与大地结合，生出了众神。众神便以天地为居所。当时持这种观念的并不止于普通百姓，以及那些在诗中记载了普通百姓神学信仰的吟游诗人；众所周知，在所有的爱奥尼亚学派（Ionian school）哲人当中，阿那克萨哥拉最先提出"理性和理解力是世界最初诞生的必要条件"这一假定，因此，亚里士多德曾经评论道，阿那克萨哥拉的见解比其同时代的众哲人不知要高出几许，直如众人皆醉，唯他独醒。[③] 不过，他的观点在那个时代显得太不寻

① 参见《天文学的历史》，第三部分，第2段。

② 《神谱》（*Theogony*），116 ff.，亚里士多德曾在著述中对此加以引述，见《形而上学》，A，984b27－9及989a10－11。

③ 《形而上学》，A，984b15－19。

常，以至于因此而得了个诨号。[1] 亚里士多德还告诉我们，[2]早期毕达哥拉斯派学者也同样认为宇宙是自发生成的，而该学派在古代世界中也从未被看成是反宗教的。根据这些哲人们所说，理性和理解力是为最完美的存在——神性亦如此——故而它们必定是造化毕其功成的最终作品。因为他们发现，就其他一切事物而言，最完美的总是出现在最后。就拿动物和植物来说吧：动物一生当中最完美的时候，并非其精种阶段，而是发育完善、各部分都长成之后的样子；就植物而言，最完美的不是种子，而是拥有枝叶花果的整株植物。这种观念，只有当人们依然认为自然的运行在某种程度上是无序且变化无常的时候才可能产生；而当哲人们通过更细致的观察，发现或认为自己更清楚地发现了将大自然各个部分联结在一起的关联链条之际，这一观念必定会遭到他们的弃绝。此时，宇宙被视为一架完整的机器，或者说，一个协调有序的系统，被普遍法则所支配，指向其总体目标，即宇宙万物及其中各个物种的总体存续和昌盛；宇宙体系与人类设计制造的机器之间的明显类同，肯定会给那些智者留下了深刻印象，使其认定，在世界的初创过程中也必定包含着某种设计之功，它与人类的设计相似，但其精妙程度则大大超乎人的设计，正如这个世界的精妙大大超乎人类设计的机器一样。按照这种古代哲学观念，宇宙系统具有极尽完美的统一性，这反映了其本原——宇宙体系就是按照这个本原

① 第欧根尼·拉尔修(Diogenes Laertius)曾在《名哲言行录》II.6中报告说，阿那克萨哥拉外号“奴斯(*Nous*)”，这一点在讽刺诗人弗里乌斯的泰门(Timon of Phlius)的一些诗句中也有印证。

② 《形而上学》，Λ，1072b30－1073a3。

的设计而被创造成的——在理念上的高度统一。这样，正如无知产生迷信，而科学则在那些未曾获得神启的国度中孕育了最初的有神论。根据蒂迈欧及其后的柏拉图所言，[①]创造世界的智慧存在赋予了它一种生命与理性的原则，遍布于其中心以至最遥远的边缘，能够觉察它的一切变化，支配和引导它的一切活动，令其指向造物者创世时的伟大宗旨。这个所谓的“世界魂（Soul of the world）”本身便是神，它是造物者以下所有存在当中的至伟者，并且创造了众多次一等的神祇；其本性是不朽的，除了造物者以外，任何力量都无法令其泯灭，这种本性与世界的有形实体紧密结合，除了最初令二者结合的力量以外，其他任何力量都无法使之脱离造物者美善的保守。诸天的壮丽令人类赞叹不已，天体运行的恒定有序似乎体现着独特的智慧和理性，每一个天体都被认为是在某种智慧的驱使之下才获得了勃勃生机，而此种智慧的本性，也同样是不朽不灭，与其所在的天球层紧密结合、不可分割的。生活在地球表面的一切可朽易变之造物，都是由次一等的神祇所造；因为，天体的运转似乎直接地影响着动、植物的繁衍和生长，而动、植物那脆弱而不断趋于衰弱的形貌，则极为明显地带有那种将其各部分联结为一体的低层级肇因所留下的印记。按照柏拉图和蒂迈欧的说法，[②]无论是宇宙还是掌管宇宙的低层级神祇，都不具有永恒性，它们是由创造万有的伟大造物者用永恒存在的物质在时间当中创造出来的。以上似乎便是这两位哲人的话语中所要表达之

① 洛克利亚的蒂迈欧（Timaeus Locrus），《论世界魂》，94D，但可参见上文《天文学的历史》第三部分的相关注解；柏拉图《蒂迈欧篇》，30B，34B。

② 柏拉图《蒂迈欧篇》，28B，37D，41A；洛克利亚的蒂迈欧，93A－95A。

意,西塞罗和上古时期的其他著作者也都是这样理解的,[①]尽管有一部分晚期柏拉图主义者对其另有诠释。[②]

亚里士多德似乎采纳了奥塞琉斯的见解,[③]他认为世界具有永恒性,是永恒之因结出的永恒之果。他很难理解,有什么东西能够阻碍"第一因(the First Cause)"自永恒伊始便发挥其神性的大能?无论她在何时开始发挥这种大能,在此之前绵亘无穷的时间里她是未有动作的。那么,是什么可能对此动作的发生形成阻碍?是内因还是外因?若果真有过这种阻碍,又如何得以将其去除?[④]他关于第一因之本性及其存在方式的观念,正如在其《物理学》末卷及《形成上学》最后五章的内容中所反映的,[⑤]实在是非常地模糊难解,较之其著作的其他任何部分更令注疏者们感到困惑。不过,至此他似乎已经将其观点表述得足够清楚了:天穹的第一层,[⑥]即恒星天球——其他所有球层的动力之源——是由一种永

① 或出自《论神性》(*De Natura Deorum*),I.8.19。但该书是一部对话录,而西塞罗本人并未发言。

② 新柏拉图主义者遵从色诺克拉底(Xenocrates)的诠释,认为柏拉图之所以在描述创世过程时运用时间性的语言,实为一种表述手段。参见 A.E.Taylor 的《柏拉图〈蒂迈欧篇〉评注》,66,68。

③ 见上文《天文学的历史》第三部分。

④ 这段话未必正确阐释了亚里士多德的推理。这一段涉及的原文有可能是亚里士多德的《物理学》,VIII.5;亚里士多德在其中并未质问"有什么东西能够阻碍'第一因'自永恒伊始便发挥其神性的大能",而是论述道,作为一种明显的事实,永恒的运动必定需要一个以活动性或实在性作为其本质的"第一推动力"。

⑤ 《物理学》,VIII;《形而上学》,A,6－10,1071b3 ff。斯密似乎忘记了这并不是《形而上学》一书的末卷,或者,他可能想质疑该书各卷的传统排序。

⑥ 原版本中为"Heavens",很可能是排印讹误,因为该句谓语部分("ıs revolved")为单数形式。

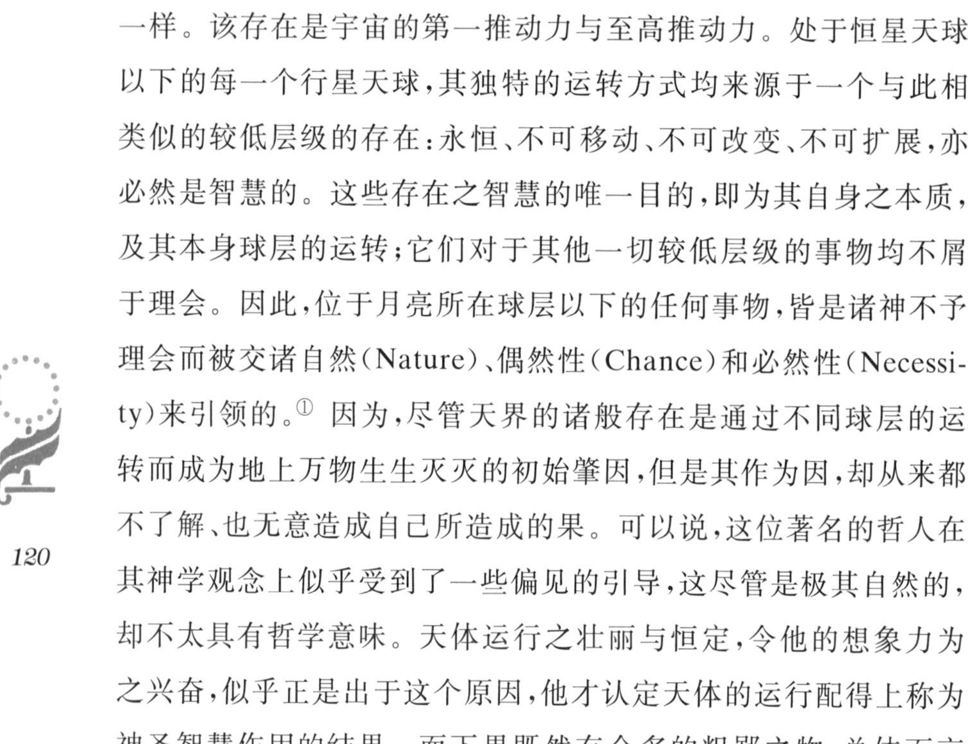

恒的、不可移动、不可改变、亦不可扩展的存在所促动的，该存在的本质在于智慧，正如物体的本质在于其实在性及广延性；故而，该存在必然且永远是智慧的，正如一个物体必然且永远具有广延性一样。该存在是宇宙的第一推动力与至高推动力。处于恒星天球以下的每一个行星天球，其独特的运转方式均来源于一个与此相类似的较低层级的存在：永恒、不可移动、不可改变、不可扩展，亦必然是智慧的。这些存在之智慧的唯一目的，即为其自身之本质，及其本身球层的运转；它们对于其他一切较低层级的事物均不屑于理会。因此，位于月亮所在球层以下的任何事物，皆是诸神不予理会而被交诸自然（Nature）、偶然性（Chance）和必然性（Necessity）来引领的。[①] 因为，尽管天界的诸般存在是通过不同球层的运转而成为地上万物生生灭灭的初始肇因，但是其作为因，却从来都不了解、也无意造成自己所造成的果。可以说，这位著名的哲人在其神学观念上似乎受到了一些偏见的引导，这尽管是极其自然的，却不太具有哲学意味。天体运行之壮丽与恒定，令他的想象力为之兴奋，似乎正是出于这个原因，他才认定天体的运行配得上称为神圣智慧作用的结果。而下界既然有众多的粗鄙之物，总体而言

---

① 此句从字面上看是正确的。但我们必须想到，"自然"二字对于亚里士多德来说意味着什么。他指出："一切事物的自然本性中都有神性的部分"（见于《尼各马可伦理学》[*Nicomachean Ethics*]，VII. 13，1153b32），并在《论动物之构造》（*De Partibus Animalium*），I. 5，644b22 ff. 中进一步对其加以阐述。参见 D. M. Balme 在《亚里士多德〈论动物之构造〉卷 I 与〈论动物之生成〉卷 I》（*Aristotle's De Partibus Animalium I and De Generatione Animalium I*，Clarendon Aristotle 丛书，1972）17－18 中对此章的翻译。再者，自然对于其指向的目的并无自觉的预见，从这个角度而言，人类的诸般创作虽然据说是模仿自然，却没有自然的运作那般精确（《物理学》，卷 II）。

又是如此混乱无序，①它不会在人们的心中激起同样令人愉快的情感，因此似乎并不带有被至高智慧所统管的印记。然而，尽管此种见解从根基上削弱了人类对神的崇拜，它对社会的影响也必定无异于无神论本身，但是我们可以很容易地在作为其基础的思辨当中找到许多经院神学观念的源头，或者毋宁说是许多经院神学的表达方式，并不与任何的观念相关联。

在各个古代哲学派别当中，要数斯多噶学派的学者们最具宗教精神，②他们似乎在这个问题以及大多数其他问题上，对柏拉图的学说进行了修改和完善。③ 这种哲学赋予宇宙系统的秩序、和谐和统一性，在他们心里激起由衷的敬畏和崇敬之情。正如蛮荒时代的人们把自然界激起他们赞叹的任何一部分都归因于特定神灵的作为，斯多噶派学者凭着推理认定，整体的自然同样可以成为人类赞叹的对象，也同样可以被认为是一位宇宙神灵作为的结果，其自身也因而具有了神性，成为一个有生命的动物。这里的“动

① 此处的“混乱无序”之语，是对亚里士多德对于“下界万物”看法的一种谐谑模仿。参见《论动物之构造》，645a。

② 斯密在《道德情操论》I.ii.3.4 中再次论及斯多噶派宇宙和谐论的宗教特质。此外，他在该书 VII.ii.1.15－47 中以很长篇幅介绍了斯多噶派的伦理学，其中亦有多处提到了宗教。

③ 以下《古代逻辑学和形而上学的历史》第 9 段中亦有类似的断语。可能来源于西塞罗的论述（《论道德目的》[*De Finibus*]，III.3，10；IV.2，3），说芝诺实不足以被称为创建了一个新学派，因为他除了发明出一个新词汇之外，在哲学思想上其实无甚贡献。斯多噶派形式逻辑的独创性，直到 20 世纪以前一直未能得到世人赏识。在普连思（M. Pohlenz）的著作《斯多噶派》（*Die Stoa*，1948）和桑布尔斯基（S. Sambursky）的著作《斯多噶学派的物理学》（*The Physics of the Stoics*，1959）当中，对于斯多噶派许多信条的独创性都进行了着重阐述。

物”一词，在我们听来似乎和前文曾经提到的“动物”绝非一个意思：后者的身体乃是大自然中真实且可感知的一部分，它们的灵魂乃是天空中的火，渗透整个机体并赋予其活力。因为，在构成万物的四种基本元素当中，火或曰以太似乎与塑成动物和植物的生命精元最为相似，因此也可以说它与赋予宇宙活力的生命精元最为相似。这茫茫无际的以太，弥散遍布于自然的中心以至最远的周缘，并拥有最完美的理性和智慧，或者说，它本身即是理性和智慧之本，它最初创造了世界，并将自身精元的一部分，或者说它的光，传递给一切被赋予生命和感觉之物，而这份赠予在接受一方的形貌消散之时，当即抑或稍后便会归回它最初所属的神性之海。在这一系统之中，日、月和众恒星，各自都是较低层级的神，是被作为世界魂的以太精元的一部分赋活的。在柏拉图的体系里面，为世界赋活的智慧不同于最初创世的智慧。为苍穹中各球层赋活的智慧，或是塑造了低等级的地上动物的智慧，也不被视为创世的世界魂的一部分。因此，当地上的动物们消亡之后，它们的灵魂不会被纳入世界魂，而是独立地永恒存在，灵魂转生的观念便由此而来。曾用来构筑一个动物体的物质，还会被用来构筑另外一个动物体；曾经为一个存在赋活的智慧，还会转而再去为另外一个存在赋活；这种观念在柏拉图的体系看来，似乎并无反常之处。不过，在斯多噶派的体系里面，最初创世的智慧也就是为其赋活的智慧，一切较低层级的智慧均是由这一伟大精元中分离出来的一部分，因此，或迟或早所有这一切，甚至包括为众天体赋活的神祇们本身，都会最终溶入大能的朱庇特的无穷精元之中，待轮回定期一到，这位神就会以属天的炽烈本性，用遍及宇宙的熊熊烈火来终结一切，让万物重归本原，之后再造一个新天、新地，以及新的动物、新的人、新的神祇；而所有这一切，在新的轮回定期来临之时，亦同样将被烈火吞噬，之后又一个新的世界将浴火而生——此后又会如此毁灭，就这样循环往复，乃至无穷。

古代逻辑学和形而上学的历史

——以古代逻辑学和形而上学的历史为观照，论引领并指导哲学探索的诸原则

物质的每一次嬗变，无论是由一种元素向另一种元素的转变，还是由一种复合物向其构成元素或另一种复合物的转变，似乎都有一个明显的规律，即：转变前后物质的构成，既有相同之处，又有不同之处。当火变成气，或者水变成土，那新形成的气或土的质料，显然就是先前构成火或水的质料；但是这新形成之物的性质或曰理型(Species)，却和先前完全不同了。同样，当你将大把青枝绿叶、芬芳馥郁的鲜花胡乱地堆在一起，它们的样子很快地就会完全改变，它们开始腐烂，叫人恶心，随即分解成一堆糟烂的污物，无论从可感知的性状而言，还是从其留给人的印象而言，都丝毫找不到先前美丽的影子了。然而，之前的鲜花与之后的污物，其间的理型差别虽然天悬地殊，但是其质料却显然是一样的。因此，任何一个物体，无论它是由单一元素构成的简单物，还是由多种元素构成的复合物，显然都有着两个方面的本质；这两个方面本质相结合，才构成该独特物体的完整本质：其一是它的质料，或者说它的主要构成物；其二是它的理型，即其独特的本性、精元，或者按照学者们的说法，称为其物质的实体形式(Substantial Form of the Body)。

前者在一切物体之中似乎都是相同的，既无特质又无任何种类的效力，完全不具有活性，也不能被任何感官所感知；直到它与某种理型或者说根本形式相结合，才获得了作为某物体的特质与可感知性。物体所具有的一切特质及效力，似乎都是由其理型或者说根本形式所决定的。令火、气、土、水等基本元素产生其各自效力的，并非它们的质料，而是其各自所特有的根本形式。显然，火必然产生火的效力，乃是令其之所以成为火的那种本性作用使然；气必然产生气的效力，亦是因其本性的作用；同样，其他一切简单物或者复合物也都必然产生自己的各样效力，这都是其构成物的本性作用使然；也就是说，都是由它们的独特本性或曰根本形式来决定的。而物质世界大大小小的一切变化，均来自物体之间的相互影响。既然这一切都取决于物体的独特本性，那么，哲学作为一门致力于将尘世上发生的所有各种变化联结成一体的科学，判明每一物质的独特本性所在也就成了它责无旁贷的责任，[①]如此方能预料此种物质可能发生怎样的变化。然而，每一个别物体的独特本性，并不单单属于这一个体，而是与其同一种类的物体所共有的。例如，我面前的一杯水，它的独特本性，并不在乎它是否被置于火上加热，或是暴露于空气中被晾凉到某种特定程度；也与盛装它的容器的形状和容量无关。这都是一些偶然性的外在条件，和水的一般本质全不相干，水之作为水的效力完全不取决于它们。因此，哲学在思索水的一般本质之时，并不理会眼前这杯水的上述

① 即自然哲学。关于以下的一段文字，可参考《天文学的历史》第二部分第11段，其中把(自然)哲学描述为“关于相互衔接的自然律的科学”。

独特性，而只是专注于水这种物质所共有的性质。即使在对其究根探源的过程中，有时可能需要放下身段，去考虑处于此类独特条件限定下的水的性质，但是也不会单单着眼于盛装在这只容器里、在这处的火上被加热的水，而是要从普遍意义上研究盛装在这一类容器当中、在这一性质的火上被加热到这一温度的水的情况。因此，在任何情况之下，哲学的研究对象都是理型或曰共相，而不是个体。由于任何效力都是由个体发出的，因此，无论个体物质可能产生怎样的变化，这些变化必定统统是包含在个体当中的此类物质的某种共性所造成的结果。鉴于物理学或自然哲学的任务就是判明物质的每一个别理型的本性和特质所在，从而将物质世界中所发生的形形色色的所有事件联结为一个整体，因此，人们认识到，在自然知识的交流当中，另外两门科学在排序上应该放在我前面描述的自然哲学之前，尽管它们最初是从自然哲学体系中生发出来的。这两门科学，首先是形而上学，它所研究的是万事万物的普遍性质，以及它们应该被划分为哪些不同的种类或理型；其次是逻辑学，①它建筑在形而上学的基础之上，根据万事万物的普遍性质及其被划分的不同类别，力求确定我们应依据怎样的普遍规律来把一切独特的物体归入一般类别，并确定每一个别物体究竟归属于哪一个类别；因为人们已经非常恰当地理解到，这一举动正是哲学推理的全部精髓之所在。由于上面提到的第一种科学，形而

① 此处的逻辑学（logics）一词罕见地使用了复数形式，但它与“物理学（physics）”、“形而上学（metaphysics）”这两个词的严格复数形式显得很协调。后面两个词的拉丁形式原来都是中性复数名词，对应希腊语意为“物质的事物”。

上学，完全从属于第二种科学，即逻辑学，因此在亚里士多德时代以前，它们似乎被视为属于一体的，并且在二者之间形成了那样一种古代辩证法；对于这种辩证法，我们今天听说得很多，却理解得少而又少：亚里士多德对于形而上学和逻辑学的区分，似乎也并未在其门徒——即古代逍遥派学者们——或是任何其他派别的古代哲人中间得到重视。后世的学者们确乎将本体论和逻辑学区分开来了，但是他们的本体论中只包含了亚里士多德形而上学论著中所涉及的主题当中的一小部分，而后者当中的大部分，即关于共相的学说，以及导向对事物加以界定和划分的艺术的一切最基础内容，自波菲利(Porphery)[①]的时代以来，都被嵌入到他们的逻辑学当中去了。[②]

根据柏拉图和蒂迈欧的说法，[③]造物主用以创造世界的原则(其本身就是永恒的)有三个方面。其一为主体——事物的质料；其二为理型或曰事物的独特本质；其三为这两者结合的产物——可感知的事物本身。最后的这方面并无真正的或者可持续的存在形式，而是永远地处于流变和演替的过程之中。正如赫拉克利特所说的那样，没有人能够两次涉过同一条河流，[④]因为当他再次踏入那条河的时候，所涉的河水早已经不是先前所涉的河水了。同

---

① 即 Porphyry。

② 在《国民财富的性质和原因的研究》V.i.f.29 中，斯密对于本体论的令人费解的特性做出了与此处大不一样的描述。他说，本体论所研究的，应当是形而上学和物理学所共有的性质和属性，但有的时候，它自身也被称作形而上学。

③ 柏拉图，《蒂迈欧篇》(*Timaeus*)，48 E ff.；洛克利亚的蒂迈欧(Timaeus Locrus)，《论世界魂》，94 A－B，参见《天文学的历史》第三部分。

④ 亚里士多德，《形而上学》，Γ，1010a13－14。

理，没有人能够两次看见、听见或触摸到同一个可感知的物体。举例来讲，当我往窗外看的时候，此刻映入我眼帘的景物虽然和前一刻我所看到的极其相似，但是就其实质而言，它们已经不一样了；再比如，我摇铃时发出的声响，或曰一种可听的形式，在此刻发出的一声和刚才发出的那一声虽然极为相像，但实际上它们并不一样。同样，当我把手放到桌上，我所感觉到的这个可触理型虽然和我前一刻同样做的时候所感觉到的那个极为相像，然而这二者却已经大大不同了。因此可以这样说，我们的诸般感觉在严格意义上都是无常的，在其产生的同时便已经归于逝灭，一去不返。而引动这些感觉的诸般因由，又何尝能够得以持续呢？凡是有形的物质，从来都不能在前后两个相继的时刻里保持一模一样，无论是其总体、还是任何可以指定的部分，皆是如此；它们总在不断地增添着新的成分，同时失去旧的成分，始终处于持续不断的流变和演替当中。性质如此飘忽的事物，永远无法成为科学研究的对象，人们也无法对其做出任何稳定或持久的判断。当我们注目于这样的事物以便加以研究的时候，它们就在这一刻发生了改变、消失了，一去而不再复返。科学所研究的对象，以及一切稳定的理性所判断的对象，必须是持久不变的；它必须始终存在，不生不灭，从不发生任何改变。[①] 物质的理型或者说其独特本性便是如此。人身体的每一个分子都处在时刻不停的变化中，他头脑中的思想也同样在不断地流变和演替。然而，人性——人的本性——却是永恒存在

① 柏拉图，《蒂迈欧篇》，52 A－B。

的;它永远保持不变,不复生成亦不复朽灭。因此,它才是科学、理性和理解力的对象;而人,则是感觉以及那些建筑在感觉基础上的多变的见解的对象。鉴于感觉的对象被理解为具有独立于感官活动的外在存在,因此,这些理解力的对象便被认为是具有一种独立于理解活动的外在存在。按照柏拉图的说法,[①]这些外在的本质,乃是神在创造这世界以及其中一切可感知的对象时,所依据的范型(exemplars)。神以自身的无限本质,包纳了所有这些理型,或者说外在范型,正如其包纳了所有可感知的对象一样。

然而,柏拉图似乎认定,在以上两者之中,理型与可感知的对象一样,和我们现在所称的源自神圣心智(Divine Mind)的理念(Ideas)或思想(Thoughts)*截然不同,甚至假设它们在可见的有

① 《蒂迈欧篇》,29 A。

* 柏拉图确实将其称为理念(Ideas)。无论是在柏拉图本人的著作,还是在亚里士多德的著作,以及上古时代的其他所有著述中,理念(Ideas)这个词的意思均指理型(Species),与另一希腊词汇 Ειδος 完全同义。后一个词在亚里士多德的著作中更为常见。由于后来的一些哲学派别,特别是斯多噶派学者们认为,一切理型或者说事物的独特本质都只不过是人类头脑经由抽象思维形成的产物,只存在于孕育它们的思想当中,此外并无真实的存在,因此,理念(Idea)一词开始逐渐转向其现在的意义:先是指代抽象的意念或观念,后来又扩展到指代任何一种意念或观念,从而成为另一个希腊词 Εννοια 的同义词。而就其本来的意义来讲,和 Εννοια 的差距原是相当大的。在晚期柏拉图主义者们生活的时代里,关于这个独特本质具有独特存在的观念已经被普遍驳倒了,于是,关于柏拉图的著作以及那种认为柏拉图著述中蕴涵着双重学说的异想天开的观点——也就是说,这些著作可能在具有一重表面意义的同时,还隐含着一重与此差异甚大的潜层意义——他们的评价是,任何一个理智正常的人都不会在撰写著作时蓄意如此,也根本无法做到。** 按照他们的阐释,柏拉图的学说只是讲,神按照我们现在所谓的理念(Idea)或者说是他自己头脑中孕育的计划创造了世界,就像任何一位艺术家创造作品一样。*** 然而,如果说柏拉图的用意只是要表达这样一个至为自然而简单的观念,他肯定会采用某种比现在平实得多的表达,也不会如此着重强调这一点,

形世界之外自有一个独特的存在之处；尽管这种观点受到了晚期

仿佛这需要人们费尽心思去琢磨、理解一样。按照这种阐释，柏拉图关于理型(Species)或者说共相(Universals)的观念和亚里士多德是完全一致的。可是，亚里士多德对此的理解却似乎有所不同；他的《形而上学》一书中，有很大一部分内容是用来驳斥上述论点的，而且，在他的所有其他著作中都对此表示反对。他在任何一本著作中都未有一言提到，哪怕仅只是暗示，我们可以猜测柏拉图所讲的理念(Ideas)是指神圣心智的思想或意念。要知道，亚里士多德在柏拉图的学园中总共学习了20年，在如此漫长的一段时期里，难道他始终误解了老师的想法，尤其是当后者的意思又是如此浅显易懂——这可能吗？再者，关于理型脱离构想它们的心智和模仿它们被造成的可感知物而单独存在的观念，是柏拉图学说中一个重要部分，柏拉图本人必定时常提到它。无论被如何解读，它都是柏拉图哲学体系的根基所在；在柏拉图的所有著作中，每一次对话无不涉及这个话题。我们是否可以假设，像亚里士多德这样一位伟大的哲学家——除了口才以外，他在其他各方面似乎都较乃师有过之而无不及——在任何情况下，会任意误读柏拉图，而且并非是后者哲学学说中最艰深、最神秘难解的部分，而是其所有哲学推论当中首要的、最根本的一条原理？在他生活的年代，柏拉图的著作可以说是家喻户晓，其门生和追随者遍及希腊各地，雅典城内有身份的人，凡和亚里士多德年岁相近的，必定出身于柏拉图门下；而且，亚里士多德在吕克昂(Lyceum)学园讲学的同时，柏拉图的学园则由其外甥斯珀西波斯(Speusippus)继承，其后又由色诺克拉底(Xenocrates)担任主持，假如亚里士多德胆敢如此严重歪曲柏拉图的学说，这两位哲人必定随时会挺身而出，予以揭露、反击。难道说，西塞罗、塞内卡对这一原理的理解，会和亚里士多德的解读不一致？在普鲁塔克(Plutarch)的时代以前，有没有任何一位古代作家似乎对此抱着不同的理解？我们知道，普鲁塔克对哲学的评论似乎和他对历史的评论一样并不足取，在这两个领域中，他使用的都是二手转述的材料，而且，他所生活的时代是折中派哲学发轫之后，晚期柏拉图主义**** 就是由此而滋生的，普鲁塔克本人似乎也属于该学派。在与亚里士多德和柏拉图生活年代相近的古希腊作者的著作中，能否找到任何一段文字，其中理念(Idea)一词的用法与现在相同，是指某种思想或观念？在所有的语言当中，用于表达“现实”或“存在”意义的词语，难道不都和仅仅表达“思想”或“观念”意义的词语直接形成对立吗？或者说，现实存在之物与不具现实存在之物的区别，除了其中一个仅仅是个观念而另一个不仅只是观念，难道还有其他？假如那些永恒的理型只是神圣心智中的意念，那么柏拉图又何以能将它们说成是唯一拥有真正存在之物？按照柏拉图的学说，以及斯多噶派哲人的学说，难道神不是自万古永恒之中，便怀有关于每一个体、每一理型，以及每一个体在其存在的每一不同时刻所处状态的意念吗？神关于每一个体，或者说关于每一个体在其存在的每一不同时刻所处状态的理念，是不是和那些关于理型的神圣意念一样地永恒且无可更改呢？既然

柏拉图主义者的质疑；同样质疑这种观点的，还包括某些极其审慎而明智的现代的批评家，他们在如何最忠实地解读这位大师的问

关于这两者的意念均为神自万古永恒之中便怀有的，从这个角度讲，神关于理型的意念并不高于其关于个体的意念，那么，柏拉图说前者是永恒的，因为神自万古永恒之中便怀着关于它们的意念，又是从何说起呢？柏拉图本人不是在许多场合都谈到过，人关于理型或曰共相的理念是与生俱来的，是人的心智在此世生命之前的存在状态中、当它有机会目睹真实的而不是以摹本形式出现于地上的理型时所留下的印象吗？但是，假如这些理型只能存在于神圣心智之中，那不就等于说，柏拉图也和马勒布朗士神父(Father Malbranche)一样，认为人的心灵在此世生命之前的存在状态中，曾亲眼见过神内的一切？***** 或者说人的心灵本身就是神性的一种发散物？如果说他持有第一种观点，任何一个精通科学史的人都不会赞同。这种狂热的观念，尽管在神父们的文稿中惯常出现，但众所周知，在这位笛卡尔学派哲学家以前还从未有任何人冷静地按其字面意义相信过。至于说人的心灵本身是神性的发散物，这虽是斯多噶学派的主张，却绝非柏拉图的主张。不过，近来有人基于所谓的双重学说论，倒是认为柏拉图可能恰恰这样想。根据柏拉图的理论，神用永恒同一的存在(即理型或曰共相)和时时变化的存在(即有形物质)以及另一种处于二者之间、兼具二者性质的物质(很难理解他究竟指的是什么)塑造了世界魂。此后，他又用上述混合体中的一部分创造了为宇宙中的各个天球层赋活的较低层级的智慧，然后，又将剩余的部分注入宇宙球层，从而创造了人类和各种动物的灵魂。那些较低层级的神祇，他们的灵魂虽与世界魂的构成成分相似，却并不被视为世界魂的一部分，或是世界魂的发散物；而世间各样活物的灵魂，也同样不被视为那些较低层级神祇的灵魂的发散物；它们中的任何一个更不被视为伟大的造物主的一部分或其灵魂的发散物。

** 在本意之外又深寓秘意的文字，经验证确实存在于许多绝非“失去理智”的人群中间。我们有貌似相当可信的理由认定，柏拉图在晚年时可能也是其中的一员，不过在关于“理念(Ideas)”的问题上他却未必是话里有话，只不过是想法有所改变而已。参见《泰阿泰德篇》(*Theaetetus*)，152 C，其中有“苏格拉底”的一句带有暗示意味的话。

*** 关于“柏拉图的理念(Ideas)是否就是神圣心智的思想？”这一问题，E. 策勒(E. Zeller)在《柏拉图与早期学园》(*Plato and the Older Academy*，英译本，1888 年，引自策勒《古希腊哲学》第 3 版)的第 243－248 页做出了否定的回答。实际上，策勒的基本论证脉络与斯密的论述极为相似。

**** 在《道德情操论》VII. ii. 3. 1 当中，斯密把“折中派”与“晚期柏拉图主义者”等同起来。

***** 马勒布朗士，《真理的追求》(*Recherche de la vérité*)，III. ii. 6。

题上，追随着晚期柏拉图主义者观点。[1] 柏拉图继续说道，这个世界上的一切事物，都是独特而个别的。因此，在这个世界上，人类的心灵根本没有机会看到任何理型，或者说共有的本性。无论它对于此种存在有着什么样的认识——显然它对此确有认识——其必定是来自于对旧时所见的记忆，也就是在它先前存在的某个阶段，它曾经有机会造访过共相的领域，这种认识就是那时候所存留下的记忆。[2] 在它与肉身结合之后的一段时间内，在人的幼年、童年和年轻时代的绝大部分时期，肉体赋予它的诸般强烈激情——这些激情均指向此一世界中的独特而个别的事物——妨碍了它去注意那些共有的本性，即它在原本的来处曾经熟悉的一切。因此，在此世生命的早期阶段，关于这些共相的理念便如此这般地被骚动混乱的情感所淹没，原来存留的记忆几乎完全被抹掉了。当这种状态仍然在延续着的时候，人是没有能力从事与共相密不可分的推理、科学和哲学工作的。人的所有注意力都转向了个别的事物，由于没有任何普遍意念为其指导，因此会徒劳形成许多虚假的观念，充满错误、困惑和混乱。然而，当人的年龄渐长，炽烈的激情已有所缓和，思想的混乱程度也有所减轻时，心灵开始具有更强的沉思的能力，也更能把注意力转向那些它在从前的存在状态中曾经熟悉、现在几乎已经完全忘却的事。这个可感知的世界中的所

---

① 可能是指所谓的“剑桥柏拉图派”，其中最重要的人物有亨利·莫尔(Henry More，1614－1687)和拉夫·卡德沃思(Ralph Cudworth，1617－1688)。斯密在以下的§6中再次提到了卡德沃思。在《道德情操论》VII. ii. 3. 3中，斯密提到这一学派的代表人物有卡德沃思、莫尔和约翰·史密斯(John Smith，1618－1652)。

② 柏拉图在《美诺篇》(*Meno*)和《斐多篇》(*Phaedo*)73 A－76 E中都曾为这一观点辩护。

有个别事物，由于它们是按照理智世界中永恒的范型被塑造出来的，此时便以其与范型的相似之处，开始在不知不觉当中把那来自另一世界的、久被遗忘的记忆，以极缓慢的速度唤醒过来。地上万物体现出的不同程度的美，令它记起存在于灵智世界的美的共相；同样，个别的公正行为，唤醒它关于公正共相的记忆；个别的理性和科学活动，唤醒它关于理性和科学的共相记忆；个别的圆的形态，唤醒它关于圆的共相的记忆；个别的方的形态，唤醒它关于方的共相的记忆。故而，如科学这类与共相密切相关的东西，实际上亦来源于记忆；向任何人传授任何有关事物普遍性质方面的学问，其实质只不过是唤醒他先前所知的有关记忆罢了。关于这一论点，柏拉图和苏格拉底都曾幻想通过一个实质上是错误的实验加以进一步证实，该实验意在说明，一个人在没有任何相关信息的情况下，仅仅通过回答一系列经过恰当安排、彼此联系的相关问题，便可能被引导着自行发现任何普遍真理。[①]

心灵越是习惯于思考上述的共有本性，就越能超脱此世的任何个别或独特事物的羁绊；于是它便更加接近于其本质上原初的完满——按照此哲学体系的观点，当初它正是由这种完满状态中降下，到达这个世间的。哲学的宗旨，就是让心灵仅仅习惯于思考事物的普遍本质，并以抽象的方式令事物由个别的、可感知的环境中超拔出来，因此这门科学所担负的角色，可以被看作是伟大的心灵净化者。当死亡分离了人的灵魂与肉体，灵魂便从肉体的感觉

① 指苏格拉底所做的一个著名实验：通过诱导，一个奴隶证出了一个几何问题（《美诺篇》，82B－85C）。

和激情中解脱，得以重归那个灵智的世界——它原本就是从那里降临人世的，在那里，便再也没有任何可感知的理型来分散它的注意力并减轻它对事物普遍本质的关注了。在此世的生命当中，哲学所起的作用就是让心灵习惯于这样的思考，从而在一定程度上将其带入那种属于彼世的快乐和圆满状态，即唯有人的灵魂经由死亡才能重新回归的那种彼世的状态。

以上便是柏拉图关于理型或事物独特本性的理论。至少这是其文字的表面含义，而亚里士多德这位柏拉图所有门徒当中最有智慧、也最具名望的哲人，对此问题也是这样理解的。这一理论，正如抽象哲学中的许多其他理论一样，在表述上显得比观念上更为协调；似乎更多的是顺应语言的本性发展而来，而不是依据事物的本性推得的结论。[①] 该理论虽有种种的不完善之处，但在那个哲学的初萌阶段，这一切都是可以谅解的；再者，与许多后来曾经取代其位置，号称更精准、更确切的理论相比，该理论也并不显得和真理相距更遥远。人类对于自身的空想，向来有着很强的认识能力，在下文中，我们马上就可以见到这样的一个例子，[②]它就来自于那位最先揭示了柏拉图和蒂迈欧的理念或曰共相观在立论根据上有所欠缺的哲学家本人的主张。要解释一般理念的性质并描述其来源，即使在今天也是抽象哲学当中一件至为困难的任务。比如，当人类的心智就三角形的一般性质进行理性思考之时，是不是像洛克先生所想象的那样，[③]认识到它不等于钝角三角形、不等

① 参见下文第7段。

② 大概指下文第7段中对亚里士多德关于“潜在存在”理论的讨论。

③ 《人类理解论》(*Essay concerning Human Understanding*)，IV. vii. 9。

于直角三角形、也不等于锐角三角形，它哪个都不是，同时又是它们所有的总和；或者，像马勒布朗士认为的那样，[①]进行此项思维必须凭着人脑有限的容量，同时想到具备所有可能的形式和维度的所有三角形，可以说，其数目可达到无限多——对于这个问题，要给出一个令人满意的答案着实不易。为解决这个问题，马勒布朗士只得求助于人神心灵共契这样一种热情洋溢却难以理解的观念；唯有神的无限本质才能包纳为数如此浩繁的理型，因此，也只有在神的无限本质当中，一切有限的智能才有机会得以窥见这些理型。如果说经过历代哲人对此问题两千多年的理性思考之后，这位天才的、卓越的哲学家仍然不得不借助于如此奇异的幻想来求得答案，那么，当初柏拉图在那个科学刚刚露出曙光的时代里，为达到同样的目的而采用了某种与马勒布朗士的说法不无相似、也并不比那更不恰当的假设——的确，该假设被认为不具有充分理由——这又有什么值得大惊小怪的呢？

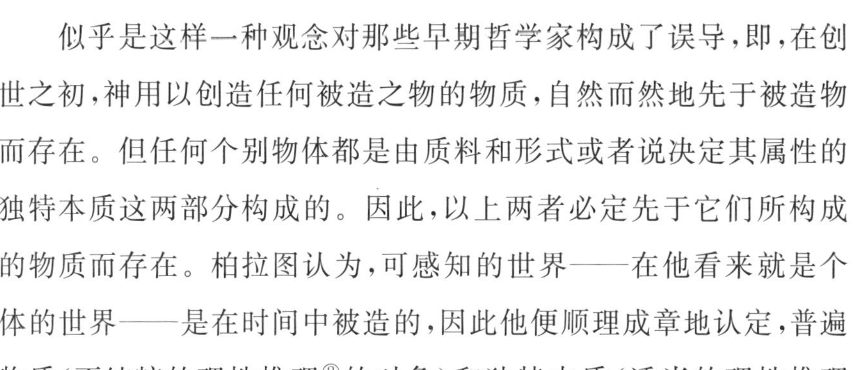

似乎是这样一种观念对那些早期哲学家构成了误导，即，在创世之初，神用以创造任何被造之物的物质，自然而然地先于被造物而存在。但任何个别物体都是由质料和形式或者说决定其属性的独特本质这两部分构成的。因此，以上两者必定先于它们所构成的物质而存在。柏拉图认为，可感知的世界——在他看来就是个体的世界——是在时间中被造的，因此他便顺理成章地认定，普遍物质（不纯粹的理性推理[②]的对象）和独特本质（适当的理性推理

① 《真理的追求》，III.ii.6。

② 柏拉图，《蒂迈欧篇》，51 A，52 B。

和哲学的对象，亦是通过理性推理和哲学加以表现的）必定自万古永恒以来，便具有其独立的存在。这个灵智世界必然是一种永恒的存在，它与卡德沃思（Cudworth）[①]所说的那个灵智世界大为不同，尽管后者在表述上有很多地方借鉴于前者；而论到可感知的世界的起源，则有赖于造物主的自由意志和慷慨施恩。

像这样的一种观念，只要是用一种笼统的语言泛泛地表述出来的，只要我们没有对其假以极其深入的思考，或者试图清晰细致地加以解释，则很容易在惯于用语词来替代思想的懒惰的想象力当中轻易滑过。如果语词似能顺畅地联络贯通，思维便不求高度严密了。这样的观念确是飘忽易逝的；如若专心加以思索，我们就会发现，它是完全不可理解的，人的想象力捕捉不住它。然而，要认识到这一点，是需要用心思考的；假如它能够像与之同类的、也是关于这一话题的许多其他观念一样，幸运地逃过了哲人的深究，它就有望在长达一两个世纪的时间内主宰那个时代的哲学思想。然而，亚里士多德似乎当即便发现，我们根本无法将不取决于任何独特理型的普遍质料，或是不以任何一种独特质料为载体的理型（如果可以这么形容的话），设想为真实的存在。另外，正如我们在前文中论到的，[②]亚里士多德还相信可感知世界的永恒性。因此，尽管他认为一切可感知物都是由质料和独特本性这两种要素构成的，二者都被他同等地称作物质，但是他并没有像柏拉图一样，认

① 此处从书名和内容两方面指涉到卡德沃思的那部形而上学论著，《宇宙的真正理智体系》（*The True Intellectual System of the Universe*，1678），这部书的灵感主要来自作者对柏拉图哲学理论的解读。

② 《古代物理学的历史》，10。

为这两者必然在时序上先于其构成物而存在。他指出，这两种要素是从本质上而不是时间上在先；此论所依据的区分原则，他在其他一些场合也曾经使用过。[①] 另外，他还区分了真实的存在和潜在的存在。[②] 在他的理解中，前者似乎是指一般意义上的存在或现实；而后者则指勉强可能的存在。尽管亚里士多德本人并未明确地这样加以解释，但是我认为，他的意思似乎可以大致理解为：物质的材质若不受任何独特本性的限定并因而归入某一独特物质种类，则无法真正存在；同样，任何独特本性如不以某种独特质料作为载体，也无法真正存在。然而，这两种要素或许能够独立地分别以潜在形式存在。物质的质料以潜在形式存在，当它被赋予某种独特的形式，就能转化为真实的存在；而形式一旦获得了特定的质料作为其载体，也同样可以步入完完全全的现实之列。有时候亚里士多德谈起这种质料和形式的潜在存在，在表述上非常接近于柏拉图关于物质本性独立存在的观念。亚里士多德这位哲学家，似乎在许多方面都表现出独创性，而他也努力在一切方面都显示出独创性：他又借鉴古代毕达哥拉斯学派的学说，在质料和形式理论之上，增添了一个“阙如说(privation)”。当水转化为气时，这

① 尽管这种说法在大体上是正确的，但是亚里士多德在他的著作中从未明确地指出过，他所说的两种要素(质料和独特本性)是从本质上而非时间上先于其构成物而存在。

② 质料和独特本性作为物质的提法，见于《形而上学》，Z 及 H 部分(特别是 1042a24 - b6)，以及 Λ，1079a9 ff.。关于真实的存在及潜在的存在，见于《形而上学》，Θ。关于上述问题的综述，参见戴维·罗斯爵士(Sir David Ross)著《亚里士多德的〈形而上学〉》(*Aristotle's Metaphysics*，1924)，卷 i，导论，xci - cxxx，及 J. 欧文斯(J. Owens)著《亚里士多德形而上学理论中的存在观》(*The Doctrine of Being in Aristotelian Metaphysics*，1963)，第 2 版。

种嬗变的发生是由于上述两种物质要素脱离水的形态，转而取得了气的形态。因此，“阙如”是与形式相对的第三种要素，参与每一理型的生成——因为任何理型总是由其他某种理型转化而来的。显然，它是一种生成要素，而不是一种构成要素。

在哲学的各个不同方面，斯多噶学派的观点都与亚里士多德和柏拉图的观点相同或极为接近，尽管在表述上常常令人看不出来。这个学派认为，一切事物，甚至元素本身，都是由两大要素组成的，[①]其中一个要素决定了事物所有的能动力量，另一要素则决定了事物所有的被动力量。[②] 后者被称为“质料（Matter）”，前者被称为“动因（Cause）”，其意完全相当于亚里士多德和柏拉图所理解的“独特本性”。斯多噶派认为，事物的质料不能脱离动因——或者说决定事物独特属性的动能要素——而存在。这种动能要素也必须以某种质料作为载体，不能脱离质料而单独存在。在这一点上，他们的观点和逍遥派可谓不谋而合。他们说，这种动能要素便是神。这句话的意思是，这种动能要素是由空灵的神圣本质中分离出来的一部分，它流贯于一切事物，形成了柏拉图所说

① 此处援引的可能是第欧根尼·拉尔修（Diogenes Laertius）的《名哲言行录》，VII.134。

② 有可能来自塞内卡的《伦理书信集》（*Epistulae Morales*），65.2："Dicunt，ut scis，Stoici nostri duo esse in rerum natura ex quibus omnia fiant，causam et materiam. Materia iacet iners，res ad omnia parata，cessatura si nemo moveat. Causa autem，id est ratio，materiam format et quocumque vult versat，ex illa varia opera producit. Esse ergo debet，unde fiat aliquid，deinde a quo fiat"。

然而，尽管斯密声称此处论点与柏拉图及亚里士多德所言一致，塞内卡信中的大致意思却是，斯多噶派完全不同意柏拉图和亚里士多德的观念，他们能够对动因做出更简明的描述。他指出（§11－§13），严格地说，事物的本性并不等同于动因，最多可以算作动因的一个组成部分。

的每一个别事物的独特本性；至此，斯多噶派的观点十分接近于晚期柏拉图主义者的观点，后者认为，万物的独特本性乃是由被造的、具有神性的世界魂中分离出来的一部分；斯多噶派的观点也和一部分阿拉伯哲人以及评述亚里士多德理论的经院学者们很接近，后者认为，曾为天体球层赋活的神圣本质降入凡尘，构成了万物的真实形式。以上便是古代四大主要哲学学派——古代毕达哥拉斯派、学园派、逍遥派、斯多噶派——关于事物独特本性的学说。[①] 该学说似乎是自然而然地由前一部分所述的古代物理学体系当中生发而来，而我们也不能排除这种可能，即该体系中的许多在我们这些素来习惯于另一物理学体系的人眼里显得如此莫名其妙的理论，必定源自上述的形而上学观念。比如，关于物质生成、衰朽和变化的理论，以及关于混合、浓缩和稀释的理论。一种物质的生成或衰朽，是由于其独特本性发生了改变，由一个物质类别转入了另一个物质类别；而物质的变化则是由于一部分性质发生了改变，但还保留着原来的独特本性，仍属于原来的类别。例如，当一朵鲜花已经枯萎但尚未腐烂时，尽管它的某些性质已经和原来有所不同，但是它还保有其独特本性，因此仍可归入花的范畴。然而，在进一步朽坏的过程中，它会在泥土中分解腐烂，从而失去其原有的独特本性，或者说，失去其作为花的实体形式，而获得了泥

① 斯密创作其论著时，正处于“物理学意义上”的原子论在思想界引领风骚的时期（当其时也，化学意义上的原子论尚未问世）。古希腊也有一批倡导原子论的哲人——包括留基伯（Leucippus）、德谟克利特（Democritus）[主要强调“物质”]和晚期伊壁鸠鲁派学者（the later Epicurus）[他们在强调物质的同时，也十分强调“精神层面”]；正如卢克莱修（Lucretius）在诗体的《物性论》（*De Rerum Natura*）中所说的那样。而斯密在本文中竟对他们完全没有提及，不免令人惊讶。

土的实体形式;因此,我们有充分的理由说,其归属的物质类别发生了改变。

蕴涵在各类物质当中的独特本性或曰共同本质,其本身并非人类感官所感知的对象,只能通过理性加以认知。我们是通过每一种物质所具有的可感知的性质来判断其独特本性的。对于这些可感知的性质,我们并不都是一视同仁的:其中一些被我们奉为必要的性质,或者说,它们的存在或阙如表明了此种物质之必备形式的存在或阙如;而另外一些性质则是偶然的,它们的存在或阙如不至于因此造成实质性的后果。我们把前一类性质称为物质的“固有属性(Properties)”,而把第二类性质称为物质的“偶有属性(Accidents)”。

每一物体的独特本性,都可以分为两大部分:一部分是该物作为一个独特个体所属的物质类别的典型特性,另一部分是它与其他一些更高层级的物质所共有的特性。

这两个部分与物质的独特本性之间的关系,在很大程度上恰如质料和独特本性与物质个体之间的关系。前一部分称为“特异属性(Specific Difference)”,后一部分,称为“类(Genus)”,后者受到前者的限定,正如每一个体所包含的普遍质料被该个体所属的特定物质类别的独特本质所限定一样。以上四者,加上物质的独特本性或曰理型本身,便构成了在学园中广为人知的“五全称命题”,即:类(Genus)、种(Species)、特异属性(Differentia)、固有属性(Proprium)和偶然性(Accidens)。

论外在感官

通常认为，我们用来感知外物的感觉官能共有五种：视觉、听觉、嗅觉、味觉和触觉。

在这五种感官当中，前四种分别局限于身体的特定部位或器官：视觉局限于双眼，听觉局限于耳朵，嗅觉局限于鼻孔，味觉局限于口腭。唯有触觉与众不同，它似乎并不局限于任何特定的器官，而是几乎分布于身体的每一部分，我相信，如果不考虑头发和指(趾)甲的话，就可以说，触觉遍布于身体的各个部分。在本文中，作者欲对以上五种感官略作讨论。下面就让我们参照一般列举时的次序，从后往前逐一对其加以考察。

关于触觉

触觉的对象总是对感知到它们——或者说令我们由此感知到它们——的人体特定部位形成压迫或阻力。当我把手放在桌面上，我的手对桌面造成压力；同时，桌面也反过来对我的手掌形成压力，或者说它阻遏了我的手继续向前的动作。然而，压力或阻力的存在，必然意味着带来压力或阻力之物的外在性。桌面如果不是存在于我的手以外，它就不会对我的手形成压力，或者说阻遏我的手继续向前的动作。因此,我会相应地感觉到,它并非只是我的手的感受,而是完全外在的、独立于我的手而存在之物。根据我对桌面施压的轻重,我的手会随之产生或有些快适、或有些疼痛、抑或无甚特别的压力感,这些无疑都是我的手的感受;但是,这种对我的手产生了压力或阻力的物体,却与这些感受本身完全不是一回事,对于我的感受而言,它是一种外在的、独立于我的手的存在。

当我的手沿着桌面移动,无论朝哪个方向,都会很快到达某个地方,在这里,上述的压力或阻力不复存在。我们把这样的地方叫作桌面的边沿或尽头,桌面的范围和形状就取决于构成这些边沿的线或面的广延度和方向。

那些天生失明,或是自幼丧失视力、没有视觉记忆的人,就是依靠这种方法对自己身体各个部分——以及任何他们有机会细细触摸的事物——的大小和形状形成了最清晰的概念。当他摸到自己的脚,他的手感觉到了脚给予它的压力或者说阻力,他的脚也相应地感觉到了手所带来的压力或阻力。就手和脚本身来说,彼此都感觉到对方是外在的,但是对于他这个人来说,它们都不是外在的。他从二者均能获得感觉,因此自然地认为它们都是他自己的一部分,或者至少是属于他的东西,他为了自己的舒适和快乐,必须对其加以关照。

当他把手放在桌面上,他的手虽然能够感觉到桌面带来的压力,但桌面却没有相应的感觉,至少他不知道桌面感觉到了他手带来的压力。因此,在他的感觉中,桌面是外在之物,不仅对于他的手是如此,对于他本人来说也是如此:它不是他自身的一部分,故而他并不一定要关心它所处的情况和状态。

当他把手放在另一个人或任何一个动物身上的时候，尽管他确实知道，至少是可能知道，对方能够感觉到他的手所带来的压力，正如他能够感知他们的身体对他的手所产生的压力一样，然而，由于对方的感觉对他来说完全是外在的，他也就时常对其不加注意；即使注意到了，其程度也不会超出大自然出于大智慧而深植于人心底的那种对其他人、其他动物的同情心（当然，对于动物的同情还要大大弱于对人的同情）所驱使的限度。人既然被指定为这个小小寰球当中一切生灵的主宰，那么，让人的心里对于作为其子民的其他生物——哪怕是其中最卑微、最弱小的族类，都怀有一定程度的尊重，似乎也是造化的一种仁善之举。

我们把产生此种阻力的特质称为实体状态（Solidity），而拥有这种特质的物体则被称为实体（Solid Body）。由于我们感觉到它是完全外在的，故而必然会得出结论，认为它是完全独立于我们的存在。因此，我们将其视为我们所称的物质（Substance），换言之，就是能够不依赖于任何他物，而维持其自身固有存在的东西。出于上述原因，在通常语汇中，“实体的”和“物质的”这两个词总是被视为一体，或者接近于同义。

说一个物体是实体，必然假定它在长度、宽度和厚度这三个维度上都有一定的广延性。在我们的经验中，一切实体物质都有一定的体积或曰大小。这似乎成了它们的一种必要性质，如果没有这种性质，我们甚至根本无法想象它们何以能够产生上述的压力或者阻力[①]——正是凭借着这种力，我们才得以认识它们；而它们

① 参见洛克（Locke），《人类理解论》，特别是 II.iv.3 一节。

之所以能够对我们本身以及所有其他物体产生作用,也唯靠着此种力而已。

广延性,至少是可以感知的广延性,就意味着可分割性。具有此种性质的物体可能非常坚硬,凭着我们的力量无法将其分割;但是我们仍然假设,只要施以足够的力量,它还是可以被分开的;无论如何,我们至少可以在想象中看到该物被分割成两个或者更多部分的样子。

每一个实体的、具有广延性的物体,只要它不是无限大(就像宇宙那样),就必定具有某种形状或轮廓,或者说,被限定于某种线和面所构成的边际之内。

同样,每一个这样的物体,都被认定必然具有活动和静止的能力,既能改变自身相对于周围其他物体的位置,也能在同一位置上保持不动。体积相对较小的物体具有活动和静止的能力,我们对此经常能够体验到。而就想象力的一般习惯来讲,往往认为那些庞大之物具有倾向于静止而不是运动的特性。[①] 不过,我们仍然能够毫不费力地想象出,假使施以足够强大的力量,哪怕是最巨大、最笨重的物体也能够随之移动起来。哲学告诉我们(理性推理也给出了同样令我们不得不赞同的结论),地球本身,以及众多比地球大得多的天体,都不仅能够运动,而且确确实实地时刻处于运动之中,以几乎令人难以置信的速度,不停地改变着自身相对于周围其他天体的位置。在宇宙体系当中,至少是以我们尚未达到完善的对宇宙体系的认知而言,最难的似乎并不是要找到最庞大的

① 参见《古代天文学的历史》,第四部分。

运动天体，而是找到相对于周围所有其他天体处于完全静止状态的最小的物质粒子。[①]

广延性、可分割性、形状和移动性（或者说，运动或静止的能力），这四种特质似乎必然包含在实体物质的理念或概念之中。事实上，它们与这一理念或概念是分不开的，如果缺了它们，实体物质的存在就变得无法想象。似乎没有其他特质或属性能像它们一样，包含在我们关于实体状态的理念或者概念之中。不过，如果由此便得出结论说，除此之外，实体物质便没有其他特质或属性，则不免失之轻率。尽管如此，这个极其轻率的结论不但已经存在，而且还被某些声望显赫的哲学家奉为一条最最无可置疑的公理。[②]

在那些外在的、能够形成阻力的物质当中，有些会很容易地屈服于人手施加的压力而发生弯曲变形，至少是部分变形；而另外一些，即使人手施加的压力在可能的限度内达到最大，它们也不会发生弯曲或者变形。我们说，前一种物质是柔软之物，而后一种物质则是坚硬之物。一些物质的构成成分极容易被分割，以至于该物不但会屈服于极轻微的压力，而且能够很容易地让施压之物浸没于其中，并几无抗拒地任由后者在自身的范围之内向任何方向伸展。我们把这样的物质叫作“液体”，以区别于那些构成成分不那么容易被分割，因此被特别命名为“固体”的物质——这样的命名，似乎是认为后者所具备的实体特质或者说形成阻力的能力，较其

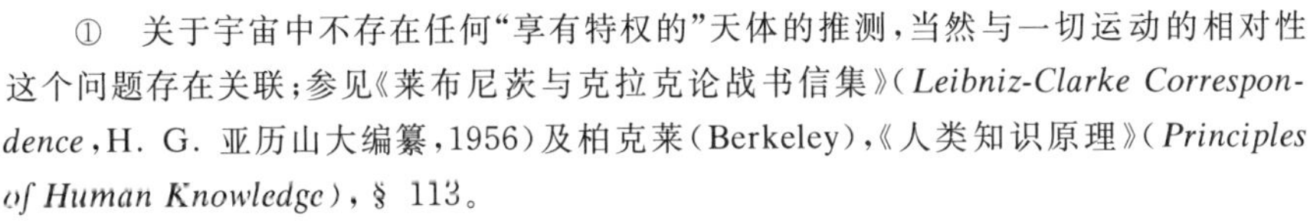

① 关于宇宙中不存在任何“享有特权的”天体的推测，当然与一切运动的相对性这个问题存在关联；参见《莱布尼茨与克拉克论战书信集》（*Leibniz-Clarke Correspondence*，H. G. 亚历山大编纂，1956）及柏克莱（Berkeley），《人类知识原理》（*Principles of Human Knowledge*），§ 113。

② 可能指笛卡尔及其追随者。

他物更为鲜明可辨。然而,研究发现,当水(我们最熟悉的液体之一)被密封之后(比如,向空的金属球壳内注水,之后密封),其抗压能力绝不逊于最坚硬的,或者我们通常所谓的最坚固的固体。

有些液体如此轻易地屈服于哪怕是最轻的压力,以致我们在通常的情况下几乎感觉不到它们的阻力;因此,我们总是不把它们视为实体,或是能产生压力或阻力的东西。我们从亚里士多德和卢克莱修的书中可以了解到,[①]过去有一段时间,若想说明空气确为一种有密度的实体,或者说,是一种有能力产生压力及阻力的物质,据信也需要一定程度的哲学素养才行。古时候,在对空气的认识问题上,有些方面足以令庶民百姓感到莫名其妙;时至今日,人们在对光的认识上依然抱着同样的疑问,因为,无论你如何对光线加以浓缩或者集中,它们对其他物体的运动从不体现出任何阻力,而这种阻力乃是所谓物体或实体物质所具有的典型特质。出于上述理由,一些哲学家便相应地开始怀疑(有的甚至否认)光是一种物质或者说有形实体。[②]

---

① 亚里士多德,《物理学》(*Physics*),IV.6,213a27;《论天》(*De Caelo*),II.13,294b21-3。卢克莱修,《物性论》,i.269 ff.。

② 斯密的谨慎置评体现出了极大的睿智。尽管当时的"哲学家们"可能绝大部分都采信了他们认定的牛顿"物质微粒"假说,而不是主要以虎克和惠更斯(Huygens)为代表的命名颇不严谨的"波动说",但是,现在看来,这绝非一个简单的选择。牛顿本人秉着一贯的谨慎风格,把自己的观点放在《光学》(*Opticks*)一书后来几版的附录中,以提出疑问的方式加以阐述。尽管他认为:"凡将光说成是在液态媒质中传播的压力或运动的假定,一概是错误的"(问题28),然而,为解释光的某些不规则运动形式,他却不得不求助于一个关于"以太"媒质中的波对光线发生作用的从属假说。最后他又问道(此句与斯密的评论有着极大的相关性):"莫非普通物质与光之间可以相互转换?"(问题30)在斯密去世数年之后,托马斯·杨(Thomas Young)提出的"以太"的横向振动说显然使这一问题得到了解决。然而,针对这一解释,学界争议又起,直到量子理论发展起来之后,才给出了答案——而这个答案是否最终定论,我们且拭目以待。

尽管一切物体或者说实体物质都能构成阻力，但是我们所熟知的一切物体似乎都或多或少地具有可压缩性，即，能在自身物质的量没有丝毫减少的前提下，所占体积较通常情况下有所缩小。佛罗伦萨学院[①]做过一个实验，其结果似乎表明水是绝对没有可压缩性的。然而，同是这个实验，在更加细心、更加精确地重复之下，却显示出水的抗压缩性虽然极强，但是若被施以足够大的压力，它也会像其他所有物体一样，在一定程度上被压缩。空气则相反，只要施以极微小的压力，就能够轻易地被挤进一个较之通常情况小得多的空间里。凝汽式发动机，以及在其基础上研制出来的风枪，都充分显示了这一点；即使不用这些设计巧妙、价格昂贵的机器作为例证，我们只消拿一个充满气体的气囊，将其颈部扎紧，用手去挤一挤它，就能够清楚地认识其中的道理了。

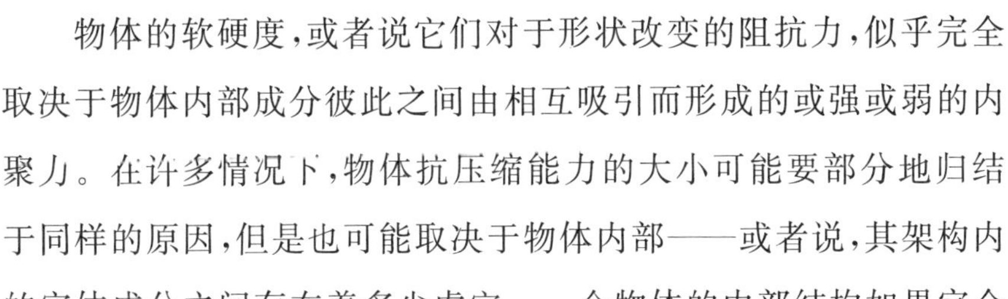

物体的软硬度，或者说它们对于形状改变的阻抗力，似乎完全取决于物体内部成分彼此之间由相互吸引而形成的或强或弱的内聚力。在许多情况下，物体抗压缩能力的大小可能要部分地归结于同样的原因，但是也可能取决于物体内部——或者说，其架构内的实体成分之间存在着多少虚空。一个物体的内部结构如果完全

① 即佛罗伦萨的西芒托科学院(Accademia del Cimento)。参见《西芒托学院自然实验文集》(*Essayes of Natural Experiments made in the Academie del Cimento*，原名 *Saggi di naturali esperienze fatte nell'Accademia del cimento*，英译者 Richard Waller，1648 年出版)，204。反对"微粒说"的观点的确并未迅速销声匿迹，1758 年罗歇·博斯科维什(Roger Boscovich)所著《自然哲学理论》(*Philosophiae Naturalis Theoria*)一书的出版就是一个证据。在该书中，完全用"力"替代了"微粒"一词，这对戴维(Davy)、法拉第(Faraday)、卡尔文爵士(Lord Kelvin)和麦克斯韦(Maxwell)等人产生了显著影响。

被能够产生阻力的物质所充实,其间没有任何空隙,那么我们自然会认为它绝对没有可压缩性,能够顽强地抵御住任何试图将它压缩到更小空间的努力。假如一种具有阻抗性的实体物质能够在保有其原来所占空间的同时,还能让另一种具有阻抗性的实体物质进入到同一个空间里来,那么,依照我们的理解,当此种状况所发生的那一刻,前一种物质就失去了其固有的属性——那种与之密不可分的、通过它我们得以认识该物质,从而将其视为该物质的本性和精髓所在的属性。由此我们得出了"物质的不可入性(impenetrability of matter)"这个概念——换言之,就是两种具有阻抗性的实体物质不可能在同一时间占据同一空间。

以上介绍的学说,最早可以追溯到留基伯、德谟克利特和伊壁鸠鲁的时代,到上个世纪在伽桑狄(Gassendi)[①]的手中苏生了新的活力,此后又被牛顿及其追随者中的大部分人所采纳。现在,它可以被视为一个得到公认的体系,或者说是现下相当流行并被欧洲大多数哲学家所认可的体系。尽管存在一些反对的意见——这些见解本身便是令人费解的,其源自的形而上学理论非但不能解释任何事情,反而让一切显得更加糊涂——但从总体上看,它似乎仍旧是古往今来关于其针对的现象的所有解释当中最简单、最明确、也最容易理解的一个。在此我只想说,无论采用何种理论体系来解读具有阻抗力的物质的软硬度、液态或固态、可压缩性或不可压缩性,我们对于其外在性(换言之,它相对于感知它的器官——或者说我们用以感知它的器官——具有完全的独立性)的清晰感

---

① 明显体现在《哲学体系》(*Syntagma Philosophicum*)第二部分当中。

知都是确定无疑的，无论任何一种体系都不会使之发生丝毫减损。因此，对于这类体系，在此就无须加以赘述了。

人体的几乎每个部分都能感觉到冷热，人们通常把冷热与物体的硬度和阻抗强度等性质相提并论，归入触觉的感知对象。然而，我认为，在我们的语言当中，所谓“触摸到冷热”的提法并不准确；其实，冷热是我们“感觉”到的。“感觉”一词，尽管在许多场合被用作“触摸”的同义词，但其词义的外延却要比后者宽泛得多，经常被用来指称内、外两方面的感受。无论是饥和渴、欢喜和悲伤、爱和恨，都可以被我们“感觉”到。

在现实生活当中，冷和热的感觉虽与触觉得自于同样的人体部分，但是冷与热却和严格意义上的触觉对象完全不同。它不是借助于对感觉器官的外来压力而被感知，而是存在于感觉器官之内。当我们大热天站在阳光下，或者在寒冷的日子里置身在背阴处，由此而生出的那种热和冷的感觉，显然并不是由外部压迫着我们的身体，而是出自我们身体内部。这种感觉的出现并不一定意味着有任何外在物体作为其诱因，我们也不能单凭此种感觉就推断有此类外在物体的存在。这样的感觉只能存在于感知它的器官之内，或是某种目前所未知的、通过感觉器官而起作用从而获得感觉的感知构造当中，除此以外，它不会、也不可能存在于其他任何地方。当我们把手放置于经过加热或冷却、以致温度与我们手的实际温度差别甚大的桌面上的时候，我们会产生两种鲜明的感受：首先是实体的，或者说有阻抗力的桌面，这种感觉必然是外在于——或者说独立于——产生感觉的手；此外，我们还能产生热的或冷的感觉，这是通过手与桌面的接触而在手的内部激起的一种

感觉，我们自然地感到它只存在于我们手的内部，或者说，存在于我们手内部的具有感知力的感知构造当中。[①]

然而，尽管冷和热的感觉并不一定表明任何作为诱因的外在物体的存在，但是我们很快便通过经验得知，它们通常是由这类作为诱因的物体而引起的；有时候，这种冷或热的感觉来自紧贴着我们身体的外在物体的温度，也有时候，作为诱因的外物与我们之间隔着或远或近的距离，比如炉膛里的火、夏日里的骄阳，等等。由于此种经验的经常性和一致性，又由于此种经常性和一致性必然在我们头脑中形成的思维习惯，上述的内在感觉与造成此种感觉的外在诱因便在我们的观念当中密切地连成一体了，以致我们按照平常漫不经心的思路，总是把它们认作同一种东西，因此便用同一个词来指称它们。然而，这种混淆却更多地只限于语词而不是思想，因为在现实中，我们仍然对上述区别抱有一定的认知，尽管我们并不总是凭借一点只消略加注意便可以做到的精确，来进一步明确这种区别。比如，当我们的手沿着很热或者很冷的桌面移动时，我们会说桌面的各个部分都很热或很冷，但是这话的实际意思绝不是说，桌面的任何部分具有热或冷的感觉，我们的意思是：它能在我们的身体中激起热或冷的感觉。一些哲学家费了很大的工夫去证实火中不存在热，其意思即是，热的知觉或感觉并不存在于火中；其实他们只不过是在驳斥一个连最无知的人也从未抱有过的想法罢了。不过，人们在日常语汇中的确用同一个词来表示

① 斯密将冷、热等感觉与触觉分开，这当然是正确的：后来的研究发现，这两类感觉源自不同的神经感受器。

这种感觉和事物引起这种感觉的能力；上面提到的那些哲学家，或许是由于不了解上述的事实，或许是有意为之，总之，他们利用这种语词上的模糊，成功地树立了自己的优势，以不可辩驳的论证确立起一种观点。从语言上看，该观点确实与最明显的人类判断截然相反，但实际上却是与那些判断完全一致的。

关于味觉

当我们品尝任何固体或液体物质的时候，一般会产生两种鲜明的感觉：首先是此种固体或液体物质对于感知它们的器官的自然的压迫感，这是一种外在的，或者说独立于人体感觉器官的感觉；其次，是它在我们的口腭中，或者说是在味觉器官中激起的那种关于特定的味道、滋味的感觉，这种感觉是自然而然地产生的，并非源自外来的、独立于感觉器官的压力，而是完全发自感觉器官之内，它只存在于我们感官的内部，或者说，只存在于感官内部的具有感知力的感知构造当中。当我们说，我们所吃的食物滋味很美或者很差，其实际的意思绝不是说食物的任何部分能感觉到好的或坏的滋味，我们的意思乃是：它能够在我们的口腭中激起好的或者坏的对于味道的感觉。在这种情况下，尽管我们用同一个词来表示这种感觉和事物引起这种感觉的能力（正如前面提到的关于冷、热感觉的例子一样，其原因也完全相同），但是与前例中一样，这种语言上的混淆却不足以误导人类自然的判断。没有人会异想天开地认为，我们所吃的食物能感觉到其本身滋味的好坏。

关于嗅觉

每一种气味都是在鼻孔中自然地被感知的，[①]这种感觉并不是借着对感觉器官的外来压力或者阻抗力而被感知的，在任何情况下都不是外在或独立于感官而存在，而是完全存在于感官之内，且只能存在于感官或感官内部的具有感知力的感知构造当中。然而，我们很快便从经验中得知，此种感觉通常是由某种外物所引起的；例如，芬芳的花朵，当花儿被挪走，这种芳香感便消失了，而当它被重新移回来之时，这种感觉即随之归来了。我们把上述的外物视为此种感觉的诱因，并用同一语汇来表示这种感觉和事物引起这种感觉的能力。然而，当我们说一朵花有芳香感时，我们的意思并不是说，花儿本身能像我们一样感觉到这种芳香，而是说它能在我们的鼻孔或鼻孔内具有感知力的感知构造中激起这种感觉。在此种情况下，尽管我们用同一个词来表示这种感觉和事物引起这种感觉的能力，但是与前述两例中的情况一样，这种语言上的混淆却不足以误导人类自然的判断。

关于听觉

每一种声音都是在听觉器官即耳的内部被自然感知的。[②] 声

---

① 当然，只有在气味强烈的情况下，此说才是正确的。

② 此为“心理主义(psychologism)”的一个例子。作为一种事实陈述，这句话显然是错误的。它把感觉和推断的结果弄颠倒了。

音并不是借着对感觉器官的外来压力或阻抗力自然而然地被感知的，在任何情况下它都不是外在或独立于感官而存在的。它作为耳朵的一种感受而自然地被我们感知，完全存在于我们的耳朵之内，且只存在于我们的耳朵或耳内具有感知力的感知构造内，此外不可能存在于别处。的确，我们很快便由经验中得知，这种感觉经常是由一些和我们相隔一段距离的物体所引发的，其距离往往要比引发嗅觉的物体更远。经验还告诉我们，随着引发此种感觉的物体与我们之间的距离及其方位的不同，这声音或者说我们的耳朵所获得的感觉也会发生种种变化。当该物体所处位置较近时，这种感觉就强一些，我们听到的声音会比较大。当该物体所处位置较远时，这种感觉就弱一些，我们听到的声音就会比较小。此外，当它分别处于我们的前、后、左、右等不同方位时，我们听到的声音或者说获得的声音感觉都会有所不同。在日常语言中，我们总是说，这声音似乎离我们很远或很近，来自我们的左边、右边、前边或后边。我们还常说，我们听到了远处或近处的声音，在我们的右边或左边。然而，真正的声音，即我们耳中的那种感觉，只能存在于我们耳中，从来不会在别处被听到或者感觉到，它永远不会改变其所在的位置，也不会运动，因此，它不会来自左边或右边、前边或后边。耳朵只能在其固有之处产生感觉或听觉，换到任何别处都不行，它不能将自身的感知力延伸出去，无论是送到远处还是近处，左边还是右边。以上所有那些话，其实无非是要说明我们认为那个引起这种感觉的物体与我们之间的距离或所处方位罢了。当我们说钟里有声音的时候，意思并不是说钟能听见它自己发出的声音，或者我们的感觉存在于钟里，而是在说，这座钟能发出刺激

我们的听觉器官之声，使我们的听觉器官产生听觉。尽管在这个例子中，以及其他一些情形下，我们用同一个词来指代此种感觉和事物引起这种感觉的能力，这种语言上的混淆却极少引起思维上的混淆；当我们将词的不同含义予以适当澄清之后，就会发现，普通大众和哲学家们的见解其实完全一致，尽管从表面上看，二者似乎是对立的。

以上四者，在哲学术语中可称为四类次要性质，更恰当地说，是四类感觉：冷热、味觉、嗅觉和听觉。它们都不是借着对感觉器官的外来压力或阻抗力而自然地被感知，而是在器官内被感知的，它们不被自然地看作外在的、独立的物质，甚至不被认为是外在独立物质所具有的性质；它们仅仅是感觉器官的感受，只能存在于感官之内，除此之外不存在于任何别处。

它们不具有——我们甚至都不能设想它们能够具有——我们认为任何外在的、实体的、独立的物质所必不可少的性质。

首先，它们不具有广延性。这些感觉既没有长短也没有宽窄和深浅。引起这些感觉的物体，还有它们被感知的空间，都可以拥有这些维度，但这些感觉本身却不能拥有以上任何一种维度。当我们说音乐里的音符有长短，意思是说，它的时值有长有短。从空间角度看，我们甚至根本无法想象它还能有长短。

其次，这些感觉没有形状。它们不是方的也不是圆的，尽管引起这些感觉的物体以及它们被感知的空间都可能有形状。

第三，这些感觉没有移动能力。引起这些感觉的物体可能会移动，走过或近或远的距离。这时，我们的感觉也相应地变强或变弱。上述物体还有可能相对于我们的感官而变换方位。如果改变到一定程度，我们的感觉也会随之发生可觉察的变化。然而我们还是从不认为感觉是运动的。即使一个产生以上某种感觉的人改变了所在的位置——此时他的感觉器官当然也随着整个身体而改变了位置——但是我们却依然不认为，他的感觉移动或被移动了位置。感觉，似乎永远存在于只有它本身才能存在的地方，就是产生它的感觉器官之内。我们甚至从来不赋予它静止的属性，因为我们从来不说某物是静止不动的，除非先假定它有活动的能力；我们也从来不说某物未改变它相对于其他物体的位置，除非先假定它具有这种改变位置的能力。

第四，由于这些感觉不具有广延性，因此它们就没有可分割性。我们甚至想象不出，一定程度的冷或热、某种气味、味道或声音，能像具有广延性的实体物质一样，被分割成两份、四份，或是任意多少份。

不过，尽管以上几种感觉都是不可分的，但是在它们当中，味觉、嗅觉和听觉这三者的对象，即味道、气味和声音却似乎可以在一定程度上被合成或分解。厨艺精湛的厨师有时能尝出某种他以前没见过的调味酱里究竟有哪些配料，这种酱汁的复合味道都是由哪些单纯的味道构成的。同样，资深的调香师有时也能凭嗅觉分辨出某种新型香氛的配方。在一场由人声和器乐共同演出的音乐会上，灵敏而有经验的耳朵能够很容易地分辨出它所听到的混合音是由哪些不同的音同时发出、交织而成的。

那么，我们又是如何学会分辨这些单纯的感觉和复合的感觉呢？这是一种天生的能力还是凭经验而习得的？我本人倾向于认为这完全是经验之功；而且，所有在同一时刻被感官所感知的味道、气味和声音，都是作为单一感觉而不是复合感觉而被感知的。我认为，我们全凭经验才学会分辨复合感觉与组成它的各种单一感觉之间的关联及相似之处，并判断出是哪一些激起各种单一感觉的因由复合在一起，从而形成了激起上述复合感觉的综合因由。

显而易见的是，这种感觉的合成及分解完全不同于那种构成实体物质可分割性的各部分之间的联合与解体。

至于冷与热的感觉，甚至连这种合成与分解都做不到。这种感觉可能在这一时刻强一点，在那一时刻弱一点；其强度的变化是有的，但却没有种类的差别。而味道、气味和声音则时常有程度和种类的变化。它们不仅有强弱之分，也有类型差异：比如，滋味有苦甘之分，气味有好闻和不好闻之分，声音也有尖利和低沉之分；此外，每一种类别或性质本身又包含着无数或大或小的差异。复合感觉正是由形形色色不同强度、不同类型的单一感觉组合而成的。

因此，以上四种感觉并不具有引起这些感觉的那些外在的、独立的实体物质所必不可少的性质，亦不可能是上述物质的性质或限定属性。在现实中，我们自然而然地不把它们看作这些；尽管在相关表述中，经常存在大量的语焉不清及混淆现象。然而，当我们足够清晰地区别了词的不同含义之后，哪怕是最无知、最没文化的人也能懂得，这些感觉并非外在的、独立的实体物质所具有的属性，只是这些物质对于具有感知力的活的器官或者说是对存在于器官中的具有感知力的感知构造所产生的影响。

然而，哲学家们一般并不认为这些能激发感觉的物体直接引起了感觉，这还要归因于一种、两种，乃至更多种媒介物的居中作用。

以味觉为例，尽管激发味觉之物触压着人的味觉器官，但我们并不认为这种压力就是产生味觉的直接原因。这激发味觉之物所分泌出的汁液会渗入腭部的微孔中，那里有一些敏感而易受激惹的纤毛，它们因为受到刺激而做出某种形式的运动或振动，从而产生了特定的味觉。至于上述的汁液是如何引发了此种运动的，此种运动又如何在感觉器官或存在于器官中的具有感知力的感知构造中制造出关于味道的感觉——而感觉不仅与运动没有丝毫相似之处，其本身似乎也没有运动的能力，关于这些，没有一位哲学家曾经去尝试、估计将来也不太可能去尝试为我们提供一个解答。

对冷热、气味和声音的感觉，通常是由与我们的感官相隔一定距离的物体所引发的，这个距离有时甚至相当的远。但形而上学中有一条古老而根深蒂固的公理，即，没有任何物质能在它所不在之处发挥作用。[①] 我认为，这一公理与我们自然而惯常的思维习惯必定完全相符。

太阳这个巨大的光源与热源，与我们相隔极为遥远。然而，来自太阳的光线(以难以想象的速度穿越了横亘在日球与我们中间的广袤空间)却把光感带到我们眼中，正如它把热感带给我们全身各个部分一样。它甚至也将激起此种感觉的力量传递给了我们周围的一切其他物体。我们说，光温暖了大地和空气，也就是说，它把在我们体内引发热感的能力传递给了大地和空气。普通的火也同样会产生这一切效果，尽管它的作用范围要比阳光小得多。

① 但这一公理显然并不适用于重力。

一般说来，散发气味的物体和我们之间也隔着一定的距离，它们通过某些微小的物质粒子而作用于我们的感官，这些微小的粒子称为发散粒子（Effluvia），它们向各个方向发散，随着呼吸被我们吸入鼻孔，在那里制造了嗅觉。然而，这些微小的物质粒子，其细微程度肯定大大超出了人类的想象。往一只金盒中放置一点点麝香，密闭几小时后，把麝香取出，用肥皂和清水尽可能仔细地把盒子洗净。此时，按说盒子里应该什么都没有了，但是那麝香所留下的发散粒子却早已钻进了盒子内壁的微孔中，躲过了此番清洗。直到许多年以后——我也不知道究竟是多少年，这只金盒子中依然会残留着麝香的气味；而这些发散粒子，无论它们本身有多么微小，它们必定还有能力进一步分解成性质相同的更小的微粒，在如此长的一段时间里源源不断地向外持续发散。然而，我们若给这只金盒称重，哪怕是使用了人类所能制造出来的最精妙的衡器，也无法显示出金盒在经过一番仔细清洗之后，在重量方面有什么差异。

人往往能够在相距甚远的地方听到某物发出的声音，即产生对声音的感觉，与嗅觉的范围相比，听觉所能达到的距离要大上许多。据认为，发声物体的振动能使周围的空气产生相应的振动和脉冲，向各个方向传播，从而到达我们的听觉器官，在那里产生对声音的感觉。关于声音以脉冲或空气振动的方式传播的学说，是建立在充分的可能性的基础之上，世上恐怕没有多少哲学学说能够在这一点上与之媲美。那个将钟置于真空罩内，钟就发不出可感知的声音的实验，更是令该学说的可能性达到了无以复加的地步。不仅如此，这种巨大的可能性又经艾萨克·牛顿爵士的计算而得到了进一步的证实，[①]他的计算表明，声音的速度（或者说，从发声物体开始发声的那一刻起，迄至我们耳中感觉到这声音，这中间所经过的时间），与密度和空气相同的弹性流体自然传播时形成的脉冲及振动的速度完全一致。富兰克林博士曾经试图对这一学说提出异议，然而据我所知，此举未获成功。[②]

哲学家们就是用以上介绍的这些媒介因素，尽力地将我们感官中产生的感觉和引发这些感觉的远处物体联系起来。至于这些媒介因素又是如何通过各种运动和振动来激发我们的感官，制造出了诸般感觉，而这些感觉却无一与任何种类的振动或运动具有丝毫的相似之处，关于这一点，迄今为止尚无一位哲学家曾经尝试着为我们做出解释。

关 于 视 觉

在《视觉新论》（*New Theory of Vision*）一书中，柏克莱博士（Dr. Berkley）[③]为我们提供了一个有史以来最精妙的哲学分析的

① 《原理》（*Principia*），卷 II，第 8 部分。牛顿的计算只是在*顺序*上正确。他假定声波是一个等温过程（isothermal）而非绝热过程（adiabatic），因此未能适用正确的算法。这一点后来被拉普拉斯（Laplace）在《化学物理学年鉴》（*Annales de Chimie et de Physique*），iii（1816），20 中予以纠正。

② 本杰明·富兰克林（Benjamin Franklin），《在美国费城所进行的关于电的实验与观测》（*Experiments and Observations on Electricity, made at Philadelphia*，1751）。

③ 斯密在整部书中一直使用这种拼写方式。《视觉新论》一书问世于 1709 年，而《人类知识原理》（*Principles of Human Knowledge*）则问世于 1710 年。斯密似乎并未留意后者的激进"唯心主义"倾向；也没有证据表明他曾阅读过这本书。然而，斯密的藏书当中确有一本《柏克莱文集》。

范例,无论是在我们自己的语言还是在其他任何一种语言当中都是如此,他的分析再清楚不过地阐释了视觉形象的本质,论述了视觉形象与实体对象之间的差别,以及二者之间的相似性和联系,在此基础之上,我没有什么可以补充的。我之所以不揣冒昧,步大师之后尘,就同一话题展开论述,只是为了让那些可能无缘拜读柏氏大作的读者了解相关的一些内容。我就这个问题的所有论述,即使不是直接借鉴于柏氏,至少也是受到他的启发。

视觉的对象并不触压到感知它们的器官,这一点是显而易见的。因此,它们至少不能用和实体对象一样的方式,显示出其自身存在的外在性和独立性。

然而,我们却倾向于想象,自己既然看到了一段距离以外的东西,那么这些物体的外在存在,便是由视觉直接感知的。然而我们如果想一想,任何物体与眼睛之间的距离都构成一条末端指向眼睛的直线,而这条直线在人的眼里必定呈现为一个点,那么我们就会明白,人眼与外物之间的距离并不能构成视觉的直接对象,一切可视物体必定自然而然地切近于视觉器官而被感知,或者更确切地说,视觉可能和其他所有的感觉一样,产生于感知它们的器官之内。[①] 凡是具备一点点光学知识的人都知道,视觉对象的形象被映在位于眼底的视网膜上,这非常类似于物体的形象映入照相暗盒(Camera Obscura)[②]的过程,这个形象很可能是被存在于眼球

① 此处混淆了"看"(这里把"看"说成是"想象"——这一含混不清的措辞还导致了一些更基本的概念混淆与分析推断。参见下文第163页讲道:"浮现在我们的视觉器官之前")。

② 一种早期照相设备,自16世纪起开始使用。——译注

这一部分当中的感知构造最先感知到的——此类视觉感知构造只存在于该器官的这一部分，除此以外，它不会、也不可能存在于其他任何的地方。因此，没有任何一位光学家、任何一位在视觉的性质这一问题上花费过一点点心思的人，曾经妄称人眼与外物之间的距离是视觉的直接对象。至于我们是如何学会凭借视觉来判断这样的距离，光学家们已经尝试着给出了几种不同的解释。在这里，我就不中断行文，对这些理论体系一一加以研讨了。

触觉的对象皆为实体，具有实体必不可少的属性：即实体的广延性、形状、可分割性和移动性。

视觉的对象是色彩，我们认为色彩同样具有一些必不可少的属性：色彩的广延性、形状、可分割性和移动性。当我们睁开双眼，呈现于我们眼前的那些可感知的彩色物体必定都具有一定的广延性，或者说，必定处于某一可见的平面上。它们也必定具有某种形状，或者说，必定处于某些可见的线条的局限之内，这些线条标示着它们在所处平面上各自占据的范围。这种可见的，或者说彩色的广延，其中的每个可感知部分都必定被认为是可分割的，或者说，能被分割成两个、三个，乃至更多较小的部分。这个可见的，或者说彩色的平面的每一部分，也必定被认为是可移动的，或者说，能够改变自身的位置，并改变自身相对于同一平面内其他部分的方位。

色彩是可见的，它与可触及的实体物质没有相似之处。一个天生失明，或是自幼丧失视力、没有视觉记忆的人，无法形成任何关于色彩的观念或概念，仅靠触觉绝对不可能帮助他达到这一目的。我确实听说过有这样的人，他们是在成年以后不幸失明的，此后竟然学会了仅靠摸索来分辨布匹或丝绸的颜色——他们的职业就是买卖丝绸、布匹。不同物体刺激人的视觉器官，令其产生对不同色彩的感觉，这种能力很可能取决于构成各种物体表面的粒子在质地、结构和排列方式上的细微差异。而在非常仔细、非常敏感的触摸之下，这种差异会令人在触觉上有所感知，足以使一个对这方面极感兴趣的人分辨出其色彩的不同；不过，这种分辨力可能是非常不完善、也不准确的。一个天生失明的人也可能经别人的传授而学会进行同样的分辨。尽管他能指出不同物品表面所呈现的不同色彩，尽管他还能对这些感觉产生的诱因有着一些不尽完善的模糊概念，但是他对于这些感觉本身的了解，却一点也不比洛克先生所说的[①]那位把猩红色想象成小号声的盲人更深入。同样，一个天生耳聋的人能被教会讲话。他被教会怎样运用自己的发声器官，发出每个字母、音节和单词的音；但是，他尽管能够模模糊糊地知道自己发出的声音是怎么来的，也知道他自己将怎样激发别人的感觉，但是他却无论如何也体会不到这些声音或感觉的本身。

如果可能的话，一个人若是生下来就没有触觉，那么同样，他单凭视觉根本无法了解什么是物质的实体性，也无法形成任何关于外在的、有阻抗力的物质的概念。不过，恐怕不仅没有任何人、也没有任何动物是天生没有触觉的，这似乎是动物生命和生存必不可少的一种感觉。因此，我们没有必要在这里推测这种据我认为是完全不可能的情况将会产生怎样的结果。毫无疑问，当人的

① 洛克，《人类理解论》，III.iv.11。

眼睛被任何外在的实体物质所触压之时，它会感觉到这种压力或阻抗力，并且（像身体的任何其他有感知力的部分一样）会向我们表明，这种实体物质是一种外在的、独立于我们的存在。但是在这种情况下，眼睛所发挥的并不是它作为视觉器官的作用，而是一种触觉器官的作用；因为它和人体的几乎所有其他部分一样，都具有触觉感知能力。

色彩作为视觉的唯一对象，具有广延性、形状、可分割性和移动性，尽管色彩的上述几种性质和实体物质的广延性、形状、可分割性和移动性有着一致性和关联性，因而也被冠以同样的名字，但是它们似乎与后者完全不是一回事。正如色彩和实体性不是一回事一样，它们各自的属性也必定不相同。柏克莱博士曾经公允地指出，[①]尽管我们可以设想一条色彩的线条或实体的线条延长到无限远，但是我们却无法设想将其中一条叠加到另外一条之上。我们甚至在想象中都无法做到把一个实体对象延长后与视觉形象进行对接，或者反过来，把视觉形象延长后与实体对象进行对接。视觉形象和实体对象分属于两个世界，尽管二者之间存在着非常重要的一致性和关联性，但是它们彼此绝无相似之点。可触世界及其一切构成部分，都有三重维度：长度、宽度和深度。可视世界及其一切构成部分只有两重维度：长度和宽度。它只呈现给我们一个平面，又通过某些阴影和色彩的组合（如同平面图画向我们呈现世界的方式一样），向我们表明某些不具色彩的实体的存在，后者既然不具色彩，自不同于那些阴影和色彩组合。这些阴影和色

① 《视觉新论》，§ 131。

彩组合对于不同实体的体现,是根据特定的透视法则表现出不同的景深。至于我们究竟是如何获得深度知觉的,却很难说:是出于某种独特的本能呢?还是运用理性或经验的结果?由于我们对理性和经验的运用已经达到了习惯成自然的地步,以至于我们在运用它们的时候,几乎意识不到自己正在这么做。

这种深度知觉的清晰度,即我们借以判断各种实体物体远近的精确度,其高低与它们在我们心目中的重要性恰成正比。我们可以最为精确地判断近处物体如房间里的桌椅家什的远近;假如在大白天里我们还被某个家什绊倒的话,那就肯定不是由于视力差,而是注意力分散的结果。对我们来说,精确判断这些近处物体具有十足的重要性,也是明眼人相对于不幸的盲人所拥有的一个巨大优势。随着距离的增加,这种深度知觉的清晰度,以及我们判断的精确度也会逐渐降低。即使是看一些距人眼只有两三英里远的物体,我们也往往分辨不清它们当中哪个稍远,哪个稍近。对我们来说,精确分辨这样中远距离物体的位置,在绝大多数情况下都不是一件特别重要的事。随着距离的增加,我们的判断变得越来越不确定;当距离非常遥远的时候,比如像恒星那么远,我们就完全说不准它们的位置了。对我们来说,要极其精确地了解如此遥远物体的相对位置,除了满足一种全无必要的好奇心之外,并没有别的用处。

人能够在一定距离内凭目测较精确地判断可见物体的位置,不同的人所能看到的距离是大不相同的;这种差异虽然毫无疑问地有时取决于人们眼睛的结构差异,但是一般情况下它似乎完全来自于不同职业所养成的不同习惯。文人学者成天生活在狭小的

书斋里，极少有机会纵目远眺，因此望远能力一般都不太强。相反地，水手们却多半有着良好的目力，特别是那些常年出海远航的水手，他们在海上时，大多数时间都看不到陆地，白日里总在眺望远方的地平线，看有没有船只或海岸线出现在他的视野中。惯于生活在陆上的人往往惊讶地发现，一个水手能够那么准确地识别远方海面上的船只，当同船的陆上居民还什么都没能看见的时候，他就发现了来船；不仅如此，他甚至还能说出船上有几根桅杆，船的行进方向和航速。如果这条船是他所熟识的，他常常在同船的陆上居民连船的影子都没有看见的时候，便报出了来船的名字。

人眼所见的对象、色彩及其所有的种种属性，它们本身似乎只不过是浮现在我们的视觉器官之前的一些影子、画面。如果不考虑它们与其所代表的实体物质之间的关联的话，就其本身而言，实质上对我们无益也无害，也就是对我们完全不重要。我们哪怕在看着它们的时候，心里也极少去想着它们。甚至当我们表面上全神贯注地注视着它们的时候，其实我们的注意力仍是完全放在它们以外，往往想的是它们所代表的那些实体物质。

正因为我们的注意力几乎完全没有放在眼前所见的、作为实体物质代表的图景，而是关注着它们所代表的实体物质，故而，我们倾向于在想象中或多或少地赋予前者某些它本身并不具有的、而是完全属于后者的重要性。如果你闭上一只眼睛，拿一小片直径不到半英寸的普通圆形玻璃贴在另一只眼睛前面，透过这个小圆片，你能看到一幅视野极广阔的图景：草地、树林、绵亘的海湾、远方的山峦……你会不由自主地觉得，呈现在你眼前的景象，就是

你所看到的这幅画面，是无比巨大而广阔的。的确，这幅画面所代表的实体物质无疑是巨大而广阔的，但是，表现这些实体物质的、呈现于你眼前的画面呢，它的大小并不比这个小圆玻璃片的面积更大。当你透过这个小圆片看世界的时候，可以想象在你的眼睛和那玻璃片之间有一只精灵的手持着仙界的画笔，在那一小片玻璃上惟妙惟肖地描绘出所有的景物：草地、树林、绵亘的海湾、远方的山峦……和你直接用眼睛看到的一模一样。[①]

每个在人眼之前将另一可见物体完全挡住的可见物体，至少看起来要和被挡住的可见物体一样大。它在视觉平面上所占据的部分至少和被遮挡物体当时在该平面上所呈现的面积相当。因此，光学专家告诉我们，人在同一角度下所看到的一切可见物体，呈现在眼中的大小比例都相等。但是，一个可见物体若能在人眼前完全挡住另一可见物体，人看它的视角至少要和看后者的视角一样大才行。当我把一根手指举在眼前，它似乎把我所在的房间里的景象挡住了一大部分。那么说，它是不是看起来和这个房间的一大部分同样大小呢？但由于我知道手指这个实体本身所占的空间远远比不上房间的一大部分，我便倾向于想到，眼前所见的手指与房间的一大部分乃是比例相等之物。我用判断校正了视觉印象，并在想象中把代表那个小的实体物质（手指）的视觉图像加以

① 参见《道德情操论》III.3.2，斯密在该段中比较了想象力在视觉和道德判断中所起的作用："从我现在的位置望去，那片广阔的草地、树林和远山似乎仅能满遮我写作时所凭的小窗而已。"（该书格拉斯哥版第一次印刷本的第135页上，把复数的mountains误印成了单数的mountain。）斯密接下来写道，一个人必须了解一点"视觉的哲学"，才能领会此类现象的真谛。从行文看来，《道德情操论》中的这段文字是对本文的一个呼应，而不是相反。这大概又可进一步证实关于本文形成年代较早的假定。

缩小，使之大大小于真实所见的样子。反之，我又在想象中扩大了代表着大的实体物质（房间）的视觉图像，使之远远大于我眼中所见。我的注意力几乎完全集中在视觉图像所代表的实体物质上，而不是可见的、代表上述物质的图像上，并且自然而然地在想象当中改变了后者的视觉比例，把本来不属于它、而属于前者的视觉比例赋予它了。

由于能够在人眼前完全遮挡另一可见物的可见物体，看起来至少要和后者一样大，因此，光学专家告诉我们，我们眼睛所见的视野大小总是一样的；当我们把手举到眼前，让自己只能看到手掌的时候，我们的视野仍然是被充满的，视网膜完全被呈现在眼前之物的图像所占据，就像我们极目远眺的时候一样。

1728 年，一位先天患双眼白内障的年轻人接受了切塞尔登医生的治疗，[①]平生第一次清楚地看见了东西。这位医生介绍说：

---

① 威廉・切塞尔登（William Cheselden，或拼写作 Chesselden，1688－1752），约翰・亨特（John Hunter）时代以前英国最杰出的外科医生。这里介绍的这个著名病例有效地回答了威廉・莫利纽克斯（William Molyneux，1656－1698）在拜读过洛克的《人类理解论》初版之后向洛克提出的那个问题，即，一个先天失明的人，其视力一旦恢复，能不能单凭视觉分辨并确认那些他以前通过触觉已经熟知的东西？关于此问题的全面讨论，参见里奇（A. D. Ritchie），《对乔治・柏克莱的再评价》（*George Berkeley, a Reappraisal*，G. E. Davie 编辑，1967），13－18。

洛克在《人类理解论》，II. ix. 8 中叙述了莫利纽克斯的问题。另参见 A. S. Pringle-Pattison 在他编写的该书节略本（1924）第 75 页中对此段的注释。

斯密在此处及下文第 171 页中引述的内容，摘自切塞尔登发表在《英国皇家学会哲学学报》（xxxv 1727－1728，447－450，451－452）上的一篇文章，文章题为《关于一位先天失明或自幼丧失视力以致没有任何视觉记忆的年轻人的病例报告，该患者在 13 到 14 岁之间接受复明手术》（以下简称《病例报告》）。水田洋（H. Mizuta）在《亚当・斯密的藏书》（*Adam Smith's Library*）第 45－46 页列举说，斯密藏有大量该杂志，其中包括"《哲学学报》，1720—1723 年，由 Reid 和 Gray 选编的节略合订本……伦敦，1733。"

"开始的时候,只能揭开一条缝,让患者见到一点点天光,他觉得他所看见的物体都无比巨大;但是一旦能看到更大的物体时,起初看见的那些在他心目中就变得小一些了。对于超出其视觉范围的线条,他根本想象不出;据他讲,他知道自己所在的房间是一座房屋的一部分,但是他想象不出比这房间更大的整座房子是个什么样子。"[①]这位患者起初认为任何视觉形象都不可能大于他的最狭窄的视野,不可能为他的眼睛呈现更多的可视点,或者说,更完全地充满这个器官的感知范围。而当这个狭窄视野得以扩大时,他仍然无法想象呈现于眼前的视觉形象居然能比他起初看到的更大。他此时必定已经在某种程度上养成了一种把视觉形象和实体对象关联起来的习惯,认为看起来小的东西就代表着小的实体对象,而看起来大的东西就代表着大的实体对象。在他看来,那些大的物体反而不如起初占满他视野的那些小物体大;那些小物体,起初占满他视野、令他觉得巨大无比,而当他一旦知道其代表的实体要比他原来所想的小得多的时候,它们就在他的观念中变小了。现在他开始更多地去关心那些被代表的实体物质,而不是代表实体物质的视像;于是,他便开始把本来属于前者的比例和大小加予后者了。

正如我们经常把本不属于视觉形象、而是属于它们所代表的实体对象的大小和比例赋予视觉形象,我们也同样赋予它们一种外观的稳定性,这种属性也同样不属于它们,而是全然来自于它们与实体对象之间的关联。看到位于房间尽头的那把椅子,我的头

① 斯密对此处及以下部分引文中的单词拼法和标点符号进行了"现代"处理。

脑会倾向于认为，它此时在我眼中的图像和它位于我身边时我所看到的图像一样大，尽管在后一种情况下，我看它的视角起码比现在放大了4倍，而它的图像在我眼前视觉平面上所占的份额必定起码要比现在大出16倍。然而，由于我知道自己关注的主要对象，即这图像所代表的实物——椅子的大小是不变的，无论它处在房间的尽头还是在我身边，因此我就赋予椅子的视觉图像（尽管它现在还不到起初的1/16大）一种外观的稳定性，这种性质当然根本不属于它，而是属于它所代表的实体对象。当我们逐渐走近或远离某一实体对象时，我们眼中所看到的该物体的图像就会随之逐渐变大或变小。确切地讲，我们在不同距离上所看到的并不是同一个图像，而是一连串彼此相似的图像（前后相继的图像之间的相似度尤其高），其中每个图像都是独特的，不同于其他的图像；但是，我们既知道，它们所代表的可触对象始终是同一个，于是我们便将一种同一性赋予了它们的总体。于是，当我们隔着一英里、半英里和几码远去看同一棵树的时候，我们便认为自己看到的东西是同样的。然而，我们在不同距离的所见彼此的差异竟是如此之大，足以令我们感觉到这些形象之间的不同；尽管如此，由于它们所代表的实体对象始终保持不变，我们依然会在头脑中赋予这些视觉形象某种同一性。

有这样一种说法：人无法两次看见完全相同之物。毫无疑问，这是一种夸张之语，但是在实际上，其夸张程度远没有你乍听此言之时所想的那么大。虽说我很容易觉得自己所在房间里的这些桌椅什物在我的眼中是一成不变的，但是它们的形象其实是处在时时变化中，不仅是由于我所处的位置不同改变了我与它们之间的方位和距离，从而令我眼中的视像发生了相应的改变，而且我身体的每一个姿势[①]的变化（哪怕是一些难以觉察的微小变化）、头部的轻微挪动，甚至眼珠的转动，都可能造成视像的相应改变。以上种种，哪怕是最微不足道的一点点变化，都必定会使人的视角发生相应改变，从而使该物体在人的眼中呈现出不同视角下的不同状貌。我们注意到，肖像画家要想让他的模特儿自画下第一笔的时候起直到最后都能保持同样的面部表情，实在是一件无比艰难的事情。画家对模特儿面孔的角度几乎从没有满意的时候，总是觉得和他疾笔勾出的最初轮廓不完全一样了。他只有凭着自己的记忆、想象力和某种取其大略的技巧，尽可能地对其加以调整，以弥补前后的差距，才能够最大限度地忠实表现被画者在那一时刻所呈现出的样貌、风度和性格。如果是对着静止不动的雕像作画，画家也会遇到同样的困难，不过其困难程度显然要小得多。在这种情况下，问题主要来自画家本人如何在作画过程中始终保持同一的视角。而对于描绘活的动物的画家来说，这种困难恐怕要加倍都不止：雕像本身的形象从来不会对作画过程构成任何变化或不稳定因素，但活的绘画对象却常常如此。

大自然慷慨地赋予我们视觉，其目的显然是为了让我们了解周遭各种实体物质的位置和远近。人类生活中的一举一动，事无巨细，全都要仰仗这种对位置和距离的感知。甚至动物的活动也要仰赖于它。如果没有它，我们别说是活动，甚至于无法坐得安

① 初版中写作“altitude”，大概是一处印刷讹误。

稳。正如柏克莱博士曾经精到地指出的那样，[①]视觉形象是造物主用来向我们的眼睛说话的一种语言，他用这种奇妙的语言向我们揭示了许多对我们来说至关重要的事物，并揭示了它们与我们之间，以及它们彼此之间的相对位置。在普通语言当中，词汇或发音与它们指代的事物没有相似点，同样，在视觉这种另类“语言”当中，人眼所见的形象与其代表的实体对象之间，也没有任何相似之处。

然而，他也注意到，[②]尽管没有任何词汇从其本质而言更适合于用来表达一种意义，而不是任何一种别的意义，但是特定的视觉形象却比任何其他视觉形象更适合于用来代表某一种实体对象。比方说，方的形象就比圆的形象更适于用来代表方形的实体物质。严格说来，可能根本就不存在立方体或球体的视觉形象，因为一切视觉对象呈现于人的眼中之时，都自然地处于一个平面上。但是，仍有某些色彩的组合适合于向人眼指示出远和近，以及呈立方体的实体物质前进和后退的线条、角度和表面；同样，还有其他一些色彩组合适于体现呈球体的实体物质或远或近的表面。体现立方体的色彩组合不适合于用来体现球体；反之，体现球体的色彩组合也不适合于用来体现立方体。因此，尽管视觉形象和实体对象之间并无相似之处，但是两者之间似乎存在着某种密切的关系或联

① 《视觉新论》，§147。本文以下的几段内容，对于我们深入了解斯密的语言观，及其对于“哲学探索”的本质的总体思路，或许有着极其重要的意义。斯密的《对语言形成的思考》一文最初发表于1761年。他在《有关修辞学和文学的讲稿》第3讲中，对这一话题也有探讨。

② 同上，§§142，152。

系，这就足以令一个视觉形象比较适合于代表某个特定的实体对象，而不是其他实体对象。但是，人类的大部分语词与它们所表达的意义或观念之间，似乎并没有这种密切的关系或联系；只要是习惯成自然，它们完全可以被用于表达任何一种别的意义或观念。

柏克莱博士以其一贯的巧妙方式向我们说明，①实际上，这和普通语言中的现象并无二致。尽管零散的字母与它们组成的词汇之间并没有相似之处，但是用于表现一个词的同一种字母组合并不总是适合于表现另一个词；反之，每一个词汇也总有一个最适于表现它的、属于它自己的字母组合。然而，我们必须承认，如果用语言现象来打比方的话，尚需对其中的关系进行一番改头换面。视觉形象和实体对象之间的关联，最初是通过比较它与口语及其表达的意思或观念之间的关联来加以阐释的；现在又用书面语言和口语之间的关联来阐释它，而这后两种关联彼此之间却是大不相同的。再者，哪怕是他所用的第二种阐释方法，也不能完美地适用于此种情况。的确，当习俗的力量已经使每个字母的权能完全确定下来之际，比如，它已经确定了字母表中的第一个字母永远代表这样的一个音，而其中的第二个字母永远代表另外一个音，此时每个单词就会有某一种特定的、更适合于表现它的字母或字的组合，而不是任何别的字母组合。尽管如此，字母的本身却完全是随

① 斯密在此处指的是《视觉新论》，§143，但对柏克莱的观点却阐释得不够清楚。柏克莱的论点是，视觉形象体现实体对象的方式，和书面语言对声音的体现是一回事：书面字母所代表的发音是随机的，但是，如果书面字母已经被用于这一目的，那么，一个书面词汇中特定的字母组合与它们所代表的声音元素之间就必定有着某种相关性。斯密的评述虽然压缩了柏克莱的论点，却无伤自身立论。

机的，与它们所代表的语音之间毫无联系或关联。比如，只要习俗使然，用于标示字母表中第一个字母的字符，就完全可以拿来表达现在第二个字母所发的音，而用于标示第二个字母的字符，也完全可以拿来表达现在第一个字母所发的音。然而，在我们眼中表现实体球形的视觉符号，却不太适合于用来表现实体立方体；反之，那些表现实体立方体的视觉符号，也不太适于用来表现实体球形。因此，在每一个视觉形象及它所代表的、与之形成精确对应关系的实体对象之间，显然存在着某种联系或关联，其紧密程度要远远超出书面语言和口语之间、或是口语和它所表达的意义或概念之间的关联。大自然宣示于我们眼目的语言，显然是一种能够适切表意的语言，在这一点上，人类凭借一己的才智所创造的任何语言，都是望尘莫及的。

如果缺少了观察和经验作为辅助，任何人都不可能仅凭着视觉形象与实体物质之间的这种联系，通过理性的努力来推断出每个视觉形象所代表的实体物质的状貌究竟如何。如果说之前的论证尚不足以说明这一点，那么，切塞尔登先生在提到那位经他治愈的患白内障的年轻人之时所说的一番话，则肯定能完满地达到这个目的。切塞尔登先生说："尽管我们把他叫作盲人——凡是白内障达到成熟期的病人，我们都这么称呼。不过，这种病人并不是全盲，他们还能够分辨白天和夜晚，大多数情况下，还能够在强光下分辨出黑、白和鲜红的颜色。他们只是不能辨别物体的轮廓；因为他们看东西的时候，光线倾斜地透过房水，即眼球内位于晶状体前部的前房内容物（这样光线就不能直接在视网膜上聚焦），这种情形，就仿佛视力正常的眼睛透过一杯搅碎的果冻看东西，中间有太多朝向各异的折射面分散了射入的光线，令其无法在眼球内正确地聚焦，因此在这种情况下，他们尽管能够分辨颜色，却根本不能分辨物体的形状。这位年轻人的情况就是如此，尽管他在治疗前能在强光下分辨物体的颜色，然而，经过治疗后，当他再看到这些物体时，他先前所拥有的对它们的模糊认知已经不够用了，因此，他觉得这些东西和先前不同了，虽然有着同样的名称。”①和那些刚刚从全盲状态中恢复视力的人相比，这位年轻人终归算是拥有一定优势的。他有着不太完善的分辨色彩的能力；他想必已经知道，那些色彩和他已经习惯于凭触觉认识的实体物件之间存在着某种联系。然而，假定他是从全盲状态初获视力的，那样的话，他就只能通过一段极其漫长的观察和经验积累过程来了解这种联系了。尽管如此，我们从刚才引用的切塞尔登先生的那些话中也多少能看出，这位年轻人所拥有的优势对他的帮助实在微不足道，而在下面这段叙述中我们将会看得更清楚：

“当他刚能看见东西时，”这位天才的外科医生说，“他根本不会判断距离，以至于他把任何用眼睛‘触到’（这是他的原话）的物体都等同于用触觉感受到的物体，并认为光滑而规则的物体最可爱；他无法判断物体的形状，或是猜到他喜欢的物体到底是什么形状。他不知道任何物体的形状，也不能分辨一个物体在形状和体积上与别的物体有什么不同；不过，当他被告知此物就是他以前通过触摸已经了解其形状的那个东西的时候，他会仔细地观察，以便重新认识它。只是，由于不得不在短时间内认识太多东西，他会忘

① 引自切塞尔登的《病例报告》，447－448。

掉其中的许多;正如他自己说的,起初他能够在一天之内认识一千种东西,过后又统统忘掉。举个具体的例子吧(尽管看起来只是一件琐屑小事):关于哪个是猫、哪个是狗,他忘记了很多次,甚至后来都不好意思开口再问了;不过我们还是看到这样的情景,他把那只猫抓在手里(以前他是凭着触觉了解这种动物的),凝神注视了许久,方才把它放下,嘴里说着:'喂,猫咪,我还得再认识你一次。'"①

当这个年轻人说,他看见的东西"触到"他眼睛的时候,当然不是指它们真的抵住了他的双眼,或者对其产生了触压;因为,视觉对象从来就不会通过压力或阻抗力的方式作用于眼睛这个器官。他大概只是想说,它们距离他的眼睛很近,或者更确切地说,它们在他的视线之中。恐怕一位突然获得了听力的耳聋者也会自然而然地说,有声音"触到"了自己的耳朵,那意思即是,他感到那声音离他的耳朵很近,或者更确切地说,那声音进入了他的耳朵。

切塞尔登先生后来又补充道:"我们本以为他能很快地认识我们向他展示的图画上面所画的物体,但是后来发现,我们错了。直到治疗后的两个月,他才顿悟到,图画中所描绘的原来是一些实体的东西;而在那之前,它们在他的眼里只是一些涂有斑驳色彩的平面而已,或者说,是些因颜色不同而显得不太一样的平面。而且不仅如此,在前一个发现之后,又有一件事同样令他感到惊奇:他曾以为画中的物体摸起来肯定与现实中的实体物质一样,而结果他却惊讶地发现,画中那些因光影效果而显得有凹凸感的部分,摸上

① 《病例报告》,448。

去却和其他部分一样。于是，他忍不住地发问：究竟是哪种感觉欺骗了他，是触觉还是视觉？”①

绘画是效仿大自然用来将实体对象呈现于我们视觉的光影组合，利用与之类似的光影组合来尽力仿写那些实体对象；然而，它从来达不到大自然制造的真实视觉效果，或者说，无法给予其作品足够清晰鲜明的凹凸感和透视感。当这个年轻人刚刚能够体会大自然制造的那种鲜明而强有力的视觉效果之时，绘画中较弱的视觉效果没能给他留下印象，于是，在他眼中图画就是它实际上的样子：一个涂有各种颜色的平面。后来，当他更加熟悉了自然的视觉效果以后，即使图画中表现的效果再弱，亦无碍于他辨识其与自然视觉效果之间的相似了。在观察自然时，他发现视觉形象所代表的实体对象的位置和距离永远和视觉形象所显示的精确相符。于是，他期待着能产生与自然相仿（尽管稍弱）的视觉效果的图画中的视觉形象也能和观察自然时得到的视觉形象一样；结果他失望地发现，图画中的视觉形象和实体对象之间，失去了通常应具有的相关性。

“在恢复视力一年以后，”切塞尔登先生又说：“这位年轻人被带到埃普瑟姆唐斯②，欣赏那里视野开阔的风景；这令他感到格外开心，并称之为一种新视觉。”②显然，此时的他已经完全理解了视觉这种语言。这开阔的视野呈现于他眼前的视觉形象，不再“触

① 《病例报告》，449。

② Epsom-downs，伦敦东南一风景点，以温泉和赛马场闻名。又译为埃普逊草原。——译注

② 《病例报告》，450。

到”——或者说逼近——他的眼睛了，他也不像术后初期局促在那个小房间里那样，总是把很小的物体看得庞大无比；现在他眼中看到的形象，已经有一个正常的大小比例了。新的视觉形象进入他的眼中，立即像是自动地呈现出与它们所代表的实体对象一模一样的距离感和大小。所以此时的他已经完全掌握了视觉语言，而他是在一年的时间内逐渐达到这个程度的；相形之下，一个成年人完全掌握一门外语可要比这慢得多了。此外，看来他在整个过程的头两个月内便取得了相当大的进步。在较早的那个时期里，他甚至开始理解绘画中呈现的那种较弱的视觉效果；尽管他起初不能区分这种视觉效果与大自然所制造的强有力的视觉效果，然而，假如伟大的视觉原则事先没有在他的头脑中打下深深的烙印，假如他没有一种强烈的期待，认为呈现于眼中的视觉形象必定关联着特定的实体对象——无论这种期待源于联想，还是什么别的未知的机制——那么绘画这种对大自然的不完善仿效就根本欺骗不了他。不过，他的飞快进步可能要归因于我们在前文中已经提到的视觉形象与其所代表的实体对象之间的适切关联。可以说，在这种大自然的语言里面，比拟的相似程度已经臻于尽善尽美；其“语源”和“词形变化”(如果可以这么说的话)要比任何一种人类语言规律得多；其“语法规则”则比人类的语言更少，而且不存在例外的情况。

然而，尽管这位年轻人对视觉形象和实体对象之间的关联的认识可能完全得自于缓慢的观察和体验，我们也不能就此便有把握地得出结论说，幼儿在这方面不具备本能的认知能力。这种本能的认知能力，由于没有在适当的时间里得到运用，有可能被逐渐

荒废，终致完全遗忘；或者（这似乎同样大有可能），这种能力尚有某些不为人知的微弱遗存，在某种程度上成为其他一些认知功能的辅助——假如没有这种辅助，后者的实现可能要比现在艰难得多。

至少，大部分的动物都多少具备这种居于一切经验之先的本能认知力，这一点似乎是显而易见的。母鸡从来不像红雀和画眉鸟那样，直接把食物喂到幼雏嘴里。小鸡们刚刚被孵出来的时候，鸡妈妈就会带着它们到草场上去觅食，在那里，小鸡们个个活动自如，看起来对周围存在的一切物体都有着极为清晰的辨识能力。所以我们常常能够看到，小鸡们在鸡妈妈的示意下，径直飞跑着去啄食极小的谷粒，哪怕那食物距离它们有好几码远。它们似乎一出壳就能理解这种视觉语言，而且理解得极好，毫不逊于长大之后的任何时候。鹧鸪和松鸡这两种鸟类的幼雏似乎同样在生命早期便具备极为清晰的视力。小鹧鸪几乎是一出蛋壳就能在茂草和庄稼的缝隙里跑来跑去，小松鸡则在高高的石南丛中奔跑，假如它们没有最敏锐、最清晰的视力，能够看清楚那些包围着它们、并从各个方向上挤迫着它们的实体物，那就肯定会被那些东西重重地伤到。同样，就我所能观察到的，[①]鸭、鹅以及大部分在地面营巢的鸟类，大部分被林奈（Linnaeus）归在鸡形目和雁形目之下的鸟类，还有被归在高脚目（Grallae）下的许多长腿涉禽，[②]它们的幼雏都有这种本能的认知力。

① 这里所记载的种种实地比较研究，极好地说明了斯密采用的研究方法的实质所在。

② 见于林奈，《自然系统》（*Systema Naturae*）。

至于那些在灌木丛、树顶、悬崖峭壁上的石缝或洞隙等难以接近的地方做窝的鸟类，其中大部分属于林奈分类系统的鹰形目、鹊形目和雀形目之下，它们的幼鸟在刚出壳时似乎并没有视力，并且在之后的至少数天以内一直如此。幼鸟在学会飞翔之前，一直由双亲协力哺育。然而，等到它们飞出巢的时候，亦有可能是在那之前的一段时间里，它们显然已经拥有了极完善的视力，能够非常准确地识别每个视觉形象所代表的实体对象的形状和大小。它们不可能在如此短暂的一段时间之内由经验中获得这些能力，因此，这必然是出自某种本能。鸟类的视觉似乎比其他任何一种动物都更敏锐。它们在长满荆棘的茂密的灌木丛中蹿来蹿去，在盘根错节的幽深林间疾速飞行，却不至于受伤；它们高高地飞在天上，却能发现地面上的小虫和谷粒，并啄以为食。

有几种四足动物的幼仔似乎和大部分在地面营巢的鸟类一样，一生下来就有发育完全的视力。小牛犊和小马驹都是在出生当天或第二天就能跟着母亲到草场上去；它们虽然由于胆怯始终不离母亲左右，但其步态看上去却十分自如；如果它们不能在一定程度上清楚地分辨每个视觉形象所代表的实体对象的形状和大小，它们便绝对做不到这一点。不过，马的视觉分辨力似乎终其一生都无法达到非常好的程度。这种牲口总是容易因多种视觉形象带来的刺激而受惊，而它们如果能够了解这些视觉形象所代表的真实物体的形状和大小，就必不至于因为这些东西而产生恐惧：比如，刚巧位于路边的一截树干或者老树根，一块大石头，或者它所经之路附近的一处断岩。要想让马儿见到某个曾经令它受惊之物的时候不再惊跳，通常需要驭者具备一定的技巧、极大的耐心和好脾气。然而,大自然赋予马的这种视力水平,似乎是从它降生之初便已达到极致,此后一直没有什么变化。

其他四足动物,则像那些在难以接近的地方做窝的鸟儿一样,其幼仔在初生的时候看不见东西。然而它们很快就有了视力,而且一旦能看到,[①]其视力便达到最完善的状态,正如我们在小狗和小猫身上观察到的情形一样。我相信,其他所有猎食动物也是如此,至少,凡我能够搜集到清楚信息的猎食动物都是这样的。它们降生在这个世界的时候都是瞎子,但是一旦睁开眼,就拥有了此生最完善的视力水平。

我们似乎很难做出假设,认为人类是唯一不具备这种先天的本能认知力的动物。然而,人类的婴儿确有很长一个阶段须完全依赖于成人,总是被母亲或保姆抱在怀里才能四处活动;因此,和其他动物相比,在人类婴儿身上,这种本能的认知能力就显得不是十分必要了。无须等到它有发挥作用的机会,观察和经验已经可能通过已知的联想原则,在他们的幼小的头脑里充分地把每个视觉形象及其对应的实体对象适切地联系起来了。可以说,大自然从来都不会将任何非必要的或无用的能力赋予任何一种动物,如果某种动物必须在一种本能有机会发挥任何作用之前就先行掌握了该本能应当教给它的知识,那么此种本能对它来讲,就是完全无用的了。然而,人类孩童似乎在生命的极早期阶段便能认识呈现在眼前的各种实体对象的距离、形状和大小,因此我倾向于认为,他们可能也或多或少地拥有此种本能的认知力,尽管这种能力在

① 这一点可能受到质疑;(视力的发展)可能与运动能力的发展程度有关。

他们身上要比在其他大多数动物身上弱得多。一个刚满月的婴儿就能伸手去触摸任何放到他跟前的小玩具,他能认出自己的保姆和常照顾他的人,对他们表现出亲近和依赖,而对陌生人则不予理睬。如果拿一面小镜子放在一个两、三个月大的婴儿面前,他就会伸手往镜子后面抓,想要摸到他在镜子里看见的那个小孩,他认为那孩子应该是在镜子后面的。当然,他上当了;不过,就算这种错误的认知也能充分地反映出,这个孩子已经很清楚地懂得了一般的视觉透视关系,而对于这么小的孩子来说,这不可能是由观察和经验中习得的。

在我们的其他感官当中,有没有哪一种能够先于观察和经验,清晰地向我们提示某些具有阻抗性的、能引起相应感觉的实体物质的概念(尽管这些感觉与上述物质之间不具任何相似之处)?

味觉肯定不能。在我们体会到这种感觉之前,引起上述感觉的、有阻抗性的实体物质必须触压到味觉器官,并被该器官所感知。因此,味觉永远都不可能先于观察和经验而本能地向我们提示某些关于此种物质的概念。

嗅觉的情形可能与此有所不同。所有哺乳动物(在林奈分类系统中属于"哺乳纲"的动物)的幼仔,无论初生时有无视力,都能马上找到母亲的乳头并开始吸吮。在此过程中,它们显然是依靠嗅觉引导的。气味所起的作用,似乎是激发它们对适当食物的食欲,或者至少是引导新生幼仔找到食物所在的地方,抑或兼具这两方面的功能。当一个人胃里空荡荡的时候,可口的食物所散发的气味便能够激发他的食欲,这一点我们大家恐怕都时有体会。不过,每个新生的动物幼仔的胃里肯定都是空的,它在母腹中获得营养的通道不是依赖嘴，而是与母体相连的脐带。有些孩子在出生时显得非常健康，也像所有正常孩子一样开始吸吮母乳，但是他们马上（或是过了不久）便开始吐奶，并在几小时内呕吐并抽搐而死。尸体解剖发现，他们的肠管（或称肠道）不是完全畅通的，而是在某个地方堵塞住了，像个口袋一样。由此看来，他们之所以在出生时健康状况良好，乃是因为在母腹中通过脐带而不是经过嘴来获得营养。每个动物在其母体的子宫当中孕育之时，其获取营养的方式都是植物式的；也就是说，是由"根部"供养，而不是像动物那样用嘴吃东西；其营养成分向全身各部分的输送渠道也和出生后有很大不同。待到它降生到这世界上的那一刻，大自然从很早以前就开始逐渐为它准备下的另一套供养通道便立即打开了。此时这些管腔内都空空如也，需要被填饱。这种空虚状态伴有一种不舒服的感觉，而肚腹填饱以后则会产生一种愉悦感。适于填充饥肠之物所散发出的气味能使那种不舒服的感觉更为强烈，令人产生饥饿感或者说产生食欲。

然而，一切源于身体特定状态的欲望似乎都同时提示了满足这种欲望的方式；甚至早在获得相应体验之前很久，就对随欲望满足而产生的愉悦有着某种预感。就拿性欲来说吧，这种欲望往往——我则倾向于认为它几乎总是——在人进入青春期之前很久便已产生，[①]故而足以引为一个鲜明的例证。对食物的欲望向新生婴儿发出吸吮的提示，这是他满足食欲的唯一途径。因此，婴儿

① 此处与后世弗洛伊德的论点不谋而合，可谓具有惊人的先见之明；但在当时，作者的同时代人对此如果说不是绝对否定的话，却是抱着怀疑态度的。

总是做出吸吮的动作，吸吮挨到他嘴边的任何东西。甚至当嘴边没有任何东西的时候他也在吸吮，似乎是对于吸吮过程中的愉悦有所预感，所以他才乐于将嘴巴做出吸吮的形状和姿势，这是他获得此种快感的唯一途径。除此之外，在其他一些欲望状态之下，完全不具有经验的想象力，也能对大自然所安排的可令其欲望得到满足的器官产生类似的影响。

气味不仅能够激发欲望，还能指向可带来欲望满足的物体。但是在指引外物所在方向的过程中，它也必定同时显示了某种距离感和外在感的观念，因为这二者必然包含在“方向”的概念之中，也包含在人头脑中关于哪条运动路径能够最方便地克服这个距离、从而令其嘴巴接触到那个可带来欲望满足的未知物体的概念之中。若说气味本身能给出任何关于它所指向物体的形状或大小的预感，这似乎不太可能。对于气味的感觉似乎与事物的形状或大小全无关联，婴儿若对事物的形状或大小拥有任何先在的感觉（这种感觉的存在是极有可能的），那么它很可能并不是直接来自于气味，而是间接地来自该气味所激发的欲望。婴儿在够到母亲的奶头（其吸吮动作的唯一对象）之前，就用嘴巴做出吸吮的姿势和动作，也是出于这种道理。

然而，气味在指示人必须循着哪个方向去找到特定外在物体的同时，它也必定暗示着该物体的存在，至少是给出了某种模糊的概念或先入之见，却未见得给出所指向物体的准确形状或大小。同样，当婴儿的嘴巴被吸引着去寻找那个外在物体（母亲的奶头）的时候，他肯定把引领他的那股气味认作该物体的一部分或是该物体的产物，或者按照后来的命名及模糊的理解，把它认作该物体

的一种性质或属性。

此外，气味还可以或多或少地暗示它所指向的食物的滋味，这种暗示有时甚至可以达到相当明确的程度。实际上，人类各种外在感官的对象，彼此大多不具有相似点。比如色彩，它和物体的质感、冷热、声音、气味及滋味都没有任何关系。然而这一普遍原则却有一个例外，也是唯一的例外：在嗅觉和味觉这两种感觉之间显然存在着某种相似性。大自然赋予我们嗅觉这种官能，似乎是令其作为味觉的先导而存在。它可以在我们品尝食物之先，就让我们在一定程度上了解这食物的滋味会是怎样的。尽管嗅觉和味觉的感受器官不同，但是在很多情况下，前者似乎与后者近乎相同，只不过稍弱而已。故而，我们会很自然地假定，嗅觉可能让婴儿对食物的味道有了某种相当清晰的预感，甚至可能在他真正体验到食物的滋味之前，便已经让他垂涎欲滴了。

在林奈的分类体系当中属于蠕虫纲的众多种类的动物，几乎全都没有头。它们既没有眼睛也没有耳朵，所以看不见也听不见。但是其中许多种类都有自行活动的能力，据观察能够四处活动觅食。它们在觅食的过程中，除了嗅觉之外，没有其他感官能够为其引导。然而，即使运用了最精密的显微技术进行观察，也未能在这些动物身上发现任何明显的嗅觉器官。它们有嘴、有肚肠，但没有鼻孔。或许，它们的味觉器官内包含了某种类同于更高等级动物身上的嗅觉神经的感觉能力。可以说，它们用来进食的器官亦能隔着一段距离“尝”到食物的味道，并让它们循味找到食物所在之处；在它们的身上，嗅觉和味觉可能来自同一个器官，其间的差别无非是在感觉的强弱上有所不同而已。

论到由某种被加热或冷却到比我们自身器官的实际温度更热或更凉的东西所引起的热或冷的感觉，我们不能够说，它们能够先于观察和经验，令我们本能地对于激起此种感觉的有阻抗力的实体物质形成任何观念。前文中关于味觉的讨论放在这里应该说也是非常适用的。在我们体会到上述感觉之前，激发了这些感觉的外在物体所产生的触压，必定不仅让我们对此物形成了某些观念，而且已经确定无疑地让我们了解到其本身存在的外在性和独立性。

如果说，这种热或冷的感觉是由外部气温的高低所引起的，那么情况可能要另当别论。在平静无风的天气里，我们几乎意识不到我们身外的空气是一种实体物质；这时我们可能会认为，冷或热的感觉只是我们自己身体的感受罢了，和外界没有任何关系。不过，从一些事实看，我想我们必须承认，即使在上述情形之下所产生的感觉，也必定能给予我们一些模糊的提示，令我们意识到激发这些感觉的外在物质。比如，一只具有自主活动能力的新生动物幼仔，当它感觉到身体的一边比另一边凉或热，令它觉得舒服或不舒服的时候，可以想象，它就会在没有任何观察或经验作为前提的情况下，本能地使劲向着令它觉得舒服的那一边挪动，躲开那种令它感觉不舒服的环境。然而，这种活动的欲望本身实际上已经预先假定了某种外在性；想要靠近令其感到舒服的一边，或者离开令其感到不舒服的一边。这种欲望至少说明，它多少能够模糊地认识到，某个外在物体或地方乃是造成这些感觉的原因。

经验告诉我们，令人感到舒适的温度水平，对健康是有益的；而当冷热水平令人感到不适的时候，则对人体有害。其危害程度

似乎与人体不适感的强弱恰成正比。如果由于冷或热而产生的不适感达到了疼痛的程度，那么一般说来，人体就会因之而遭到破坏，而且，这种破坏还会来得很快。上天之所以赋予我们这些感觉，似乎就是为了保护我们的身体不受伤害。当周围环境不利于我们的健康或者有破坏性的时候，这些感觉就必然会促使我们产生改变位置的欲望；当周围环境有利于健康时，它们便准许我们，或者毋宁说是诱使我们留在原处不动。然而，改变位置的欲望必然假定了某种关于外在性的观念；或者说，是要挪向某个不同于现在所在之处的地方。即使是留在原地的欲望，也同样有此意味，至少是包含着改变的可能性。假如这些感觉不是像这样模糊地含有某种对于外部存在的本能暗示，那么它们就无法很好地完成大自然创造它们的意图。我本人非常倾向于认为，声音作为听觉的对象，尽管是在耳中且只能在耳中被感受到，但是也同样能出于直觉地、先于一切观察和经验，就激发此种感觉的外在物质给予我们一些模糊的提示。[①] 但是我也承认，我想不起任何一个实例，其中由声音所产生的此种效果能像某些特定情形下由视觉、嗅觉乃至对冷热的感觉所产生的效果那样鲜明。异样的声音或出乎意料的声音总能令我们心生戒备，四下张望，寻找引发或产生这种声音的外在物体。然而，我们认为声音只是一种感觉，或者说，是听觉器官的一种感受，它在大多数情况下对我们既无益处也无害处。声音有悦耳和刺耳之分，但是就其本质来讲，除了这种直接感受之外，

① 尽管斯密的立论基础不是很坚实，但是在“知识的感官来源”这个一般性问题上，这一论点还是很令人信服的。

它似乎并不具有任何意义。因此,它不应激起任何警觉。警觉之心往往是对某种尚不确定的有害之物的惧怕,这种有害之物处于人的直接感觉范围以外、源自某种未知的外在原因。但是,一切动物,其中也包括人,在听到异样的或出乎意料的声音之时,总会在某种程度上产生警觉,受到惊吓,并开始小心翼翼地留心周围环境。这种反应显得如此顺畅,而且瞬时即来,怎么看怎么像是对自然之手直接打下的印记的一种本能联想,根本不必等待过去的任何观察或经验涌入脑海。可以说,野兔和所有那些除了逃跑之外再无其他防身之术的胆小动物,已经把听觉发挥到了最为活跃的程度。看来这种感官的功能似乎在懦弱者身上比较容易达到出类拔萃的境界。①

大自然赋予我们视觉、听觉和嗅觉这三种感官,其目的似乎并不像是为了让我们了解自身所在的实际位置,而是为了让我们感知周围的外在物体,这些物体虽然与我们还隔着一定的距离,但是它们的影响迟早会波及我们现时置身之所,最终将给我们带来益处或害处。

① “懦弱者”似乎是斯密念念不忘的一个概念(参见《古代天文学的历史》,第二部分,第1段),与此类似,“猎人”也是他经常谈到的一个话题。

论所谓模仿艺术中模仿的本质

第 一 部 分

对于任何一个物体最完美的模仿，显然就是尽可能精确地按照前者的样子仿制出另一个与其同类之物。即以我面前的这块地毯为例，对它来说，什么是最完美的模仿？——当然是另一块地毯，一块尽量精确地仿照前者的图案织成的地毯。但是，无论这第二块地毯多么精美、多么有价值，其美与价值也没有一丝一毫来自它作为仿品的身份。它并非原创，而只是一件模仿之作，只此一点便会令其身价贬损；而其贬损的程度，则与该作品本身受人赞赏的程度成正比。如果只是一块普通的地毯，即便是仿品亦无大碍；因为这种大路货，原本也没有多少美感或价值可言，我们一般会觉得没有必要去考虑其原创价值是否受到了损害；但是，如果那是一块织造得精美绝伦的仿品，那么它的价值就会因其仿品身份而大打折扣。假如该物品的重要性还要超乎上述的层次，那么，这种所谓的奴性模仿，便恰恰成了鉴赏家眼中最不可饶恕的缺憾。比如，你若在别处另造一座圣彼得大教堂或圣保罗大教堂，无论其规模、比例以及建筑装饰，都与罗马及伦敦的现有建筑物一模一样，那么，

即使你花费再多的钱、把它打造得再富丽堂皇，你的作品依然会因为天才和创造力的极度匮乏，而显得黯然无光。

同一件物品的各个对应部分之间的精确相似，通常会被看作一种美，而缺乏这种相似性则被视为一种缺陷。比如，人身体对应的肢体，建筑物相对的两翼，一条小路两边的夹道树，一块地毯的图案或一座花园[①]中布局的对应部分，一个房间里面对应部分的桌椅摆放，等等。不过，在同类的物体当中，彼此独立、没有关联的个体之间如果精确相似，则很少被视为一种美，而缺乏这种相似性也不会被看作是缺陷。比如一个人（或者一匹马），其美或丑只取决于他（它）本身固有的形貌优劣，并不在于他（它）与另一个人（或另一匹马）是否相像。同一辆双驾马车上所配的两匹挽马，如果形貌一致，看起来的确更漂亮；但是在这种情况下，每匹马并不是被视为一个独立的、与另一匹马没有关联的个体，各自也不能单独构成一个整体；它们都只是某个整体的一部分，它们各自理应与另一部分之间具有某种一致性。如果拆开对子，则无论其中的一匹马长得像不像另外一匹，都将无碍于对其美丑的评判。

即使在同一件物品的各个对应部分之间，一般我们所要求的也无非是一种大轮廓上的相似而已。如果我们对一件物品进行总体的概览（而不是单独对每个部分加以仔细审视，将其分别视作独立的、与其他部分没有关系的个体），在其各对应部分的内容比较细小以致看不太清楚的情况下，我们有时候甚至会觉得，像那样超出了大概齐的水准而去追求每一细节的精确相似，反而是一种不

① 指讲究对称之美的欧式花园。——译注

讨喜的行为。比如,我们往往在一个房间的对应部位悬挂一些尺寸相同的画作,而这些画作之间的相似之处,也仅在使用同样的画框装饰,或是表现了同一主题而已:其中一张如果是风景画,另一张也应该是风景画才好;一张若是表现宗教主题或狂欢宴乐的主题,那么另外一张最好也能与其配套。谁都不会在这些画框里装上一模一样的画作。而这些画框,以及如前所述数幅画作之间的共同点,都是观者一眼便可以了解,或是站在同一位置上即可一览无余的。假如观者想看清楚每幅画作的细节并深入理解其中的含义,他就必须站在某个特定的位置上,把它们分别作为一个个单独的、与其他部分没有关联的个体对象,再加以仔细地审视。在一座用雕像装饰的大厅或者门廊里,安放雕像的壁龛或是基座可能完全一模一样,但是那些雕像却总是形象各异;甚至有时镌刻在同一拱廊的各块拱心石上、或是常见于同一立面对应方位的门楣或窗口上的怪诞人面装饰,它们的形态虽然在大体上彼此相似,但它们的样貌都各具特点,做出的怪相也不同。有些哥特式建筑,其各对应位置的窗仅在大体上相似,较为细小的装饰和局部则不尽相同。这些地方之所以形态各异,皆因其建筑师认为它们都属于琐细之处,如果不是把每一扇窗都作为独立的个体而仔细地加以审视,仅仅是作为一种概览,人们是看不清楚个中有何差别的。但是我以为,像这种花样上的变化并不足取。那些在美感方面稍逊一筹的物体,比如画作的饰框、放置雕像的壁龛或者基座等,往往也会被添加某些矫揉造作的花样变化;可是这样一来,反倒会少了一份简明、一种叫人一眼望去便能了然于心的自在之美;而这种美,正是全然一致的样式所能带来的自然效果。在科林斯式或爱奥尼亚式的柱廊当中，每根圆柱的样式都是一模一样的，它的这种相似性不仅仅局限于大的轮廓上，就连每一个最细微的装饰都无不相同，虽说必须要凑到其中某一根柱的近前去细细地审视分辨，才能把这些圆柱，以及柱间的每一处柱上楣构看得清楚。按照当前流行的风尚，人们通常会在同一个房间的对应部位摆放上几张嵌花装饰的桌子，而每张桌子只是在镶嵌的图案上有所不同，此外一切细小精致的装饰全都是一样的。至少就我的观察而言，情况正是这样的。而这些细部的装饰，则需要人们凑近仔细地分别审视，才能看得清楚。

两个自然物体的极度相似，比如一对双胞胎之间的相似，经常被视为一种稀奇的现象；他们双方的这种相似性，既不会增加也不会减损其中任何一方作为独立个体的美。但是对于人造之物却不是这样，如果两件人造之物彼此一模一样，那么这种相似性至少会使其中一件的价值有所贬损；因为这种现象似乎证明了，在二者当中至少有一件是仿品——或许是其中的一件模仿了另一件，或许是它们共同模仿了二者之外的某件原作。可以这样说，即便是一幅模仿的画作，其价值也不在于它和原画多么精确相似，而在于它和原画所意图描摹的那件物体之间的相似程度。仿品的拥有者极少会因为它与原作的相似而沾沾自喜，反倒经常会急切地否认这种相似性所赋予它的任何价值。他往往急于说服自己和别人，相信此物乃是原作而非仿品，而原本被视为原作的那一幅才是仿品。然而，无论仿品由于本身和原作的相似而获得了什么样的价值，其原作却绝不会从这种相似当中获得任何价值。

尽管一件艺术作品极少会因为它与同类的另一件艺术作品的

相似而获得任何价值，但是它却经常会因为与另一种类物体的相似而大大增值，无论后者是艺术作品还是自然物体。某位勤勉的荷兰艺术家在图画中绘制的布匹，通过阴影和色彩的巧妙运用，将羊毛织物的绒面和柔软的质感描摹得惟妙惟肖，仅仅是这种相似性本身，便足以赋予它一定的价值，哪怕他所模仿的对象只是我面前这块蹩脚的地毯而已。在这种情形之下，作为模仿品的画作的价值，可能且极有可能比原来的实物高出许多。假如我们把这块实物地毯作为这幅画的背景铺展在地上或桌上，并将观者的视角及光影效果设置得与画作丝毫不差，通过这样的强调，我们就可以更加显示出画家模仿技能的高超。

绘画艺术是在平面上制造某种效果，来模仿存在于另一平面或三维立体中的实体物质；而在雕塑艺术中，则是用一种实体物质材料来模仿另一种物质的实体。论到模仿物与被模仿物之间的差距，那么前一种艺术要远远地大于后一种艺术；而艺术模仿所引发的愉悦感的强度，则似乎与上述的差距成正比。

在绘画艺术中，模仿总能给人带来愉悦，哪怕被模仿的对象只是一个普通的，甚至是令人反感的物体。雕塑艺术则不然：除非被模仿之物具有很高程度的美——无论是壮美、优美，还是趣味之美——否则的话，艺术家通过模仿它们而创造出来的雕塑作品，便极少能够取得令人赏心悦目的效果。日常生活里肉贩的摊位、厨房里摆放盘碗的橱柜，以及这些地方通常会有的各种杂物，当然都算不上什么赏心悦目的描摹对象，甚至对于绘画来说也是如此。然而，在某些荷兰绘画大师的笔下，它们却被表现得如此精细、如此成功，以致人们面对这样的画面，内心不禁会产生出某种程度的愉悦感。同样是这些物体，虽然也能够用雕塑来加以模仿表现，然而以它们作为主题的雕塑，其效果必定是极其愚蠢且可笑的。在绘画作品中表现某个非常丑陋或畸形的人，例如伊索或者斯卡隆，[①]其画作本身或许并不令人反感；但是如果表现在雕塑中，则必定如此。甚至那些正在从事日常粗俗劳作的愚夫愚妇，正如我们怀着莫大的愉悦在伦勃朗（Rembrant）的画作中所见的人物，若是出现在雕塑作品当中，就会显得过于粗陋了。

像朱庇特、大力神赫拉克勒斯、维纳斯、狄安娜、水泉女神、美惠三女神、酒神、墨丘利神、美少年安提诺乌斯（Antinous）和梅利埃格（Meleager）、拉奥孔（Laocoon）的惨死、尼俄柏（Niobe）儿女们的不幸命运、摔跤手、搏斗中的和垂死的角斗士、男女神祇及英雄们的形象，以及样貌最完美、姿态最高雅，或处于最令人意兴盎然、遐思无限的情境当中的人类形体，这些才是雕塑艺术的合宜表现对象，因此也永远是雕塑艺术最钟爱的主题。此种艺术无法屈尊纡贵去表现任何令人反感的、粗俗的，哪怕仅仅是平庸的对象，否则就会降低其自身的格调。相形之下，绘画艺术便没有那么高高在上；它能够表现高贵的事物，也同样能描摹一些卑微之物，这样做并不至于丧失其本身令人赏心悦目的格调。无须借力于被模仿之物的价值，高超的模仿本身便能够撑起绘画作为一门艺术的尊贵；然而在雕塑艺术中，单凭模仿本身并不足以如此。故而，我们似乎可以说，一种艺术当中的模仿要比另一种艺术当中的模仿

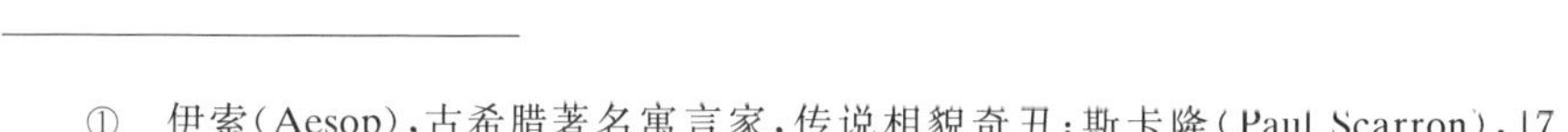

① 伊索（Aesop），古希腊著名寓言家，传说相貌奇丑；斯卡隆（Paul Scarron），17世纪法国诗人、剧作家，从28岁起便瘫痪在床。——译注

更具价值。

在雕塑作品中,人物几乎不穿什么衣服也是可以的。古代最好的人物雕像不是完全赤裸也是基本如此;至于那些有任何衣物蔽体的,其用料则统统被表现为湿麻布——这样的服饰,无论在哪个国家都不可能在现实当中被接受。再者,这些衣物又显得过分地贴身,透过那些细密的衣褶,人的肢体乃至每一块肌肉的形状和轮廓都被鲜明地显现出来。如此一来,其效果也都接近于赤身裸体了。在那些伟大的古代艺术家们的眼睛里,似乎这种几近完全赤裸的样子,才是最适合于雕塑这门艺术的。有一位杰出的罗马画派画家,其画风差不多完全建筑在对古代雕塑的研究之上;起初,他在画中照搬了古代雕塑对人物衣饰的处理,但是他很快发现,这样的人物出现在绘画当中,就会显现出一股寒酸之气,仿佛画面当中的人物穷到了衣不蔽体的地步。反之,衣褶宽大、线条流畅的宽松式服装,才更适合于作为他这门艺术(绘画)表现的对象。像衣服这样不甚重要的物件,如果能够被惟妙惟肖地描摹入画,便足以带给人们愉悦;而为了最大限度地体现出服装的美,那就有必要把它描画成宽松流畅、衣袂飘扬的样子。在绘画作品中,完全没有必要让四肢乃至全身的每一块肌肉的形状和轮廓都从衣衫底下凸显出来;画家只要能够大致地表现出人物主要肢体的位置和运动趋势就足够了。绘画艺术凭借特有的模仿力及其优长,在很多情况下,让高贵之物和卑微之物共处一堂,而不至令人睹之不快,其主要的奥妙便是利用前者遮挡了后者的一大部分,或者完全遮蔽了后者。相比之下,雕塑作品即便再刻意经心,也极少能够做到这一点;而在一种艺术形式当中显得高贵堂皇的衣饰,如果原封不

动地照搬到另一种艺术形式当中，就会显得拙劣难看。尽管有如此共识，现代的一些艺术家们还是做出了把画中服饰引入雕塑的尝试。或许这些作品并不都像西敏寺中那些头戴假发的大理石雕像一样滑稽可笑；但是，即使它们并不都是拙劣难看的，至少也是平庸无味、乏善可陈的。

许多事物被表现在雕塑中之所以不如在绘画中那样令人赏心悦目，并不是由于雕塑作品缺少色彩之故；深究其原因，乃是由于模仿物与被模仿物之间的差异不够大，尚不足以使得它对一件本身乏味之物的模仿变得有趣。当雕塑作品被涂以色彩之时，非但不能增添观者由艺术模仿当中获得的愉悦，反而几乎完全泯灭了这种感受；这是因为，此举破坏了上述愉悦的主要来源，即模仿物与被模仿物之间的差异性。一件有色彩的实体物质可以和另一件有色彩的实体物质完全相似，这件事情在人们看来并不是什么了不得的奇迹。涂上色彩的雕像与真实人体形象的相似程度当然要超过任何没有涂色的雕像，然而人们却公认涂色的雕像看起来很别扭，甚至让人反感；我们非但不会因为这种高度相似而感到愉悦，相反，这样的相似永远都不会让我们满足；我们在一再地审视之下，总是感觉到它与我们想象中的样子还有一段差距：虽然它与原物是那么惟妙惟肖，所差的只是没有那股鲜活的生命，但是我们却不会原谅它的这种缺失，尽管那是它永远无法做到的事情。莱特夫人[①]是一位自学成才的出色艺术家，她制作的蜡像与原物无

① 佩兴丝·莱特夫人（Mrs. Patience Wright），1725 年生于新泽西，1772 年迁至伦敦，此后一直居住于该城，直到 1786 年辞世。她制作的蜡像当时曾风靡一时，其中有许多和原物 般大小。（《英国人名词典》）[1775 年的第 555 期《伦敦杂志》（*London Magazine*）上刊有一则她的作品展览启事。]

不毕肖，其逼真程度比我见过的任何模仿品都更加完美；如果用于展览，无论在过去还是现在，它们都非常令人赞叹；然而，即使是其中最上乘的作品，如果我们把它带回自己的家中，摆放在一个随时可见的地方，那么它就不再是一件美的装饰，反而变成了一件极其刺眼的家居摆设。同样，涂色的雕像也普遍地遭人诟病，因此我们几乎从来见不到有色的雕像。虽然为雕像的眼睛着色者并不十分罕见；不过，即使这种做法，也无法让有鉴赏力的人表示赞赏。"这样做让人受不了，"一位对这门艺术极为精通并具备出色判断力的绅士曾经这样表示，"真的受不了，我总是想让它们开口对我说话。"

仿真的水果和花卉有时做得和自然界中的原物如此相像，以至于常常欺骗了我们的感官。然而，我们很快就对它们感到厌烦了，尽管它们似乎除了鲜活的生命之外什么都不缺，而获得生命对于它们而言又是完全不可能的事情。然而，同样是描摹花卉和水果，一幅出色的绘画却不会令人产生审美疲劳；科林斯式柱头上雕刻的叶饰和花卉纹样也同样令人百看不厌。绘画和雕塑当中的模仿从来达不到以假乱真的地步，它们和原物之间的相似度总是远远比不上仿真的水果和花卉。尽管如此，对于这种状况我们却感到满足；而且，当模仿物与模仿对象之间存在这种差距的时候，我们每每还觉得这件作品好得不得了，或者说它与我们的期待完全相符。如果我们为那些柱头的叶饰和花卉涂以天然的颜色，其结果非但不会使它们更加赏心悦目，反倒会令其美感大大地降低。涂色之后，它们的逼真程度虽则大有提高，但是模仿物与被模仿物之间的差距也随之大为缩小，而且其逼真度又无法达到完美，以致虽有如此之高的相似度也无法令我们感到满足。可是，当模仿物与被模仿物之间存在着很大差距的时候，我们反倒经常满足于这种并不完美的模仿；比如，贝雕工艺品当中所表现的水果和花卉，无论在形态抑或颜色上都算不得非常逼真，然而人们对它们并不十分苛求。

不过，你可以发现，雕刻出来的花朵和叶饰虽然作为建筑物的装饰是令人愉悦的——换言之，此时它们的存在是为了烘托另一个更为重要之物体的美，但是，如果你将其分隔出来，把它们作为独立的、与其他物体没有关联之物来看待的时候，它们就不像描摹花卉、水果的画作那么具备欣赏的价值了。花朵和叶片，无论其自身多么优雅、美丽，都还不足以引起我们的兴趣；如果要我说，它们还不够高贵，不足以成为整件雕塑作品所表现的对象，从而独立地、而不是仅作为其他物体的附加装饰，给人带来美的愉悦。

挂毯和刺绣与绘画一样，有时也会在平面上再现三维的实体物质。但是无论是织工的织梭还是绣工的绣针，其模仿能力都远远比不上画师手中的画笔，因此当我们发现其作品的逼真程度与绘画相差甚远之时，并不会感到意外。对于前述工具的不尽如人意，我们每个人都曾经或多或少地有所体验，所以，我们在欣赏挂毯和刺绣作品的时候，从来不会拿它们去和优秀的绘画作品相比，因为它们根本禁不起这种比较；如果一定要比的话，也只能与其他挂毯和刺绣类作品相比较。在这种情况下，我们不仅不在乎模仿物与被模仿物之间的差距，同时也不在意模仿工具的笨拙；只要它们在这种条件下不辜负我们有限度的期待，或者能比大多数同类的作品更好一些，我们便往往不仅感到满意，而且还能从中得到很大的愉悦。

一位好的画师常常只用几天工夫就能画出一幅作品，然而要在织毯上面表现同样的主题，哪怕最好的织工也需花费数年时间。如果按照花费的时间来衡量，后者所获得的报偿总是远远低于前者；然而，当他们的作品最终出现在市场之际，后者的价值却通常较前者高出许多。精美的挂毯价值连城，总是被用来装饰王公贵胄的府第，所以在大多数平民百姓的眼里，它们便具有一股雍容华贵的气派，由此便进一步弥补了其模仿能力的不完善。当艺术所面向的不是有鉴赏力的智者、而是那些旨在炫富的权贵之时，那么，只要一件艺术品看起来极其昂贵、只有极少数人才能支付它的身价，以此作为其富贵的决定性标志之时，那么，哪怕实际上它并不属于精美上乘之作亦无大碍，同样能够受到世人的追捧；这种现象在生活当中不足为奇。[①] 价格昂贵往往能为一件物品增色，同样地，过于廉价也常常会降低一些物品的吸引力，尽管这些物品的本身相当不错。真假珠宝之间的差异，有时就连富于经验的珠宝商也很难分辨。假设有一位不知名的女士戴着华丽的钻石头饰出现在大庭广众之下，这时只消有一位珠宝商悄悄地在我们的耳边低语说，其实这些钻石都是假的，那么这位女士在我们心目当中顿时就会从高贵的公主降格为一个普通的妇人；不仅如此，那件头饰

① 参见《国民财富的性质和原因的研究》，I. xi. c. 31（“论有时提供有时不提供地租的土地生产物”），其中对这一论点进行了详细阐述。关于富人的这种心态，斯密评论道：“在他们看来，有几分用处或有几分美的物品，由于稀少而大大增加其价值，换句话说，由于收集相当数量的这种物品，需要有很大劳动量，而这么大的劳动量的代价，只有他们才能支付，因而大大增加其价值。他们情愿用较这种物品美丽得多、有用得多，但比较普通的物品更贵的价格来购买这种物品。”

也仿佛立刻便失去了原有的华美，变成了一件贸然出现在不适当场合的俗丽佩饰。

若干年之前，曾流行在花园中栽种紫杉和冬青树，并将树冠人工修剪成金字塔、圆柱、花瓶、方尖碑等形状，以此作为装饰。如果按当今的时尚看待，这种品位是违反自然意趣的。然而，从理论上讲，若将紫杉修成金字塔或方尖碑的形状，未必就比用斑岩或大理石塑成的更为不自然。当园艺家把紫杉树冠修剪成这种人工形状而呈现于大家眼前的时候，他并不是想让人以为这棵树是天然长成如此形状的。他的用意首先是，赋予它规则形状所蕴涵的美，如同用斑岩和大理石雕出的规则形状一样令人赏心悦目；其次，他以生长的树木来模仿那些材质珍贵的装饰物，就是要用一种类型的物体来模仿另一种属于完全不同类型的物体；于是，此举便将原初的形状之美与相对的模仿之美结合起来了。不过，模仿之美的基础乃是模仿物与被模仿物之间的差距，因为当一个物体天生与另一个物体不具相似之处、而我们却用人工手段造成了这种相似的结果之时，我们就会为之欢喜得意。可以这么说，园丁手中的大剪刀作为一种雕塑工具，实在是非常笨拙的；当我们利用它来加工植物，模仿人或动物的形象时，毫无疑问更是如此；可是，若想塑造一些简单的规则形状，比如金字塔、花瓶、方尖碑等，即使用园丁的大剪刀也可能做得很好。对于这件工具必然存在的那种不完美，人们自然地会给予一定程度的宽容，如同对待挂毯和刺绣的情形一样。总之，下一次你若有机会见到那些已经显得过时的花园装饰时，最好先冷静一下，按捺住内心里那股亟欲充当批评家的愚蠢冲动；那时候你就会认识到，它们还是有几分美感的：至少，它们使整

座花园显得整齐利落，养护得法；另一方面，这种趣味与弥尔顿诗中[①]所写的“乐于在整齐林园中悠游的闲情逸致”也不无相似。那么，究竟是出于一种什么样的原因，竟使人们如此众口一词地批评它们呢？人人都了解，用大理石雕塑的金字塔或方尖碑材质贵重，雕工更是价值不菲；但若换成用紫杉树修剪而成的金字塔或方尖碑，材料的成本就变得极为低廉，手工的价钱更不值得一提。前者由于其造价昂贵而被人高看一眼，后者则因其廉价而遭到轻视。在蜡烛商的后花园里，我们有时还能见到许多修剪成圆柱状、花瓶状和其他形状的紫杉树装饰，其种类并不比凡尔赛宫花园里的大理石和斑岩装饰更少。正是由于它们的这种通俗的特性，所以才会被看作下里巴人的东西。傲慢虚荣的有财有势者绝不会允许平头百姓皆能拥有的装饰品进入自家的花园。[②] 这种装饰趣味最初是从法国传到我们这里的；尽管我们有时指责法国人的时尚潮流变化无常，但是这种花园装饰风格在那个国家却至今兴盛不衰。在法国，下层人民的生活景况很少像英国百姓这么好；[③]你甚至极少在蜡烛商的花园里发现用紫杉树修剪成的金字塔形、方尖碑形的装饰。在那个国家里，这种装饰还没有普及到下里巴人的层次，因此还不至于从王公贵胄的花园里被贬黜出去。

---

① 《沉思颂》(*Il Penseroso*)，49－50。

② 参见《国民财富的性质和原因的研究》，I. xi. c. 31：“在大部分富人看来，富的愉悦，主要在于富的炫耀，而自己具有别人求之不得的富裕的决定性标志时，算是最大的炫耀。”

③ 参见《国民财富的性质和原因的研究》，I. ix. 9：“法国的工资比英国低。你如果由苏格兰到英格兰去，你所看到的这两地普通人民服装和颜色的差异，可充分表示这两地社会状况的差异。然而，假如你从法国回到英国来，这种对照就更为鲜明了。”

我们看到，那些雕塑和绘画艺术当中的大师级作品，从来都不靠以假乱真来打动人。它们不会、也不应当错误地被当成被描摹的实物对象。涂了色的雕像有时在不经意之下可能蒙骗过人的眼睛，但是规范的雕塑作品从来都不会这样。那些应用透视法绘成的、有意凭借以假乱真来吸引眼球的画作，总是绘在一些很简单的、无足轻重的物件之上，比如一轴纸卷、或者位于过道或画廊幽暗角落的楼梯台阶上。这些画的绘制者也通常是那些艺术造诣较低的画家。这样的画作，初见之下可能如画家所愿，会给人带来些许的惊讶，通常还会伴着欢笑；但是在看过一次之后，它们便再不能提供更多的愉悦了，从此在人们的眼中变得了然无趣、令人厌倦。

我们由绘画和雕塑艺术中获得的真正乐趣，非但不是来自以假乱真的效果，反倒与之完全抵触。这种乐趣完全在于我们看到一种类型的物体竟能如此惟妙惟肖地模仿另一种属于完全不同类型的物体时心里所产生的那种稀奇的感觉，以及对于艺术的赞叹——因为它竟如此轻松自如地跨越了大自然在这两种不同类型物质之间设置的间隔。格调较高的雕塑和绘画作品，在我们眼中是一种美妙的事物，它们不同于大自然中的那些美妙事物本身，其差别就是，前者附带了对这种美妙现象产生原因的一种解说，甚至把创造这种美妙的方式方法都呈现在人们的眼前。哪怕是未经训练的观赏者，也能一眼便在某种程度上辨识出艺术家是如何运用特定的雕刻与塑形手法或以颜料配置涂抹出的明暗色彩，忠实而又栩栩如生地表现出人物的行为、动作和情绪情感，以及表现多种多样其他事物的。在令人愉悦的新奇感之外，还伴生着更加令人愉悦的科学知识上的满足。这些作品的艺术效果令我们心生好奇和赞叹；在因此而喜悦的同时，又愉快地发现，我们也能在某种程度上了解这种美妙的效果是怎样被制造出来的。

一面好的镜子能够把它对面的物体真真切切地反映出来，其映像要比任何雕塑或绘画作品都更加准确、生动。然而，尽管我们的头脑可以理解其中的光学道理，但是镜子本身并没有向我们展示这种效果的发生机制。因此，它有可能让无知者心生好奇；我曾经看到过那等从未见过镜子的愚笨者，他们的好奇心之盛，几乎达到狂喜入迷的程度；可是，这种情形并不能给予人们科学知识上的满足。所有的镜子都是以同样的构造、通过同样的方式而产生映像效果的。而每件不同的雕塑作品、每幅不同的画作，其达成艺术效果的手段虽然基本相似，却绝对各不相同，这些手段在具体运用当中又总是各有不同的方式。每件好的雕塑作品、每一幅绘画佳作，都是一个全新的、令人称奇的创造，同时又在某种程度上携带着对于自身的解说。所有的镜子在使用和接触一段时间之后，其神奇感便都荡然无存，哪怕再无知的人也会逐渐熟悉了这件东西，习惯了它的映像效果，不再有什么稀奇之感。[①] 再者，镜子所提供的只是映像而已；一旦我们的好奇感已经消磨殆尽，我们便会无一例外地选择去观察实物，而不只满足于看它的映像。因而，一个人自己的脸乃是镜子所能呈现给他的最适意的对象，也是唯一能让人百看不厌的对象；在现存的一切事物中，唯有我们自己的脸是只能从映像当中看到的：无论是美是丑，是年轻或是老迈，这张脸永

① 参见《天文学的历史》，第二部分。

远与你的心意相通，它的样子总是与你揽镜自照之时的情绪、情感或激情真切相符。

在雕塑当中，用于制造美妙艺术效果的手段似乎要比绘画中使用的艺术手段更简单、更明显。当模仿物与被模仿物之间的差距较大时，用以克服上述巨大差距的艺术便明显地建立在更为深奥的科学原理的基础之上；这一点我们几乎仅凭肉眼就看得出来。即使绘画中所表现的主题再微不足道，我们也常能愉快地追寻到其中用来超越上述差距的巧妙方法。但是，对于雕塑作品，我们就做不到这一点，因为在雕塑艺术中，模仿物与被模仿物之间的差距不像在绘画中那么大，所用的艺术手段便显得不如前者巧妙。正是出于这个原因，我们经常能带着愉悦的心情去观赏绘画作品中所表现的许多事物，而同样是这些事物，若是以雕塑的形式加以表现，则会令人觉得平淡乏味，产生厌倦心态，似乎根本不值一看。

然而，应该注意到，尽管雕塑的模仿艺术较之绘画的模仿艺术在许多方面显然略逊一筹，但是如果我们在某一房间内同时摆放一些艺术造诣上大体属于同一档次的画作与雕塑作品，我们便会发现，相比之下，雕塑作品往往更能吸引人们的目光。一般说来，一幅画作只有一个或极有限的几个最佳观赏角度，其呈现于人们眼中的，也永远是一成不变的对象。而雕塑作品则有许多不同的最佳观赏角度，从各个角度去看，我们眼中所见也各不相同。我们由一尊好的雕像中所获得的乐趣较之由一幅好的画作中获得的乐趣更加丰富多彩；一尊雕像经常会成为许多好的绘画作品的主题，且每幅画作都各不相同。当我们把这样的画作摆放在原雕塑作品旁边的时候，在两相对比之下，我们才会发现，画中借明暗关系所体现出来的凹凸感显得弱了许多,甚至几乎完全看不出了。无论这两种艺术之间的关系显得多么密切,它们彼此却非常地不协调,以至于这两种作品也许根本不应当被并列摆放,不应该一道被观赏。

第二部分

对于人来说,除了各种肉体欲望的满足所带来的愉悦之外,似乎再没有比通过音乐和舞蹈的方式而获得愉悦更为自然了。在艺术发展和人类进步的过程中,它们或许是最早的、由人类自己发明的获得愉悦的方式:因为,由身体欲望的满足所带来的愉悦不能称作人类自己的发明。迄今为止,我们还没有发现任何一个文明水平低到完全没有音乐和舞蹈的国家。甚至可以这么说,越是不开化的民族,其生活中对音乐和舞蹈的运用就越是经常和普遍,比如非洲的黑人和美洲的土著部落就是这样。在文明国家里,社会底层民众几乎没有什么闲暇,[①]而地位较高的人则拥有花样繁多的娱乐项目;因此,无论贫富贵贱,人们都不会把大部分时间花费在音乐和舞蹈上。而在野蛮部落里,大多数的人时常拥有大量的闲暇时间,其他种类的娱乐手段又极其有限,因此,他们自然而然地会把很大一部分时间用来唱歌跳舞,这几乎是他们唯一的消遣。

---

① 斯密在讨论社会分层及劳动分工所带来的后果时,充分利用了这一观点。参见《国民财富的性质和原因的研究》V.i.f.,52–53,以及“论青年教育设施的费用”一节。另参见该书V.i.g.15,斯密在此处提出,应当鼓励那些“在不流于伤风败俗的范围内”……“以绘画、诗歌、音乐、舞蹈,乃至一切戏剧表演引人发噱,为人解闷的人”。

古人所说的 Rhythmus(律动),也就是我们现在讲的节拍(Time)或节奏(Measure),乃是联结上述两种艺术的要素。音乐是由一系列特定的声音串联构成的,而舞蹈则是一系列特定的舞步、姿势和动作的串联,二者都是在某种节拍或节奏的制约下,形成一个整体或体系;①这种整体或体系,在前一种艺术中就是一首歌或一支曲调,在后一种艺术中就是一段舞蹈,舞蹈的节拍或节奏总是与相配的歌曲或曲调的节拍完全一致。②

人咽喉部位的声带,永远是最好的"乐器",因此,它自然而然地成为人类最早使用的乐器:在歌唱或倾向于歌唱的最初尝试之中,人嗓所发出的声音会自然而然地接近于那些人们早已熟悉的声音,即这样或那样的语音,只不过在发音时是有节拍的,而且声调通常比平时说话的时候更优美一些。然而,这时出现于歌中的字词却可能不具任何的意义,并且在此后的很长一段时间内都是如此,它们就像我们在做视唱练习时所发出的音节一样,或者和普通歌谣里的"唧里格唧"差不多,其唯一的作用,就是帮助我们在歌唱时形成抑扬顿挫的曲调,并按照曲调的节拍延长或缩短发声。鉴于这种原始形式的声乐是至为简单、最平淡无奇的,因此,它当然应该是最早出现的音乐。

在接下来的年代里,这些无意义的或者说纯音乐性的字词(如果可以这样称呼它们的话),必定被一些具有某种含义并且发音与曲调的节拍分毫不差的字词所代替——其相符的程度与之前那些

---

① 这里以"体系"一词指称有节奏的一系列声音或动作,在以下的第二部分第29段中,斯密对这种用法有进一步的解释。

② 本文第三部分之后附有作者对音乐、舞蹈和诗歌之间类同点的论述。

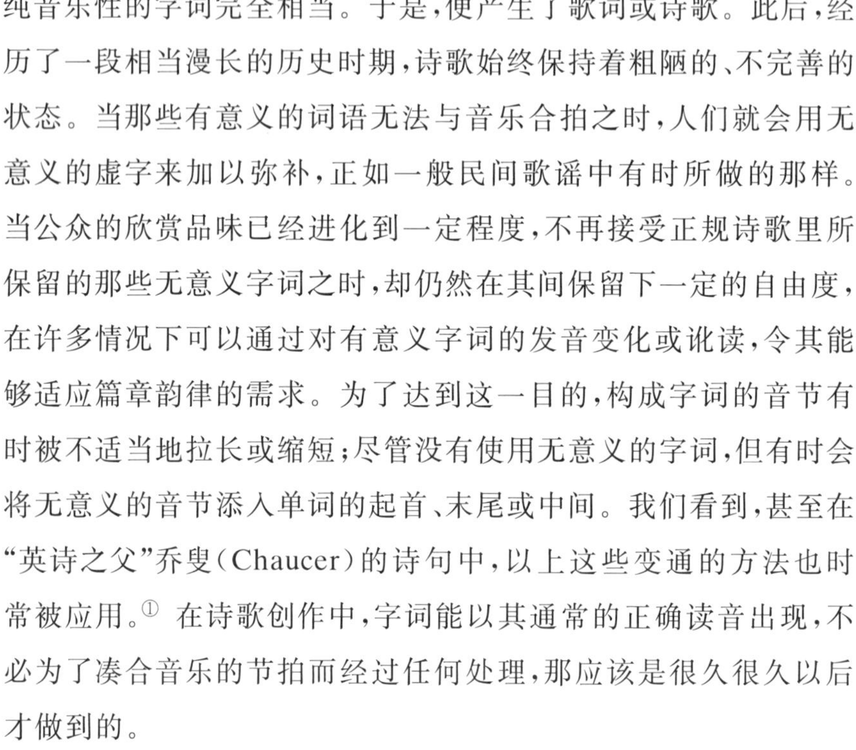

纯音乐性的字词完全相当。于是，便产生了歌词或诗歌。此后，经历了一段相当漫长的历史时期，诗歌始终保持着粗陋的、不完善的状态。当那些有意义的词语无法与音乐合拍之时，人们就会用无意义的虚字来加以弥补，正如一般民间歌谣中有时所做的那样。当公众的欣赏品味已经进化到一定程度，不再接受正规诗歌里所保留的那些无意义字词之时，却仍然在其间保留下一定的自由度，在许多情况下可以通过对有意义字词的发音变化或讹读，令其能够适应篇章韵律的需求。为了达到这一目的，构成字词的音节有时被不适当地拉长或缩短；尽管没有使用无意义的字词，但有时会将无意义的音节添入单词的起首、末尾或中间。我们看到，甚至在“英诗之父”乔叟（Chaucer）的诗句中，以上这些变通的方法也时常被应用。[①] 在诗歌创作中，字词能以其通常的正确读音出现，不必为了凑合音乐的节拍而经过任何处理，那应该是很久很久以后才做到的。

歌词会自然地表现出与曲调相符的情感，或庄严、或轻快，或欢乐、或哀伤；歌词与曲调融为一体，为曲调赋予了含义；如果没有歌词，曲调中的某些地方便会显得没有意义——至少其意义是朦胧不清的。

哑剧舞蹈一般也能达到同样的目的，其中对于爱情或战争故

① 托马斯·蒂里特（Thomas Tyrwhitt）版《坎特伯雷故事集》（*The Canterbury Tales*）按照韵脚需要将单词词尾处理成-e或-es等形式，从而颠覆了先前认为乔叟书中的行文没有韵律的观点。参见德莱顿（Dryden）《古代和现代寓言集》（1700）的序言。这里所说的错误假定，即认为上述“无意义的”音节的有无是一种随意的韵律处理的观点，在今天依然很流行。

事的表现，似乎也以舞蹈动作为本无含义的音乐赋予了此种意义。这种舞蹈用姿势和动作来模仿日常生活中的活动，较之歌词或诗歌这种表现形式来得更为自然。其思路本身更清楚，表演起来也容易得多。如果是伴着音乐进行模仿，那么表演者便会自动地、几乎是下意识地随着乐曲的节奏做出种种的动作，特别是当一个人边唱边跳地表演时，据说，这种情况在非洲和美洲的未开化部族中十分常见。在人类发明诗歌之前，至少是诗歌得到普遍应用之前的许多个世代里，哑剧舞蹈就是以这种方式为音乐赋予了清晰的含义。正因为如此，我们极少听说非洲和美洲的未开化民族有什么诗歌，但是却知道他们有大量的哑剧舞蹈。

然而，对于许多用舞蹈无法表现、或者某些只能加以模糊表现的东西，诗歌却能够表达得更充分、更清楚：比如头脑中的推理和判断，想象中的意念、设想和疑问，内心的各种情绪、情感和激情。论到清楚、明确地表达某种意思的能力，舞蹈要强于音乐，而诗歌又强于舞蹈。

这三种姊妹艺术[①]可能最初总是彼此相伴，此后也一直经常

① 这是18世纪的评论家们所喜欢的表述方式，不过，他们常把音乐、诗歌和绘画称为姊妹艺术，而不是这里所说的音乐、诗歌和舞蹈。这个比喻据称出自西塞罗在《为诗人阿基亚辩护》(*Pro Archia Poeta*)的讲演稿 I.2 部分当中对各种人文艺术之间的亲缘关系的论述；不过，能够明显看出，其源头可以一直上溯到缪斯女神那里。关于音乐、舞蹈和诗歌之间的关系在不同社会阶段(包括野蛮社会和文明社会)的演变，约翰·布朗(John Brown)曾在1763出版的《论诗歌与音乐的产生、联合、影响力、发展进程、分离和衰落》(*A Dissertation on the Rise, Union, and Power, the Progressions, Separations, and Corruptions, of Poetry and Music*)一书中(III ff.)予以详述。另可参见维拉特(Cartaud de la Villate)著《趣味的历史研究与哲学研究文集》(*Essais historiques et philosophiques sur le goût*, 1734)。

相伴着出现；其中有二者可以脱离这种天然的陪伴而独立存在，另外一种则不能。清楚地观察古人所说的“律动”，即我们现在讲的“节拍”或“节奏”，乃舞蹈和诗歌或歌词的本质所在；换言之，这是舞蹈区别于一切其他动作、诗歌区别于其他一切话语的特有性质。然而，对于构成所谓节拍或节奏的曲调时值划分及间隔的比例，我们耳朵的听觉判断似乎要比眼睛的视觉判断准确得多；诗歌也和音乐一样，更适于用耳朵来听，而舞蹈则比较适于用眼睛来看。在舞蹈中，动作的韵律感或者说适当的节奏比例，有时无法清楚地被人分辨，除非是辅以清晰的音乐节拍作为标志。在诗歌中，情况则有所不同：一首好诗的韵律天成，并不一定要有音乐从旁相助。因此，我们说音乐和诗歌都能各自独立地存在，而舞蹈却总需音乐的伴随。

器乐脱离于诗歌和舞蹈而独立存在的能力是最强的。至于声乐，尽管它有这个能力，而且其中经常包含一些不具明确意义的音符，但它自然地需要有诗歌从旁支持。而弥尔顿所说的“与不朽诗文配成佳偶的音乐”，[①]甚或与任何具有明确含义的语句相配合的音乐，其本质都必然是模仿性的，无论这些语句中所包含的意义是什么。比如，许多古希腊的歌谣，以及更晚近的一些歌曲，其内容无非是要传达一些道德方面的训诲，或者简单地叙述某个重大事件，然而即便是这些说教性的或讲述历史的歌中，也都少不了模仿：它们依然要通过艺术手段用某种事物来模仿另一种完全不同的事物；要用音乐来模仿话语；要把节奏和曲调打造成某种形式，

① 《欢乐颂》（*L'Allegro*），137。

使之能够成功地传达某种道德训诫或者讲述一个引人入胜的故事。

对于这里讲到的第一种类型的模仿而言，声乐是必不可少的，因此这二者是不可分的；在此基础上，还可以添加——而且通常都会添加——第二种类型的模仿。言语可以表达，而且通常的确表达了某个特定人物所处的境况，以及他在此种境况之下内心的一切感受和激情。欢乐的人凭借着言语抒发美酒、节庆和良友宾朋带给他的欢喜；身陷情网的人述说着心中的幽怨、希望、疑惧和绝望；心地善良的人为自己蒙受的优渥或伤害表达着内心的感激或愤懑不平；勇士用言语鼓舞自己勇敢地去面对危险，向对手挑战；富足者谦卑地向那位支配着人间万事的看不见的大能者感恩；困苦者则满怀痛悔乞求这位大能者的怜悯与饶恕。处于以上情境中的人可能不止一个，而是两个、三个或者更多；而该情境在他们内心激起的情感或许是相似的，或许彼此截然不同；对于一个人来说是悲伤的事，在另一个人看来则意味着喜悦和胜利；于是，他们便会把各自独特的感受表达出来，有时候是分开来说，有时候则用二重唱、三重唱或者合唱的形式同时表达。

所有这一切可能显得有失自然。事实上，我们的确经常听到这样的批评；的确，当我们急于说服某人，或者想要郑重表述任何严肃的意图之时，采用唱的方式，可以说是天底下最别扭的一件事。但是我们应当记住，在所有的模仿艺术当中，模仿的价值恰恰在于令一种事物显得类似于另外一种完全不同的事物；要设计和塑造音乐的节奏和曲调——在某种程度上可以说是“硬拗着”它们——使之能够模仿出与人交谈或提出劝告时的腔调，以及内心情感的澎湃起伏，这实际上就是令一种事物显得与另外一种完全不同的事物相仿佛。

音乐的调子和节拍自然大大地不同于人们谈话和情感的起伏与节律，尽管如此，前者却可以经过处理而显得与后者相似。由于模仿物与被模仿物之间存在着巨大的差距，在此情况下，正如在其他情形当中一样，人的头脑不仅会因为这种称不上完善的相似性而感到满足，而且能够产生愉悦感，甚至会为之心醉神驰。因此，当这种模仿性的音乐配合上能够阐释并确定其含义的语句时，便时常会令人感觉到这是一种十分完美的模仿。出于这种原因，即便是尚不完整的宣叙调[①]，似乎也时而能表现出严肃而安静的谈话中所特有的那份镇定安详，时而又反映着最引人入胜的情感中的细腻幽微之处。至于更加完备的咏叹调，其表现力就更胜一筹，用于模仿活生生的激情，要比任何不配音乐的语言形式都来得更加生动，无论后者是散文还是诗歌韵文。凡是感受着巨大的悲伤或欢喜的人、深陷于爱恨情仇的人，以及内心怀有强烈的崇敬或轻蔑之情的人，常会有一种思绪萦怀、挥之不去，令他显得神思恍惚、心不在焉。他心里只装着这一件事，除此之外任何事务都想不进去；他无法向周围的人一遍遍地表白这种纠缠着他的想法。于是，他选择了避开人群独处，以便自由地放纵内心的狂喜、抒发心头那股躁动不已的或正面或负面的激情，[②]在孤独中，他能够一遍又一

① 歌剧或清唱剧中近似说话的歌唱风格。——译注

② 参见《道德情操论》I.i.4.7－10，斯密在该段中重点阐述了与此处所述相反的情形：即与他人为伴能令人的情感趋于缓和。

遍地对自己重复那个萦绕不去的令他快乐或悲伤的想法，有时在心中默念，有时甚至大声地说出来，用的总是同样的话语。无论是散文还是诗句，都没有办法惟妙惟肖地模仿出这种几乎无尽重复着的激情表达。它们有可能像我现在这样对其加以描述，但却不敢进行模仿；不然的话，肯定会乏味得令人难以忍受。富于激情的咏叹调不仅可以——事实上确乎经常地被用来模仿上述情形；而当它这样做的时候，它是如此地直入人心，拥有一种让人难以抗拒的力量。正因为如此，在咏叹调、特别是充满激情的咏叹调当中，尽管罕有长句，却极少像宣叙调中那样直贯到底，而几乎总是分成多个片断，在作曲家的想象或判断力的支配之下，一遍遍地变换、重现，曲曲折折，百转千回。唯有借着这样的重复，音乐才得以尽情发挥其独特的模仿能力，从而令其他一切模仿艺术都变得相形见绌。我们经常注意到，诗歌与雄辩术往往一一列举多种不同的、但彼此之间存在着关联的思想和观念，来制造预期的效果；音乐则不然，其效果的达成常常来自于同一主题的反复再现，用相同或基本相同的声音组合来表现同样的情感；尽管在开始的时候它或许并不能给我们留下什么印象，但是经过反复地再现，它终于渐渐地、一点一滴地打动了我们，激荡了我们的心，最终将我们带进忘我之境。

于是，在所有这些模仿手段当中，就实现模仿目的而言，音乐自然而然地——或者更确切地讲，必然地成了一种最令人满意的选择。音乐最善于模仿那些富于社会凝聚力的情绪和情感：友好的、落落大方的、良善的、有趣而动人的、亲切温暖的、令人肃然起

敬的、[1]高贵的、振奋人心的、威风堂堂的……悲伤和痛苦的情感能够引起兴趣、打动人心；仁爱、慈悲、喜悦和倾慕这些情感则令人亲切温暖，给人如沐春风之感；忠诚奉献让人肃然起敬；而勇于面对危险的大无畏气概，挑战不公的慷慨义愤，则显得如此高尚、令人振奋，正气凛然。凡此种种，以及一些类似的情感，都是最适合于用音乐来表现、也是最经常被音乐表现的对象。可以说，它们都是音乐性的情感，其自然的调子都是清晰明朗的，几乎固有某种旋律包含其中；而且，其语言表达也自然地呈现出有规律的停顿，各段之间的停顿间距几乎相等。因此，这样的情感较容易被改编为呈规律性反复的对应旋律。反之，那些促使人们彼此疏离的、不友好的、仇恨的、粗野的、恶意的情感，则不太容易用音乐来模仿。比如，人在狂怒时的声音，听起来尖厉刺耳，语句时而极长、时而极短，语流的停顿间隔也不再有规律。满腔怨毒和嫉恨的嘟嘟囔囔，懦弱丧胆的嘶声尖叫，狂暴决绝的复仇者所发出的骇人咆哮，所有这些都是不和谐的、刺耳的声音。若用音乐来模仿上述的情绪、情感，就会存在一定的难度；即便模仿成功，所产生的音乐也不再悦耳。对那些社会性的、友善的情感加以模仿，可以怡情悦性，没有丝毫不妥；但若一味模仿那些恶毒可憎的情感作为娱乐，则不免显得怪诞不经。大凡单支的歌曲，几乎总是表达着某种社会性的、令人愉快或能勾起人兴趣的情感。在歌剧里面，有时会表现某些非社会性的、令人不快的情感，但是这种情形相当少见；并且一旦在

① 《道德情操论》I.i.5中把“亲切可爱的美德”与“令人肃然起敬的美德”区别开来。

总体和谐的氛围当中引进这种不谐之音，其目的总是反衬与之相对的那种正面情感，使之显得更美。柏拉图曾经说过，美德乃一切大美中之最具光彩者，[①]此话在某种程度上也可以用来形容音乐的适当而自然的模仿对象。这些情感和激情或者可以构成人类生活中无上的荣耀和幸福，或者能让人从中获得最宝贵的乐趣，以及令心灵充满活力的欢乐；退一万步而言，它们至少能启迪我们拿出一份宽容和同情之心，去面对生命当中无可避免的软弱、忧患及不幸。

音乐模仿的高妙，及其对于被模仿物的恰当选择，较之雕塑和绘画更多了一重唯其所独有的优越性。我们不能说，雕塑和绘画对它们所模仿的自然之美有所增益；这两种艺术可能大量地搜集了大自然当中的美好事物，并将其重新归类，使之显得较通常状态，或在大自然中的原貌更为合人心意。艺术家们非常乐于告诉我们，世上没有任何女人的身姿堪与美第奇的维纳斯像媲美，也没有任何男人的躯体比得上美景宫的阿波罗雕像。此话或许不错，不过他们也必须承认，这两尊大名鼎鼎的人像雕塑，其身躯和面容的任何一部分都不具备任何特别的、唯它所独有的美——许多有生命物体所流露出的美，都比它们有过之而无不及。然而，音乐通过对其表现的任何情绪、情感的处理，将后者纳入音乐本身的节拍框架之中，此举不仅如雕塑和绘画艺术那样，对大自然当中诸般美

① 斯密可能想到了柏拉图《斐德罗篇》(*Phaedrus*)250 A－D 中的内容，在此段中，柏拉图将肉眼看不见的各种德行之美比作美的光辉，并评论道，假如智慧是用肉眼可见的，那么它的样子理当比美更迷人。西塞罗在《论至善与至恶》(*De Finibus*)一书中(II.16.51－52)也提到了这段话，而斯密对西塞罗的这本书极为谙熟。

的事物进行了搜集和分类，且为它们增添了一种新的、音乐所独有的绝妙的美感；它所赋予后者的优美与和谐，宛如一层透明的纱幔，丝毫都不会掩盖它们原有的美，而只会为其披上一层更加绚丽的色彩，令其更加灿然生辉，魅力无尽。

前面说到两种不同类型的模仿——即，泛泛地用音乐来模仿话语，以及用音乐表达特定情境在某人心中引动的情绪和情感——在这二者之上，通常还须加入第三种类型的模仿。比如，歌唱家除了用歌声进行上述的双重模仿以外，还可能辅之以演员所用的模仿手段；也就是说，他不仅以声音的抑扬顿挫和节奏去描摹歌中特定情景下的人物所有的情绪和情感，还加上了表情、神态和动作手势。即使在私人场合中，一首歌唱得再好，如果不添加歌唱以外的其他模仿手段，也称不上出色的表演。一首曲子若是用大键琴毫无表情地照谱弹出，其效果又如何敌得过在歌唱的同时还伴有适度自由的、活泼泼的表演呢？其实，歌剧演员的演出，亦无非如此。在私人场合中如此令人愉快、又如此自然的模仿，拿到舞台上也不至于显得生硬做作、令人讨厌。

在一位优秀的歌剧演员身上，不仅声音的抑扬顿挫和着音乐的节律，他（她）的每一个动作、每一个手势，乃至一颦一笑间头部和身体的姿态，都无不与音乐相吻合：它们对应着音乐中模仿和表达的情感或激情，而此种表达又必然对应着音乐的节奏和律动。可以说，音乐为他的表演赋予了生命之魂，牵动着他的每个表情，乃至眼神的每一次变化。与歌曲中的音乐表现一样，他的表演也使得被模仿的情感或行为在其原有的自然美之上，又平添了一层独特的美感；那些动作、手势和姿态，其动人心弦的美，都随着音乐的律动和节拍而得以呈现，又反过来使音乐的表现得到升华并充满活力。最能打动人心的，莫过于正歌剧（serious opera）中那些引人入胜的场景，动人的台词与美妙的音乐——比如梅塔斯塔齐奥（Metastasio）[①]的诗和佩尔戈莱西（Pergolese）[②]的乐曲——在优秀演员的演绎之下，达到一种珠联璧合的完美，其情境愈加灿然生辉。的确，在正歌剧当中，经常有为追求音乐效果而牺牲表演的情形，比如由阉人男高音歌手来担任主角的时候，其表演往往会极其乏味、水平低劣。喜歌剧的轻快风格也非常生动活泼，令人赏心悦目。尽管它不像普通喜剧那样时时逗得观众开怀大笑，但是却更经常地令我们微笑；而它们所带来的这种惬意的欢乐、温和的喜悦（如果可以这样说的话），不仅品位高雅，更是无比怡人的乐趣。悲剧中所蕴涵的深切痛苦和强烈激情，也能制造一定的感人效果；然而演员在表演当中，应当以举重若轻的处理为佳。喜剧里面那些程度较轻的不幸和情感震撼力稍差的情境则与悲剧不同，在表演上若不多卖几分力气，就会令人完全无法容忍。阉人歌手中几乎从来没有出现过合格的演员，因此在喜歌剧中极少用到他们；出于此种原因，喜歌剧的表演水平一般均胜正歌剧一筹，故而在许多人的眼里，喜歌剧要比正歌剧更富于娱乐性。

器乐的模仿能力远逊于声乐；其音乐旋律优美，但不能明白如话地表达内中的含义，因此无法像人声歌唱那样，清楚地交代特定的故事背景，描述这些状况所造成的各种不同情境，甚至无法清晰

① 梅塔斯塔齐奥（1698—1782），意大利剧作家。——译注

② 佩尔戈莱西（1710—1736），意大利作曲家。——译注

地表达剧中人在特定情境下内心的各种情感和激情，因此也无法让每一位听者都能对此心领神会。就连对其他声音的模仿——这本该是它的拿手好戏——也通常令人很难辨别，如果不加任何解释的话，谁也无法轻易听出它在模仿什么。就拿科雷利（Correlli）的"圣诞协奏曲"来说，其中有一个模仿摇篮摆动的乐段，[①]但是，除非事先已被告知，否则我们在欣赏过程中并不能立即听懂作曲家在这里想要模仿什么，或者干脆听不出他有任何模仿的意图，这段模仿（作为模仿它或许非常成功，丝毫也不逊于其他任何乐曲中的模仿段落，但是这部值得称道的音乐作品所具有的高雅的美，却并非来源于此）落在我们耳中，可能仅仅是一个奇特而略显古怪的乐段而已。在亨德尔（Handel）先生为弥尔顿的《欢乐颂与沉思颂》谱写的器乐曲中[②]，创作者着意模仿了钟声、云雀和夜莺的歌唱；然而这些被模仿的对象，可以说已经不仅仅是声音了，其本身已经是乐音了，那么用音乐来模仿这些，岂不是一件得心应手的事情吗？的确如此。公众普遍认为，这位音乐大师对上述声音的模仿极为成功；不过，若不是弥尔顿的诗中已经对音乐的含义有所解释，我们甚至在这种情况下也不见得能立即依赖听觉分辨出这段音乐中想要模仿什么，抑或干脆辨不出其中包含着任何模仿的意图。不错，有了诗中的语言从旁解释，这段乐曲中的模仿自然显得

① 科雷利《大协奏曲，作品第 6 号》中的第八首，标明"为基督降生之夜而作"，属教堂奏鸣曲式，一般称之为"圣诞协奏曲"。

② 亨德尔将弥尔顿的《欢乐颂与沉思颂》并查尔斯·詹宁斯（Charles Jennens）的一首诗谱曲，创作了《欢乐、沉思和中庸》（*L' Allegro, il Penseroso ed il Moderato*）这部乐曲。该作品于 1740 年 2 月 27 日首演，此后多次重演。

非常出色；但是若没有这种解释的话，这段音乐在我们听来或许只是一个奇特的段落，它与前后乐段之间的关联，也并不比其他任何一个乐段显得更为密切。

据说器乐曲有时能够模仿运动；而实际上，它只能模仿某些运动所伴随的特定声音，或者使乐曲的节奏与被模仿的运动相一致。比如运动的进行、停顿、加速和放缓。通过这种方式，它有时可以表现军队的列阵、行进，以及两军交战中的骚乱和激烈场面等。然而，在以上所有情形当中，音乐的模仿仍然不够清晰准确，如果没有其他种类的艺术从旁解释，其含义终归显得有些模糊，我们几乎无法有把握地了解到，这段乐曲到底意在模仿什么，或者干脆听不出它有模仿任何东西的意图。

在各种模仿艺术当中，尽管模仿物不一定要与被模仿物完全相似，以至达到以假乱真的程度，却至少应当做到让人一望之下便能想到那个被模仿之物。如果一幅画让人看了完全不知所云，非得在下面钉一块铭牌，说明上面画的是什么人，或者它究竟想表现的是一个人还是一匹马，再或者——必须说明它究竟是不是一幅画，作者是否有意表现任何对象……那么我们只能说，这样的画着实太奇怪了。器乐中的模仿，从某些方面来说与这样的画作颇相似。然而，二者却有本质的差别，即：载有说明文字的铭牌对于画作本身无甚补益，而对于一首器乐曲来讲，若能给出与此大致相当的说明，那么乐曲本身虽然未必算得上佳的模仿，但是它照样能够制造最出色、最完美的模仿效果。我们不必进行多么深入的哲学思考，就可以解释这种现象产生的道理。

在人的头脑当中川流不息的思绪和意念，其行进速度并非永远一成不变，同样，它们的排列顺序和相互间的关联也在时时变化着。当我们心中欢喜快乐的时候，这些思绪意念的流动也随之变得轻快而活跃，念头一个接一个飞快地往外冒，它们前后之间似乎常常并没有什么关联，若说有什么相关的话，多半也是表现在彼此的对立性而非相似性上面。当头脑处于这种嬉戏式的状态之时，我们不喜欢长久地停留于同样的念头，因此，我们不愿意追踪探讨一些相似的想法；相比之下，各种对照反差所带来的多样性要比相似事物的同一性更合我们的胃口。而在我们感到悲伤消沉的时候，情况则完全不同。我们经常发现，每当这时候，某些挥之不去的念头就会始终纠缠着我们，并且，与之相伴而来的，也多半是一些同类的想法。当头脑处在悲伤消沉的状态之中，便会陆续有许多相似的或彼此间存在密切联系的意念缓缓在心头浮动，这种心境下的思维特点便是如此。相反，人在喜悦之时的思维特点，则是思绪如湍、念头转得飞快，而且它们彼此之间常有极大的反差，关联性不大。至于头脑的所谓自然状态，就是那种既非欢喜又非沮丧的平静、安详、沉稳的状态，乃是处于上述两个极端之间的某种中间状态。这时候，我们思维的步伐显得不徐不疾，比兴奋快乐时的速度要慢一些，各种想法之间的关联性也更鲜明一些；但和悲伤消沉的时候相比，它的速度却要快得多，并且内容也更加纷繁多样。

音调较高的声音听起来很自然地显得欢快、活泼，令人振奋；而低沉的声音则显得严肃、庄重、沉郁。另外，较高的音调与快节拍之间，以及低音与缓慢的节拍之间，又似乎存在着某种天然的联系。高音的消散速度似乎要比低音快得多；因此，高音的效果听起来比低音更欢快,音符串的流动速度通常也更快些。这样,在器乐中,可以通过适当的安排,加快或减缓高音与低音的流动速度,并调整彼此相似的音及存在反差的音所出现的位置和速度,使音乐适合于表现欢快、平静或悲伤等各种不同的情绪;假如人的头脑没有被任何骚动的情绪所搅扰,那么这样的音乐便能够——至少是在当时,在一定程度上——制造相应效果,使人感受到上述各种情绪或性情的所有可能的变型。我们都能够立即分辨出欢乐活泼的音乐和悲切忧伤的音乐,以及处于这两个极端之间的宁静安详的音乐。当我们的头脑处于自然的正常状态之下,我们都感觉得到,音乐家有如施展法术一般,能够安抚我们的心,在某种程度上把我们的情绪或性情带入音乐的特定氛围当中。在器乐作品演奏会上,我们以愉悦的心情聚精会神地聆听着那些最悦耳、最美妙的乐音以形形色色的方式组合在一起,串串音符飞入我们的耳中,时抑时扬,时缓时疾,音与音之间有时在调性、节拍和组合次序上完全相同或相似,有时又形成极大的反差。于是我们的头脑被一系列时序性的对象相继占据,它们的性质、彼此间的承接和联系,有时对应着欢快的情绪或倾向,有时则对应着平静或悲伤的情绪或倾向,这样我们自身便被带进了这些情绪或倾向之中,被怡人的音乐深深地吸引,于是心灵与音乐之间发生了和谐共鸣。

然而,器乐作品所制造的这种效果并非来源于模仿:器乐不能像声乐、绘画或舞蹈那样去模仿某个欢乐的、平静的或悲伤的人物;它也不能像这些种类的艺术作品那样,给我们讲述一个或欢乐,或严肃,或悲伤的故事。器乐曲带我们沉浸于欢乐、宁静,或忧郁悲伤的情绪气氛,并不像在声乐、绘画和舞蹈中那样,是由于我

们被他人的欢乐、宁静或悲伤所感染而心有戚戚。在这种情形下，乐曲本身便成为一种欢乐、宁静或悲伤之物，而人的注意力若是被某个事物所吸引，其头脑便会自然而然地趋同于后者当时所处的情绪或倾向。我们在欣赏器乐曲的时候所感受到的乃是一种原生的情感，而非对外在情感的共鸣；这时我们内心的欢乐、平静和忧伤都属于我们自己，而不是他人情感在我们心中的映射。

当我们置身于某座环境怡人、布局精巧的花园当中，沿着曲折的幽径漫步之时，一路走来，道道风景相继展现在我们眼前，有的欢快、有的沉郁，有的宁静而安详。这时，假如头脑处于不受干扰的自然状态，就会随着移步换景的过程而心有所感，或多或少地生出与每一场景的氛围相谐的情绪和心境。我们不能说，这些场景模仿了人头脑中的欢快、平静或忧郁的情绪；它们本身就能够制造这样的情绪，却不能模仿其中任何一种情绪。同样，器乐能够唤起上述诸般的情绪和情感，但它也不能模仿其中的任何一种。在大自然里，再也找不出两种能比声音和情感更为迥然不同的事物了；就人类的能力而言，根本不可能把其中的某一个塑造成与另一个真正相似的东西。

器乐作品的确拥有强大的感染力，能够唤起和改变人类头脑中的各种情绪和倾向，而人们之所以普遍地认为它具有极强的模仿力，其主要原因也在于此。有一位相对来说长于感觉而非精准分析的作者，即日内瓦的让-雅克·卢梭(J.-J. Rousseau)先生，[①]

① 此段内容见卢梭《音乐辞典》(*Dictionnaire de musique*，1768)“模仿”词条；又被收入《百科全书》(*Encyclopédie*)补编，卷 iii(1777)，“模仿”条目下。又可见于卢梭著《论语言的产生》(*Essai sur l' origine des langues*，1781)，第 16 章。

他曾经说过:“绘画中的模仿不是为了呈现于想象,而是呈现于感官,尤其是仅仅针对着诸多感官之中的一种,于是,它所表现的便只能是一种视觉对象,仅此而已。那么,依此类推,有人可能以为,音乐模仿也应当局限于听觉领域吧?然而,音乐却有能力模仿世间万物,即便是那些纯视觉的对象。它以一种近乎不可思议的魔力,让耳朵成为眼睛;而最奇妙的是,音乐作为一种以时序性运动为本性的艺术,却能凭借模仿勾勒出安详静止的氛围。夜晚、睡眠、孤独、寂静,这一切都在音乐模仿的能力范围之内。虽然大自然中的一切都在沉睡,但注视着这一切的那个人却醒着;音乐家创作的妙谛就在于,将形形色色不属于听觉对象的印象转化成它们在观者头脑中唤起的那种运动感。”——也就是说,转化成它们在人们情绪和情感上造成的效果。“有时候,”(这位作者接着写道,)“音乐家不仅能搅动滚滚海涛,煽起熊熊烈火,制造大雨倾盆、溪水奔湍、山洪暴发的效果,也能描绘可怕的沙漠、渲染四壁漆黑的地牢,他又能平息暴风、令晴空重现,让一切恢复平静与安宁,借着管弦乐队的演奏,在山谷、田野间重新洒布一派清新。他不会用音乐直接指代这些事物本身,而是在人的头脑中激发一种与看到这些事物时感受相同的活动。”

针对卢梭先生这段颇为雄辩的描述,我必须指出的是,假如没有歌剧中的舞台布景和表演与其相辅相成,没有布景画师或诗人(或者由两者共同的努力)从旁协助,只依靠乐队演奏的器乐曲本身,无论如何都制造不出前面描述的这些据称是音乐本身所造成的效果;我们的听力也分辨不出——甚至连猜测都办不到——这曲音乐中意图表现的究竟是哪一种快乐的、忧伤的或者平静的事

物，抑或它是否根本没有这样的意图，只是要以欢快的、忧伤的或者平静的音乐——或者可以按照古人的说法，用激动的、柔和的和适中的音乐[①]——给我们带来娱乐。有了这些作为辅助，那么即使音乐本身未必称得上是很好的模仿，它也可以在我们心中制造出和最完美的模仿不相上下的效果。无论布景画师在舞台上表现的是哪种事物或情境，乐队演奏的音乐都可以把我们的头脑[②]带入该事物实际出现之时——或者当我们对该情境中的人感到同情之时——所产生的那种情绪和情感，因此能极大地强化上述模仿的效果：音乐能够顺应场景的任何变化。一个人若是发现自己孤零零地被遗忘在漆黑寂静的夜里，他会感到忧郁悲伤，但是这种忧伤完全不同于独自置身于荒凉、死寂的沙漠时所感受到的那种忧伤，更不同于被关在黑暗地牢里所感到的那种忧伤。乐队奏出的音乐要与每一种不同情境精确相符，至于实际上能够做到什么程度，则要取决于作曲家的品位、感受力和想象力：在有些情况下，它可以精确地模仿出特定事物出现时自然伴随（或被认为是应当伴

① 这种对音乐的三重分类（激动的、柔和的、适中的——diastaltic，systaltic，hesychastic）源自古希腊音乐理论家阿里斯提德斯·昆提利阿努斯（Aristides Quintilianus），并在查尔斯·勃尔尼（Charles Burney）的《音乐通史》（*General History of Music*，1776）卷 i 之前所附的《论古代音乐》（Dissertation on the Music of the Ancients）一文中（§ 5）有所介绍。斯密的藏书当中就有勃尔尼的这部书（参见博纳[J. Bonar]，《亚当·斯密藏书目录》第 2 版，39），因此大有可能在此引述其中的内容。若此言不虚，这段话便足可以证实，本篇论模仿艺术的文章成文年代较晚，或者至少在较晚时候经过修订。

② 斯密着重强调“将头脑带入（特定情感状态）”，令此段内容较卢梭的论述更具说服力。

随)的声音。比如,法国歌剧《亚克安娜》(*Alcyone*)[①]中表现刻宇克斯(Coix)溺死于暴风雨的那段交响乐,模仿了海上狂风怒嚎、巨浪滔天的景象,对此,同时代的作者们已有过大量的评论;又比如歌剧《伊塞》(*Issé*)[②]当中,用音乐模仿多多那(Dodona)[③]神圣橡树在吐露神秘预言之前所发出的沙沙低语;还有,在歌剧《阿玛迪斯》(*Amadis*)[④]当中,用阴沉的曲调来模仿阿尔当(Ardan)的坟墓敞开、那位勇士的亡灵从中冉冉出现的情景,至今仍被广为称道。不过,器乐曲如不在自身的旋律与和声方面做出巨大牺牲,就无法对自然界的事物进行哪怕是不够完美的模仿;因为大部分自然事物都是既无旋律又无和声的。为了将这种不够完美的模仿妥善地引入诗或音乐,就需要极其审慎、具备极高的辨别力和极好的眼

① 《亚克安娜》,由作曲家马兰·马雷(Marin Marais,1656－1728)和剧作家乌达尔·德·拉莫特(Houdar de La Motte)合作创作,1706年在巴黎首演,经多次重演,后来有很大改动。剧中第四幕第四场中的“暴风雨交响曲”(*tempeste symphonique*)曾被誉为“现实主义歌剧最早的一篇檄文”(劳温伯格[A. Loewenberg],《歌剧年谱 1579－1940》[*Annals of Opera 1579－1940*]第2版修订本,1955)。

② 《伊塞》,作曲安德烈·卡迪那·德图什(André Cardinal Destouches,1672－1749:请勿混同于剧作家菲力浦·德图什－内希科[Philippe Destouches-Néricault]),剧本作者乌达尔·德·拉莫特,1697年在枫丹白露首演,后多次重演。此处提到的是该剧第二幕第五场,或1708年改编后的第三幕第五场。

③ 希腊神话中宙斯的圣所,一片神圣的橡树林。宙斯通过橡树叶的沙沙声传达圣谕,由祭司向凡人诠释。——译注

④ 《阿玛迪斯》(后改名为《高卢的阿玛迪斯》[*Amadis de Gaule*]),由让－巴普蒂斯特·吕利(Jean-Baptiste Lully,1632－1687)作曲,剧本作者菲力浦·吉诺(Philippe Quinault)。该剧于1684年在巴黎首演,后多次重演,最终由J.C.巴赫(J.C.Bach)重新谱曲。这里提到的是剧中第三幕第二场。这三部歌剧中的相关片断均可见于《皇家音乐学院演出的歌剧全集》(*Recueil général des opéra representez par l' Académie royale de musique*)卷九(1710),103;卷七(1703),211(1708版中为卷九,370);卷二(1703),465。

光。经过了长期反复的训练,这一切就将蜕去高深莫测的外衣,显露出其本相——技巧;它们只不过是技巧而已,哪怕是造诣较差的艺术家,只要足够勤奋地用心练习,便能够在这方面做得和最伟大的艺术家同样好。我曾见过蒲柏(Pope)先生的《圣塞西里亚日颂歌》(*Ode on St. Cecilia's Day*)[①]的一个拉丁文译本,就其中的模仿而言,后者反比原作胜出一筹。无论是在诗歌中还是在音乐中,困难的倒不是怎么样才能够尽己所能模仿到最像,而是要知道应该什么时候去模仿、应该如何把握好分寸,怎样才能够让音乐的风格特色与每个场景和情景精确相符,以致能在人的头脑中创造出与后者完全一样的效果;这不属于修养稍为欠缺的艺术家能够轻而易举地掌握、并拿来与大师相抗衡的技巧,而是一种艺术,需要造诣臻于化境的大师所具备的高超的判断力、知识和创造才能。器乐作品所创造的绝妙效果,恰恰取决于这种艺术品位,而不是对真实或幻想中的声音的不完美的模仿能力;像那样的模仿,只有当它们的存在有助于明确曲中的含义,并增进音乐的艺术效果之时,才应该被引入到音乐作品当中。

通过极力拓展舞台布景效果,使之超出事物本身性质所能允许的范围,能令模仿显得富于娱乐性;许多用在普通戏剧和歌剧里面的模仿手段,最初几次见到之时还好,看多了必然会显得荒唐可笑:比如,像蒲柏先生描写的那样,[②]敲打芥末罐来模仿雷声,用碎

---

① 克里斯托弗·斯玛特(Christopher Smart)译,*Carmen Alexandri Pope In S. Caeciliam Latine redditum*(1743;1746年重印)。

② 《愚人记》(*Dunciad*),ii.226,262。

纸片制造下雪的效果,撒豌豆来代替冰雹,等等。诸如此类的模仿,恰如涂了颜色的雕塑一般,起初确能令人惊讶,但时间长了便令人反感,人人都能明显地看出,它们不过是些微末的雕虫小技,只配用在木偶戏里,供孩童和保姆们开心。无论在普通戏剧里还是在歌剧里,雷声效果都不应大过乐队所能制造的声音;哪怕是再可怕的暴风雨,也不应超过布景画师所能表现的范围。在这样有节制的模仿当中,或许还可以体会到一些值得赞赏的艺术气息;但是若滥用模仿,那就全无艺术性可言了。

与一般戏剧相比,歌剧里滥用布景特效的历史更久、程度上亦更甚。在法国,这种现象在普通戏剧舞台上早已销声匿迹,然而在歌剧中却依旧存在,非但得到了人们的容忍,还赢得了一片叫好之声。在法国歌剧里,不仅经常使用前面说过的那些可笑的方式来模拟雷鸣电闪、狂风暴雨等场景,而且凡举史诗当中的一切奇迹和超自然的现象、神话中的变形,以及魔法巫术造成的灵异等,总而言之,一切最不适合于在舞台上表现的事物,都日复一日地出现在那里的舞台上,而且还得到那个酷爱别出心裁的民族普遍的认可和褒扬。在那种情况下,由管弦乐队的配乐在观众心中所营造出来的情绪氛围,已经几近于那些更高超的模仿所能达到的效果;至少在演奏那些最精彩的音乐段落时,观众已不再感觉到舞台上的模仿手段的幼稚与拙劣——在那种极尽夸张铺陈的舞台上,幼稚、拙劣的模仿必定多得不可胜数。实际上,虽说此类模仿出现在任何地方无疑都会显得荒唐可笑,但是它们在歌剧中的效果的确要比在一般戏剧中好一些。以意大利歌剧为例,在阿波斯托洛·泽

诺(Apostolo Zeno)[①]和梅塔斯塔齐奥(Metastasio)的革新之前,意大利歌剧与法国歌剧一样滥用模仿,阿狄生先生(Mr. Addison)的《旁观者报》(*The Spectator*)上有多篇文章都对其进行了善意的嘲讽。[②] 即使在戏剧革新之后,意大利歌剧当中仍然保留着每场至少更换一次布景的惯例;地点的统一虽然已经成为一般戏剧舞台上的金科玉律,然而歌剧却对此无所顾忌:事实上,后者似乎要求布景的效果更具有诗情画意、也更富于变化,这种需求远远地超出普通戏剧之舞台。在歌剧当中,由于音乐对布景效果起着辅助作用,因此台上布景往往决定着音乐的风格,并且可阐释音乐的含义;当音乐风格转换时,布景也需有所变化。此外,与一般戏剧或悲剧相比,歌剧给人带来的愉悦,实质上更多地属于一种感官享受;对于前两者而言,其戏剧效果的营造主要是通过激发观众的想象来达成的,故而,即使在私家小室中演出,其效果也并不比舞台上的演出差多少。而歌剧却不然,私家小室中的演出极少能收到良好的效果。歌剧更多地诉诸人的外在感官,它以优美的旋律及和声抚慰着观众的听觉,因此,我们会觉得它同时也应当以华丽而富于变化的布景效果让人们的眼前一亮。

---

① 原版本中为“Apostolo,Zeno,”这种情况很可能是印刷者(或誊录者)错误地多加了一个逗号。阿波斯托洛·泽诺(Apostolo Zeno,1668－1750)是一位剧作家,而非二人。梅塔斯塔齐奥(Pietro Trapassi Metastasio,1698－1782)继泽诺之后担任维也纳皇家宫廷诗人,其影响力要远远超过前者。

② 《旁观者报》,i(1711),5,18,29,31。虽说阿狄生不是音乐家,但他的这些文章启发了德国音乐家约翰·马泰松(Johann Mattheson),后者翻译了阿狄生的文章,并于1722年效仿他创办了一份名为《音乐评论》(*Critica Musica*)的刊物。参见《格罗夫音乐词典》,“评论”条目下的相关文章。

在歌剧当中，由管弦乐队奏出的器乐对于剧作家、演员及布景画师的模仿都起着辅助支持的作用。序曲所起的作用，是将观众引入适宜的情绪状态，为开场做好准备。幕间曲则起到承上启下的作用，一方面使观众保有对此前内容的印象，另一方面又为后续内容做了铺垫。当乐队的插入打断宣叙调或咏叹调的进行（这是歌剧中司空见惯的现象），其目的或是要强调之前的效果，或是为即将出现的内容酝酿情绪。无论是在宣叙调或是在咏叹调中，乐队都伴随并引导着人声，并常常在人声即将"荒腔走板"的关键时刻，将其拉回到正确的腔调上来；哪怕是最为出色的声乐表演，其准确性在很大程度上也得仰仗器乐的引导。尽管在上述所有的情形当中，器乐只不过对其他种类艺术中的模仿起着支持作用，但是在所有这些情况下，因为有它的存在，模仿物与被模仿物之间的相似度可以说是减少了而不是增加了。按照现实生活中的常理，当人处在某种令他极感兴趣的情境之中，无论是在公开场合还是在私密的空间，体会着悲伤、失望、苦恼、绝望等诸般情感之时，他们的言语和举动是绝不可能随时有一支管弦乐队在一旁为其充当伴奏的。假若从这个角度考虑，在以上所有的情形当中，乐队的伴奏势必会降低观众对演员表演信以为真的可能；它使艺术表现与自然本身拉开一定的距离，而不是使其更接近于自然。因此说，器乐对其他种类艺术中的模仿予以支持和强化，所依赖的并不是模仿，而是借助于另外的力量在人的头脑中营造出某种效果，使之类似于那种基于对自然最完美的观察所做出的最精确的模仿所带来的效果。在此类娱乐活动当中，观察和模仿的唯一目的，就是要制造上述效果。如果能借助其他手段获得这种效果，那么就可以说，我

们已经完美地达到了这个目的。

如果说器乐作品罕有能被认定为模仿性的，甚至当它被用来支持其他种类艺术中的模仿之时都是这样，那么，当它在单独演示的时候，情况就更加如此了。何苦为了勉为其难的模仿而妨碍乐曲本身的旋律与和声、限制音乐的节拍和律动呢？而且，由于没有其他种类的艺术与之相伴并解释其含义，这种模仿很可能会落得无人理解的结果。正因为如此，在一些最受欢迎的器乐作品（比如亨德尔的序曲、科雷利的协奏曲）当中，[①]都极少或根本没有模仿，即使存在少量的模仿，作品主要令人称道之处也并不在于此。不包含任何模仿的器乐作品，能够营造出相当强烈的效果；尽管它对于听众心灵和情感的影响力，无疑要比声乐弱了许多，但是它也拥有十分强大的力量：它运用优美的乐音欣然唤醒人们耳朵的能力，引起人们的注意；又通过音与音之间的联系和亲合性自然而然地留住人的注意力，让我们的神思随着一串串怡人的乐音而飘飞——所有这些乐音，都与某个共同的基本音（称为主音）之间存在着某种关系，同时又关联于某一串连续音或音的组合（称之为主题）。由于上述关联的存在，使得乐曲中的每个音都仿佛对其后面的音构成引介，在某种程度上令听者的头脑对它有所准备。音乐以其节律，也就是节奏、节拍，将音的连续体组织成特定的结构，从而令整首乐曲更容易被人理解和记忆。节拍和节奏之于器乐，就如同顺序和条理之于语篇一般：它们把整部音乐作品分为适当的

① 在斯密撰写此文的时期，社会上对维瓦尔第《四季》(1728)的热捧可能已经降温。

节段，使我们能够更好地记住前面的内容，又能在某种程度上预见到以下的内容；我们经常能预感到某一段落的反复，因为我们知道，乐曲进行到这里，必须与前面我们记得的某一处乐段形成呼应。按照一位古代哲人及音乐家的说法，人由音乐中获得的愉悦感部分地来自记忆，部分地来自预见。当某种节拍已经持续了一段时间，给我们带来了一定的愉悦感之后，忽然转到另一节拍；这种变化虽然令人的预期落空，却比一成不变、永远符合预期的安排更能使我们感到愉快。不过，假如上述的秩序和条理性一概不存在，我们就难以记住之前的内容，更难以预见到此后的内容；如此一来，音乐的妙趣便大抵和平常任何时候传进我们耳朵里的声音所产生的效果无甚差别了。在娱乐的过程中，由于有了这种秩序和条理性，其效果便相当于我们所能记住的一切以及所能预见的一切这两方面效果的叠加；到达乐曲结尾之时，所有各个部分的效果又有一个综合叠加作用。

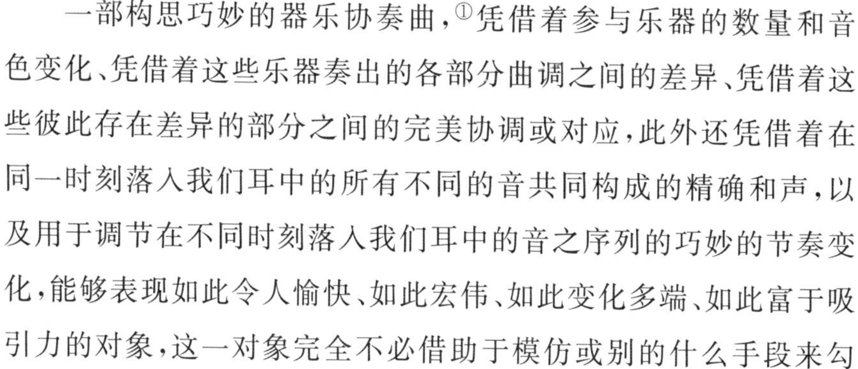

一部构思巧妙的器乐协奏曲，①凭借着参与乐器的数量和音色变化、凭借着这些乐器奏出的各部分曲调之间的差异、凭借着这些彼此存在差异的部分之间的完美协调或对应，此外还凭借着在同一时刻落入我们耳中的所有不同的音共同构成的精确和声，以及用于调节在不同时刻落入我们耳中的音之序列的巧妙的节奏变化，能够表现如此令人愉快、如此宏伟、如此变化多端、如此富于吸引力的对象，这一对象完全不必借助于模仿或别的什么手段来勾

① 这里的“协奏曲”一词，使用的是它的“正确”含义，即由一组不同的乐器“协同”演奏的曲子。自海顿和莫扎特时代之后，才确立了由一件（偶尔也有两件或三件）乐器充任独奏，与管弦乐队协同演奏的协奏曲形式。

起联想，它本身即能满满地占据我们的头脑，勾住人的全部注意力，使人不可能再心有旁骛。凝神细品那些和谐、优美的音的无穷变化，经过和声和音序两方面的巧妙安排，构成了如此完整有序的一个结构体系，人的头脑不仅由此获得了极大的感官体验，而且也享受到了相当高雅的理性乐趣，可以说，这并不亚于任何伟大的科学体系所能给予人的乐趣。[①] 这样一部完整的器乐协奏曲作品，不仅不需要、也不允许有任何伴随之物。如果伴之以歌曲或舞蹈，由于这二者需要分散我们的精神去欣赏，结果非但不能为音乐效果锦上添花，反而对其形成了干扰。它们或许时常会盖住音乐的效果，但却不能与音乐相伴相随而存在。这样的音乐，极少意在讲述某一特定的故事、模拟某一特定的事件，或者（从一般角度讲）体现任何一个特定的对象；它所表现的只是构成它自己的那些音的组合。因此，可以说它的意义完全在乎它本身，不需要任何其他事物再来对其加以诠释。在此类音乐中，所谓的主题——正如我们先前说过的一样——只不过是某些最重要的音符的组合，它们在乐曲中不断地再现，所有的偏离和变奏实际上都与这个主题有着某种密切关联。它完全不同于诗歌或画作的主题，后者经常是意在言外（画外），或与诗中的语言组合及画中色彩组合相差甚远。器乐作品的主题是构成该作品的一部分；而诗或画的主题却不是直接构成作品的材料。

器乐对于人的心灵的影响，称为器乐的表现力。在我们的感

① 在前文（第二部分的第二段）中，斯密提到音乐或舞蹈中一系列有节律的声音或动作串连成“某种整体或体系”。关于科学中的体系，见于《天文学的历史》，IV.19。

觉当中，它与绘画表达的效果通常并无多大差别，有时可以说它们具有同等的吸引力。然而，绘画表达的效果总是源于对绘工与色彩之外的某种事物的联想，尽管该画的绘工与色彩能够鲜明地将这种事物暗示出来。有些时候，此种效果来自观者对于画中人物的表情、动作及神态所透露出的情绪、情感和冲动感到的同情或憎恶。与此相反，器乐曲中的旋律与和声却不会清晰地提示外在于旋律与和声的任何其他事物。它所营造的任何效果，都是由其旋律与和声直接产生的，而不是由它们所代表或暗示的任何别的事物营造的：实际上，它们并不能代表或暗示任何东西。我们或许可以恰当地说，绘画艺术的全部精髓由各具特色的三个部分构成：绘工、色彩和表现力。不过，若是像阿维森先生那样，[①]认为一位音乐家的全部艺术妙谛、一部音乐作品的全部价值，是由旋律、和声和表现力这三个不同的部分构成的，那就等于把旋律、和声与这二者直接且必然带来的效果并列起来了；这在逻辑上无论如何都是说不通的。绘画作品的表现力并不一定来自好的绘工或着色，或是这二者的出色结合；一幅画很可能在这两方面均属上乘，却毫无表现力可言。而音乐中所谓的表现力，即乐曲对于人的心灵产生的影响，却是好的旋律造成的直接而必然的效果。区分旋律的好坏，主要就是看它造成这种效果的强弱。和声可以使好的旋律的效果得以加强，但是若没有好的旋律，即便和声的技巧再高超，也

① 查尔斯·阿维森(Charles Avison,1709－1770)，作曲家，一生中大部分时间在纽卡斯尔(Newcastle－upon-Tyne)城担任管风琴师。其富于创见的文章可被视为开英国音乐批评先河之作。此处引述的见解可参见阿维森的《论音乐表达》(*An Essay on Musical Expression*,1752)，25并散见于文中各处。

无法创造出称得上有表现力的音乐效果，而只会让人的耳朵感到疲劳、混乱。一位画家或许在绘工和色彩方面拥有超凡天赋，但其表现力却很低下；这样的画家也能够做出很大的成就。按照德－皮勒的判断，[①]就连鼎鼎大名的提香（Titian）都应该归于此类。然而，我们如果说一位音乐家在旋律与和声方面拥有极高的天赋，但是表现力却很低下，那就等于说，在这位音乐家的作品当中，美妙的旋律与和声并没有产生按理说一定会产生的相应的表现力。一个音乐家可能拥有高超的和声技能，但是在旋律创作、咏叹调创作和表达能力上却乏善可陈，致使其创作出的歌曲显得枯燥无味，缺乏表现力。这样的音乐家也可以取得一定的成就，这就如同一个知识渊博却缺乏想象力、品位和创造力的人一样。

因此，器乐虽然在某些情况下可以毫无疑问地被视为一种模仿艺术，但是与其他任何一种模仿艺术相比，其模仿功力却要稍逊一筹。它所能模仿的对象非常有限，而且，即便是针对这些有限的对象，它的模仿也并不完美，假如没有其他类型的艺术相伴相辅，人们甚至很难听得出它在模仿什么。对于器乐而言，模仿并非一种必不可少的要素；而其艺术效果的创造，也并非仰赖于模仿之力，而是借助了与之截然不同的途径，才达到这一目的。

① 罗歇·德－皮勒（Roger de Piles，1635－1709）——在英国常被称作“Du Piles”——他在几部艺术评论著作中分析了提香的优长与不足。在这里，斯密重复了德－皮勒在《画家生活概览》（*Abrégé de la vie des peintres*，1699，265）一书中的观点，认为提香更在意对外在自然的忠实描摹，却忽略了“栩栩如生地表现心灵的激情”。参见《论几位最知名画家的画作》（*Dissertations sur les ouvrages des plus fameux peintres*，1681，19，36，73 等处）。

第三部分

舞蹈的模仿能力远超于器乐之上，它丝毫也不逊于任何其他种类的艺术，甚至还要高过它们。然而，和器乐一样，它却不见得必然具有模仿性，或者不能说它在本质上是模仿性的；同样，无须模仿任何东西，它也能营造出令人十分愉快的效果。在我们通常所见的大部分舞蹈当中，都极少有或根本没有模仿，它们几乎完全由一个接一个的舞步、姿势和动作所组成，按照音乐的节拍，或者表现超凡的优美，或者需要非同寻常的轻盈敏捷。甚至一些据说原本是模仿性的舞蹈，也在我们的实际舞蹈行为中逐渐失去了其模仿的特性。比如，在小步舞中，女性舞者数次经过男伴身边之后，先向其伸出一只手，再换另一只，最后将双手同时伸给男伴——据说，这一组动作最初来源于摩尔人的一种舞蹈，象征着爱的激情。在本书的读者当中，大概有很多人都曾跳过这种舞蹈，而凡是观看过此舞的人都一定会觉得，跳舞者表现出一种十足的优雅得体——然而无论是跳舞者还是观舞者，谁的脑海中都不曾闪现过这种舞蹈原来意图表现的那种含义。

令舞蹈区别于其他任何种类动作的一个基本特点，就是通常所称的舞步，即某种富于韵律和节奏性的步伐，与充任伴奏并起到引导作用的音乐节拍相符。当舞蹈者踏着这种舞步、和着节拍，用各种动作来模仿日常活动或人类生活中某些更重要的活动时，实际上就是在设法使一种事物相似于另一种与之大不相同的事物：他的艺术克服了大自然在模仿物与被模仿物之间设置的差异，从

而或多或少地具备了一切模仿艺术皆有的令人赞叹之处。而实际上,这种差异在舞蹈中并不像在其他种类的模仿艺术中那样大,故而其用以克服该差异的模仿也不似在其他种类模仿艺术中那样地令人赞叹。没有人会把舞蹈当中出色的模仿与绘画或雕塑中的出色模仿相提并论。具备出色模仿能力的舞者可能拥有相当高的才具,其模仿或许有时也能给我们带来极大的愉悦,达到与另外两种艺术所给予我们的愉悦不相上下的程度。后两种艺术(无论是雕塑还是历史题材绘画)的全部模仿对象,均包括在舞蹈艺术的模仿力范围之内;在表现这些对象的时候,舞蹈艺术甚至在某种程度上比它们更具优势。雕塑和历史题材绘画只能表现被模仿的活动当中的某一特定时刻[①]:而对于这一特定时刻之情境的前因后果,它们都无力加以模仿。相比之下,哑剧舞蹈能够清楚地表现出一切的前因后果,它并不局限于描绘单一时刻的情境,而是像史诗一样,将一个长故事当中的所有事件一一表现出来,并展现漫长的一系列前后相继、彼此关联的有趣情境。因此,它比雕塑或绘画更能打动人心。古罗马人常因为观看哑剧演出而潸然泪下,就像我们在观看最动人的悲剧时一样;这样的一种效果,足以令雕塑或绘画艺术无法望其项背。

古希腊人都是出色的舞者,无论是在日常生活中还是在舞台上,他们的舞蹈似乎都是模仿性的。古罗马舞台表演中的舞蹈似乎也是一样。不过,古罗马人生性严肃,在私人社交场合起舞被普

---

① 关于历史题材绘画"只能表现某一特定时刻"之说,参见希尔德布朗·雅各布(Hildebrand Jacob)《论姊妹艺术》(*Of the Sister Arts, an Essay*,1734),19。

遍看作一种不雅之举，因此他们在日常生活中是没有舞蹈的。总的看来，无论是在古希腊还是在古罗马，模仿均被视为舞蹈中不可或缺的成分。

到了现代，情况则完全不同了：尽管我们也有舞台上的哑剧演出，但是即使舞台上的舞蹈表演，其中的大部分也不再是哑剧，并且也不能恰当地称之为对任何事物的模仿。至于日常生活中的普通舞蹈，它们或者从来就没有哑剧成分，或者除了极少数的例外情况以外，已经几乎完全失去了哑剧的性质。

古代和现代舞蹈之间，在性质上有着引人注目的差别。究其原因，似乎源于为二者充任伴奏并起着引导作用的音乐存在着相应的差异；古代与现代舞蹈的差别，正是两种伴奏音乐的差异所产生的自然结果。

在现代，我们几乎总是伴着器乐跳舞；鉴于器乐本身便不具模仿性，因此它所引导与激发的舞蹈大部分也不再具有模仿性。相反，在古时候，人们在舞蹈时似乎总是以声乐作为伴奏，而声乐在本质上必定是模仿性的，于是令舞蹈也相应地有了模仿性。古时候似乎极少有或根本没有可以被恰当地称之为器乐的音乐，换言之，那时候没有不是为了演唱而单纯为了用乐器演奏而创作的音乐，而各种管乐器和弦乐器似乎都只是充任人声歌唱的伴奏，并对其起到引导的作用。

在乡间常见这样的情形：一群年轻人很想跳舞，却没有小提琴或风笛为他们伴奏。于是，一位女士便担当起歌唱之职，让其他人可以随着歌声起舞。大多数情况下，她只是唱出曲调而没有歌词，这时她的声音与器乐并无多少差别，人们会以通常的方式舞蹈，不带任何模仿成分。不过，如果她唱出了歌词，词中的某些地方又超乎一般意义上的抒情和打趣，而是表现了具体的情境，那么全体舞者——特别是那些如入自在之境的出色的舞者——就会立刻或多或少地表现出一些哑剧的色彩，他们会以其姿势和动作尽可能地去传达歌中的意思和故事。若是同一个人载歌载舞，那情况就更是如此。这在古时候颇为常见，它需要歌舞者拥有强健的肺和精力充沛的体质。如果拥有上述的身体条件再加上长期的训练，便能以这种方式演出最高级别的舞蹈。我曾经见过一位黑人载歌载舞地表演他本国的战争舞蹈，那激烈的动作和表情极富感染力，以致在场的所有女士先生们都不由自主地站了起来，跳上桌子、椅子，尽可能地远远避开他那愤怒的气场。在希腊语中，有两个表示"跳舞"含义的动词，①它们各有自己适当的派生形式，分别表示相应的某种舞蹈和舞者。在大多数希腊作者的作品中，这两套词汇和其他一些意义相近的词汇一样，经常被混为一谈，在用法上亦有所混淆。然而，据一些最出色的评论家判断，这两个词汇在严格意义上是有所区别的：其中一个词表示"载歌载舞"，就是一个人边唱边跳；而另一个词则表示只跳不唱，或者伴着他人提供的音乐跳舞。据说它们各自的派生词也有相应的意义上的差别。在古希腊悲剧中，合唱队的成员有时超过50名，其中一部分人吹笛，一部分人歌唱，他们全体都参与舞蹈，并且是随着自己唱奏出的音乐来跳舞。

① 可能是 χορεύειν 和 όρχ ε̑ισθαι 这两个词。

原编者注：以下论述是在斯密先生的手稿中发现的，其中并未注明作者是否意图将其作为本文的一部分，抑或令其单独成篇。由于这些文字看来极具价值，令编者不忍埋没，又因内中涉及第二部分第2段中提到的关联，遂将其作为附录，载于本文之后。

附录：

论音乐、舞蹈和诗歌之间的类同

我在本文第二部分当中曾经提到，音乐和舞蹈这两种艺术之间的关联在于古人所说的律动（Rhythmus），即我们现在所讲的节拍或节奏，因为二者都同样受到这种律动的制约。

然而，并非每种合乎音乐节拍的步伐、姿势或动作均能构成舞蹈。只有某一特定种类的步伐、姿势或动作才能称之为舞蹈。在优秀的歌剧演员身上，不仅声音的抑扬顿挫需要与音乐节拍相符，而且他的一举手、一投足，乃至一颦一笑间头部和身体的姿态，都无不与音乐的节拍相吻合。然而，没有哪一个欧洲国家的语言会把顶尖歌剧演员的表演说成一种舞蹈；虽说歌剧演员在表演当中，一般都会使用所谓的"台步"，但即使这样的步法也不能被理解为舞步。

哪怕是最普通的观众也能一眼看出，所谓舞步与其他任何步伐、姿势或动作有着明显的区别；然而，要用语言表明它们的区别究竟在何处，恐怕就不那么容易了。若想确切地指出这二者究竟以何处为分野，或者就这一琐屑之事给出一个精准的定义来，恐怕需要付出相当程度的深思和专注——若以此事本身的重要性来权衡的话，此举恐怕显得不太值得。不过，我们如果尝试厘清其中的区别所在,则应当指出,尽管在任何一种日常举动中——比如行走,从房间的一端迈步走到另一端——一个人可能显得既优美又灵活,然而假如他流露出一丝一毫想要表现得优美或灵活的意图,他就必定或多或少地招人讨厌,难免受人非议,被说成是轻浮虚荣、矫揉造作。在任何一种日常活动里,大家都希望自己表现得专注于行动的目的,如果某个人有意显示自己举止的优美或者灵活,他也必须小心地掩饰这种意图;然而,却极少有人能够遮掩成功。他的这种心理总会多多少少地有所流露;而流露的越多,就越是招人讨厌。在舞蹈中,情况恰恰相反,每个人都坦承自己有意表现出某种程度的优美或灵活,抑或是二者兼备。事实上,展示其中的这种或那种特质——抑或两种特质——恰恰就是舞蹈的正当目的所在;而人在追求任何一种活动的正当目的之时,绝不会有丝毫令人不顺眼的虚荣或矫揉造作之嫌。当我们谈起某个特定的人,说他在舞蹈里面装腔作势、硬充优雅,实际就是指他所做出的姿态与舞蹈本身的性质并不相符,或者说他分寸把握得不准确,或许表演得太夸张了(这是舞蹈中最常见的一个毛病)。实际上,每个舞蹈都是一系列这样或那样的姿态,而且可以说,这些姿态都是故意摆出来向人展示的。那些能够体现出这种意图(即,展示一系列如此这般的姿态)的步伐、姿势和动作,才是舞蹈所特有的步伐、姿势和动作,当它们按照音乐的节拍被表演的时候,便构成了严格意义上所称的舞蹈。

每一种步伐、姿势或动作,即便是按照音乐的节拍来进行的,其本身也不足以构成舞蹈;然而,几乎任何一种声音,只要依照鲜明的节律或节拍进行重复,哪怕是没有音的高低变化,也能构成某

种音乐——尽管这样的音乐无疑谈不上完美。据我所知，各种鼓、铙钹，以及其他一切打击乐器，都只能发出同一单调的声音；然而，当这个声音按照某种特定的节律或者节拍被一再地重复——有时也会出于突出强调该节拍的需要而在音量上有所变化，但并无音高变化——便势必构成了某种音乐，而且时常一点都不难听，甚至能产生相当不错的效果。的确，像这类乐器所发出的单音通常十分清越动听，不过也并非一定如此。比如，送葬队伍中鼙鼓敲出的闷音就远远算不上清越动听，然而它到底也制造出了某种音乐，而且在有些时候这样的音乐也颇能打动人心。哪怕是最微末的表演者也能制造某种音乐——比如，有一个人正在用手指连连叩击桌面，我们间或能够从中听出某一首广受喜爱的歌曲的节奏，或许还能从中品出一丝那首歌所特有的味道；因此我们必须承认，就连这个人也制造出了某种音乐。如果仅顾到曲调的起伏、却没有适当的步伐和动作，就无法构成舞蹈；但是，仅有节拍、没有曲调，却照样能构成某种形式的音乐。

音乐须严谨地依照曲调演奏，或者说，须把握曲调中的适当音程：一切堪称完美的音乐，其美即在于此，其难亦在于此。相对而言，节奏是一件简单的事情，即使天资较差且未经训练的耳朵，也能辨别一首歌曲的节拍并对其心领神会。不过，要想分辨并理解曲调中的一切变化，并且精确地说出每个音的高低，却是一件艰难的任务，哪怕听力最敏锐且训练有素的耳朵，也常感难以胜任。我们在听普通人唱歌时，经常会感到他对节奏把握得相当准确，但是对曲调的音高却把握得差强人意。要想发现并分毫不差地辨识曲调中的各个音程，必须经过长期的经验积累，进行大量的观察方能做到。一般而言,在各种音乐理论专著中,关于节拍的论述只占全书中的一章,篇幅很短,内容也不难;剩余的章节都归给了关于曲调的理论。实际上,后一种理论早已发展成了一门博大精深的科学,即使才智超群的艺术家有时对此也无法完全理解。遥想那些未开化的民族最初做出歌唱的尝试之际,他们恐怕未必有能力顾及到曲调的优美吧;因此,我常倾向于怀疑那些古老民歌是否真的历史悠久,尽管人们都说这些歌是经过代代传唱,从上古时代流传至今,其曲调是在很长一段历史时期内并无明确记载的。我承认,一首歌特有的节奏和味道或许能以这种方式流传至今,但其精确的曲调却似乎不太可能同样保存下来。在我的记忆当中,今天对一些古老的苏格兰民歌的唱法已经发生了很大的改变,而且将来很可能还会有更大的变化。

歌唱与日常谈话中语音语调的差别,似乎类似于舞蹈中的步伐、姿势和动作与日常生活活动的差别。虽说人们平时说话的语调有可能非常悦耳,不过,假如一个人表现得似乎有意卖弄优美的语调,好像一边说着话一边在自我欣赏,并有意地调整着语调的抑扬顿挫,使之变得更加好听,那他必定会或多或少地招人讨厌,被指责为装腔作势、矫揉造作。在谈话当中,正如在其他任何一种日常活动当中一样,我们总是期待并要求说话者应当专注于行为的正当目的本身,即,要清楚、明确地表达他想要表述的意思。而在歌唱中,情况则与此不同:每个人都坦然承认自己在有意运用自己的音调和节奏性来愉悦他人;他这样做不仅没有矫揉造作之嫌,而且我们大家都会期待并要求他这么做。通过选择并合理安排各种好听的声音给人带来愉悦,此乃一切音乐的正当目的,无论是声乐还是器乐都是如此。我们总是期待并要求每一个人都专心致力于他所从事的任何行为的正当目的。一个人在歌唱或舞蹈之时可能显得矫揉造作,这或许是因为他在使用某些并不符合歌曲本身性质的声音或调子来竭力讨听者的喜欢;或者,他所用的声音或调子本来与歌曲的性质相符,只是他处理得过火了;还有一种可能,他表现得对自己的才能过分自负,超出了表演所要求的适当分寸。这种令人讨厌的做作之举,似乎总是体现为对声音的不适当修饰,而未能以恰如其分的声音给他人带来愉悦。人们很早以前便发现,不同的琴弦若在弦长、强度、紧绷度等方面符合特定的比例,那么它们的振动就能产生精确和谐的声音,在音乐术语中叫作同度音,而这样的声音或音调在歌唱时就会令人的耳朵听起来很舒服。有了这一发现,音乐家们便能清楚而精确地谈论乐音或人声歌唱的音调了;他们总能准确地说明自己想要的是哪个特定的音或音调,只要指明发出该同度音的特定弦长比例即可。歌唱中不同乐音或音调之间的高低差异叫作音程,而这种差异在歌唱中较平时说话要明显得多。前者可以运用弦长比例来加以度量和理解,而后者则不能。即使最精密的仪器也无法体现言语中那种极细微的音高和音调的差异。在索沃尔先生(Mr. Sauveur)①发明的律制

① 约瑟夫·索沃尔(Joseph Sauveur,1653–1716),虽然他的语言表达和听力都有障碍,但他却对频率–音高之间的关系及由此衍生的和声加以研究,在相关实验和数学分析的基础上创建了音乐声学这门学科。他创建了一个以 *méride* 作为音程单位的律制,但从未得到广泛采用。他曾于1701年在法国《皇家科学院纪录》(*Mémoires de l'Académie des sciences*)上发表论文,详细阐述了这一律制。按他的划分方法,一个八度被分为 43 个 *méride*,每一 *méride* 又被分为 7 个 *heptaméride*,以下每一 *heptaméride* 再被分为 10 个 *decam éride*。

中,一个 heptaméride 所体现的音程差异可以说是极其细微了,相当于现代音乐中最小音程单位(称作"音撇")的七分之一;然而,我们从杜克洛先生(Mr. Duclos)[①]那里得知,即便使用这种音程单位仍然无法体现中文发音当中的细微音程变化——据说,在世界上所有的语言当中,中文的发音最接近于歌唱;换言之,这种语言的音程变化是最大的。

由于语音不像歌唱的声音或音调可以明确标定,故而歌唱的声音或音调可以被记录下来并化为书面形式,而语音则不能。

① 查尔斯·品诺-杜克洛(Charles Pineau 或 Pinot-Duclos, 1704-1772)在阿尔诺(A. Arnauld)与朗斯洛(C. Lancelot)著作《普遍唯理语法》(*Grammaire générale et raisonnée*, 1754 及其后诸版本)第 4 章 34 节后所附评论中写道:"'Ele [*sc*. la prosodie] doit se faire beaucoup sentir dans le Chinois, s'il est vrai que les diférentes inflexions d'une même mot servent à exprimer des idées diférentes.'(这一点——指音调的抑扬——在汉语中表现得尤其明显,即便是同一个词,若用不同的音调说出,便会代表不同的含义。)"他在此处引用了古希腊学者哈利卡那索斯的迪奥尼索斯(Dionysius of Halicarnassus)论及希腊语中高音与低音之间的音乐音程的一段话。

论英语诗歌与意大利语诗歌之间的类同

意大利语和英语这两种语言，虽则禀赋不同、发音各异，然而在这些差异所容许的范围内，意大利语的八行体诗(octave)[①]、三行体诗(terzetti)及大部分十四行诗似乎在韵律构成上与英诗中的英雄韵体(Heroic Rhyme)大致相同。

英诗中的英雄韵体，每行或包含 10 个音节，或包含 11 个音节：在 10 个音节的情况下，句末押单韵；11 个音节时，句末押双韵。

相应地，在意大利诗歌中，每行可包括 10 个、11 个乃至 12 个音节，句末分别押单韵、双韵或三重韵。

在诗句中，韵脚应当自然而然地落在句末最后一个音节；同样，重读音节也应当押韵，以利于更好地表意。因此，当重音恰好落在句末倒数第二个音节、而不是最后一个音节上的时候，韵脚就必须同时落在这一重一轻的两个音节上，因而势必构成双韵。

在意大利语当中，有时句末重音既不在最后一个音节、也不在

---

① 八行体：[意]*ottava rima*，其步律为 abababcc。三行体：[意]*terza rima*，但丁《神曲》(*Divina Commedia*)中所用的诗体，其步律为 aba bcb cdc...英语中的英雄韵体：韵律特点为五步偶体。

倒数第二个音节上，而是落在倒数第三个音节上，在这种情况下，这三个音节就必须同时押韵。这就势必构成三重韵，而相应地，每句诗行中也就有了 12 个音节：

Forsè era ver, non però credibile, etc.[①]

英语的英雄韵体中并无三重韵。

意大利语诗中，句末的重音多出现于倒数第二个音节，出现在倒数第三个音节及最后一个音节的时候均相对较少。实际上，每句倒数第二个音节重读似乎是这种语言当中最常见、也最自然的一种情形。故而，意大利英雄体诗歌主要由双韵形式写成，每句诗行中包含 11 个音节。三重韵较少见，单韵的情况则更为少见。

在英语当中，重音经常落在单词的最末一个音节上。此外，我们英语中还有大量单音节词，其中大部分都可以重读(不能重读的少之又少)，这些单音节词最常被用作英语韵文中的末尾词。出于上述两方面的原因，英诗中的英雄韵体主要押单韵，每句诗行中包含 10 个音节。双韵在英语诗歌中较少出见，几乎和意大利语诗歌中的单韵与三重韵一样罕见。

由于英语的英雄体诗歌中极少用到双韵，当它们出现于诗句中的时候，就显得异样、别扭，甚至于怪诞。于是，那些最出色的诗人总是将其用于轻松活泼和带有滑稽感的场合；为了调侃作品中

① 阿里奥斯托(Ariosto)，《疯狂的奥兰多》(*Orlando Furioso*)，i.56.1。读作“...ma non però credibile”。

的人物，诗人会选择一种亲昵熟稔的语气。例如，当蒲柏（Pope）先生写道[①]

Worth makes the man，and want of it the fellow;
The rest is all but leather or prunello;

他的用意是要顺应诗中主人公的语气，在措辞上远不似全诗其他部分那么庄重。双韵在德莱顿（Dryden）的诗中出现得较蒲柏的诗中为多，而在休迪布拉斯（Hudibras）的诗中又比德莱顿的诗中更多。

意大利语的英雄体诗歌中极少运用单韵和三重韵，因此，当它们出现于诗句中的时候，就如同英语诗歌中的双韵一样，显得异样、别扭，甚至于怪诞。在意大利语诗歌中，三重韵较单韵尚多见一些。三重韵中一带而过的滑音（*verso sdrucciolo*[②]）似乎与通常双韵中的口腔运动方式相去不远，不似单韵那样突兀地收束（*verso tronco ecadente*[③]），给人一种离断的印象，仿佛较通常的韵律有所欠缺似的。

因此，在意大利诗歌中，单韵比三重韵显得更具滑稽意味。单

① 蒲柏，《人论》（*Essay on Man*），iv. 203－4。末词读作“prunella”。

② 除巴塞尔 1799 版之外，其他所有版本中均依照 1795 年版的拼写讹误，将这个词印作“*sotrucciolo*”；皮埃尔·普雷沃斯特（Pierre Prevost）的法文译本（1797）中印作“*strudciolo*”。这里诠释为“滑音”是正确的。

③ 此处理解有误：*tronco* 是指单韵，*cadente* 指双韵或降韵（并非“欠缺”之意）。

韵在阿里奥斯托的诗中极少出现；但在谐体诗 Ricciardetto[①] 当中却屡屡可见。在所有一流诗人的作品中，三重韵都比单韵更为多见。这样一来，在英语诗歌中显得至为高贵、庄重的诗句，在意大利人看来却成了极可笑的油嘴滑舌；之所以如此，据我看来没有别的原因，只因为此种押韵形式在一种语言中是常用的韵律，而在另一种语言中则与通常的韵律相差甚远。

意大利英雄体诗歌一般押双韵，也可以押单韵和三重韵；似乎可以在两个方向上与一般韵体拉开同等的距离。英语中的英雄体诗歌通常押单韵，也可押双韵；但它不能押三重韵，因为这与英诗中的常用韵律相差太远，会显得过于滑稽、怪诞。在英语诗歌当中，当一行中最末一个词的倒数第三个音节恰巧是重读音节的时候，韵脚只落在最后一个音节上即可。这种情况属于单韵，每个诗行所包含的音节不超过3个：不过，由于行尾最后一个音节是非重读音节，这便构成了一个不完全韵（imperfect rhyme），只能应用于偶体诗中的第二句（即便在这种情况下也极少见），此时，这种韵律能使诗句显得极其优雅宜人，甚至令诗行的行进显得更加流畅、自然：

Bùt of this fràme, the beàrings, and the tìes,
The strìct connections, nìce depèndencies, etc.[②]

① *Ricciardetto*，一首吟咏中古骑士的谐体史诗，作者 Niccolò Forteguerri（1674－1735），全诗共包含30个篇章，在18世纪中叶曾经广为传诵，1766年被译为法语，题为 *Richardet*。本书1738年出版于威尼斯（而非"巴黎"），作者署名为"Niccolò Carteromaco"。

② 蒲柏，《人论》，i. 29－30。读作"strong connections"。凯姆斯（Kames）在《评论的基础》（*Elements of Criticism*，1762）18章4节"论诗律"当中曾予（正确）引用。

当偶体诗第一句末尾以强重读音节结束，即已明确指出了诗中押的是哪种韵，因此，在第二行中，常常只消略加照应（比如，行末词的词尾音节与之相同但不重读）便足以表明两行间的韵律一致性。然而，像这样的词如果放在第一行中，则极少达到同样出色的效果：

Th' inhabitants of old Jerusalem
Were Jebusites; the town so called from them.①

在偶体诗中，如果上下两句都以这种方式结尾，就会显得十分难看。

无论在英语中还是在意大利语中，我们在数算诗行中的音节时，哪怕是对一些听起来完全中规中矩的诗句，也常需抱着一种相当宽容的态度，才能使其恰好符合该韵体关于 10 个、11 个或 12 个音节数的要求。例如，在下面这两句偶体诗中，如果严格说来，第一句中共有 14 个音节，而第二句中只有 12 个。

And many a hŭmoŭrous, many an amorous lay,
Was sung by many a bard, on many a day.②

然而，由于语速的关系，换言之，有些音节在发音过程中可轻巧带过，所以在朗读时，第一行中的 14 个音节和第二行中的 12 个

① 德莱顿，《押沙龙与阿齐托菲尔》（*Absalom and Achitophel*），85－86。

② 出自塞缪尔·赛伊（Samuel Say）创作的偶体诗。此处“humorous”一词中，短音记号应加在后两个音节，而不是第一个音节上。

音节似乎与通常状态下 10 个音节所用去的时间大致相当。比如第一句中的 *many a*，机械地数起来显然包括 3 个不同的音节，或者说依次发出的 3 个音，但在实际发音时只占两个音节；*hŭmoŭrous* 和 *amorous* 这两个词也是一样。同理，*heaven* 和 *given* 这两个词各自包含 2 个音节，不管你说话速度有多快，也必须将这两个音依次发出。可是，当这两个词出现在诗句中的时候，则往往被视为只包含一个音节。

我们在数算意大利英雄体诗歌中的音节时，还必须给予更大的宽容度：在这些诗中，常有必须将三个元音算作一个音节的情况，虽说它们均需发音，发音速度确实很快，但仍要依次发出，而且没有哪两个音共同构成复合元音的情形。说到复合音，意大利人在这方面似乎也没有一定之规，有时候，同一个元音组合在一个地方只算一个音节，换到另一处有时就要算作两个音节。甚至有这样一些词，当它们出现在诗句的末尾时，常被算成两个音节，但在诗中其他地方，却总被算作一个音节——*suo*，*tuo*，*suoi*，*tuoi* 等词均属此类。

罗斯理①曾经指出，在意大利英雄体诗歌中，重音应落在每行第 4、第 6、第 8 和第 10 音节上；如果落在第 3、5、7、9 音节，便会破坏诗的韵律。

在英语诗歌中，重音如果落在上述的奇数音节上，也同样会让

① Girolamo Ruscelli（卒于 1566 年），著有《意大利语诗歌创作方法》（*Del modo di comporre in versi nella lingua italiana*，1559），由于书中附有一部"*rimario*"即诗韵词典，因此出版后极为畅销，直到 18 世纪末仍有销售。本文中提到的有关韵律的话题见于该书第 3—8 章，pp. xlviii－lxxxvi。

一首诗难以卒听。

Bow'd their stiff necks, loaden with stormy blasts.①

弥尔顿的这行诗虽说并无英语英雄体诗歌通常的动势，但句中的重音确乎落在第三和第五音节上。

重音落在句首第一音节上的情形，在意大利语诗歌中极常见，在英语诗歌中也时有出现，这种押韵方式令诗句显得非常优雅；这时候，同一句子中第四音节前极少出现别的重读音节：

*Cánto l'armé pietóse e'l capitáno.*②
Fírst in these fiélds I try the sylvan stráins.③

在英语和意大利语诗歌中，句首第二音节重读时也可以带来一种非常优雅的感觉，这种情况通常出现在句首第一音节不重读的情况下：

E in van l'inferno a' lui s'oppose; e in vano

---

① 此处引用的诗句来自《复乐园》(*Paradise Regained*), iv. 418。塞缪尔·赛伊在《论〈复乐园〉中的数字》(On the Numbers of *Paradise Regained*)一文[收录于《多重场合之诗》(*Poems on Several Occasions*, 1745), 166]中，引用了诗中描述那场暴风雨的整个段落，并讨论了其中的韵律，对这一行格外予以强调。

② 塔索(Tasso),《耶路撒冷的解放》(*Gerusalemme Liberata*), i. 1。读作"armi"。

③ 蒲柏,《田园诗集——春》, 1。

S' armó d' Asia, e di Libia il popol misto, etc.[①]

Let us, since life can little more supply

Than just to look about us, and to die, etc.[②]

无论在英语还是意大利语诗歌中，尽管重音的位置绝不可以出错，但重音的省略有时也可带来极优雅的感觉。在上面引用的最后一节英语诗句中，第八音节没有重读，连词 *and* 也不可重读。同样，在下面这行意大利语诗句中，第六音节也未重读：

O Musa, tu, che di caduchi allori, etc.[③]

这里的介词（preposition）[④]*di* 和前例中的连词 *and* 一样，也不可重读。然而，在这种情况下，当双数音节未被重读，位于这个音节前、后的两个单数音节也不可重读。

无论在英语还是意大利语诗歌中，都不可以省略两个连续的重音。

必须说明的是，在意大利语中，重音可分为钝重音和锐重音两种：钝重音一般在相关音节上方以一小撇加以标明，而锐重音则不加标示。

英语重音没有钝、锐之分。

---

① 塔索，《耶路撒冷的解放》，i.1。

② 蒲柏，《人论》，i.3－4。

③ 塔索，《耶路撒冷的解放》，i.1（第2节）。

④ 1795年版印作“proposition”，后于都柏林版中得以校正。

同一位作者还指出，在意大利语诗歌中，一行诗句中的停顿——语法学家称为“休止”——若被安排在第3、4、5、6或第7音节之后，方显得适当。其他一些作者在论及英语英雄体诗歌的时候，也做出过类似的评论。杜比（Dobie）特别欣赏一句中有两处停顿的结构，一处置于第5音节之后，另一处置于第9音节之后。他所举的例子是彼特拉克（Petrarch）的一句诗：

Nel dolce tempo de la prima etade, etc.①

据杜比讲，这行诗句的第二处停顿位于第9音节后，实际上这处停顿位于两个元音之间，按照意大利语中数算音节的方法，这两个元音共同构成了第9音节。因此，是否可以认为这处停顿处于第8音节之后，是很值得商榷的。我本人并不记得有哪一首出色的英语诗歌将行中停顿安排在第9音节之后的，不过，在第8音节后停顿的例子倒是不胜枚举：

Yet oft, before his infant eyes, would run, *etc*.②

① 彼特拉克，《歌集》（*Rime*），xxiii. 1。罗斯理（即文中所说的“同一位作者”）也曾引用此句，用以说明其诗歌分类当中作为一类诗歌典型的合组歌（Canzone）：《意大利语诗歌创作方法》，cxxxiii。至于这里提到的杜比究系何人，至今尚未明确。关于诗行中停顿的位置，相关例子可参见约翰逊（Johnson）《漫谈者》（*Rambler*），90，1751年1月26日刊；《诗歌中所表现的美》（*The Beauties of Poetry Display'd*，1757），i. xxviiff.；J. 莱斯（J. Rice），《阅读的艺术导论》（*Introd. to the Art of Reading*，1765），155；塞缪尔·赛伊，136。

② 托马斯·格雷（Gray），《诗的历程》（*Progress of Poesy*），118。斯密认为，格雷的诗“真乃抒情佳作之典范”[见于《小蜜蜂文学每周通讯》（*The Bee or Literary Weekly Intelligencer*）iii，6（爱丁堡，1791）中署名“Amicus”的报道]。参见《道德情操论》III. ii. 19；《有关修辞学和文学的讲稿》ii. 96（洛西安版，123）。

在这句诗中，共有两处停顿：一处位于第 2 音节之后，另一处位于第 8 音节之后。我已经说过，许多意大利语诗歌都在句首第 2 音节之后做一停顿。

或许英语和意大利语中的英雄体诗歌都未必严格按照固定的音节数来写作，每行诗句所包含的音节数会随着诗韵的性质不同而有所变化；更有规律的是每行诗中的韵律间隔（每一诗行永远包括五个间隔），各个间隔的时长均等，[①]相当于两个各自分明的普通音节相加的时长，尽管其中有时可能包含更多的音节，此时这些音节发音极短，以免因个数太多而影响节拍。每一间隔的末尾处常有清晰的重音作为标记，但更多的是每两处间隔末尾加一重音的情形。这时，重音时常极其优雅地落在第一间隔的开头；在此之后，便只能等到一个间隔结束再加重音了，否则必会破坏这句诗的韵律美。紧随在第 5 个间隔之后的一个或几个音节从来不予重读。它们不构成独立的韵律间隔，而被视为诗句末尾的某种附赘成分，因而在某种意义上可予忽略不计。[②]

① 此段内容与夏斯特勒侯爵（François-Jean de Chastellux）所撰《关于意大利语、英语及德语诗歌构成原理的一些思考》[（“Réflexions sur le Méchanisme de la Versification Italienne，Angloise et Allemande”），发表于《异国人》（*étranger*）杂志 1760 年 6 月号（Paris：1－58）]一文中（79n.）的观点恰成呼应，后者提到，短音节“的时值达不到一个间隔”。各间隔是等时的（isochrone）。

② 夏斯特勒曾多次指出，这些音节“可予忽略不计”（出处同上，64，66）。

评约翰逊的《英语词典》

《英语词典》(*A Dictionary of the English Language*),编纂者:塞缪尔·约翰逊(Samuel Johnson),A. M. 纳普顿(A. M. Knapton),对开2卷本。售价4英镑15先令。

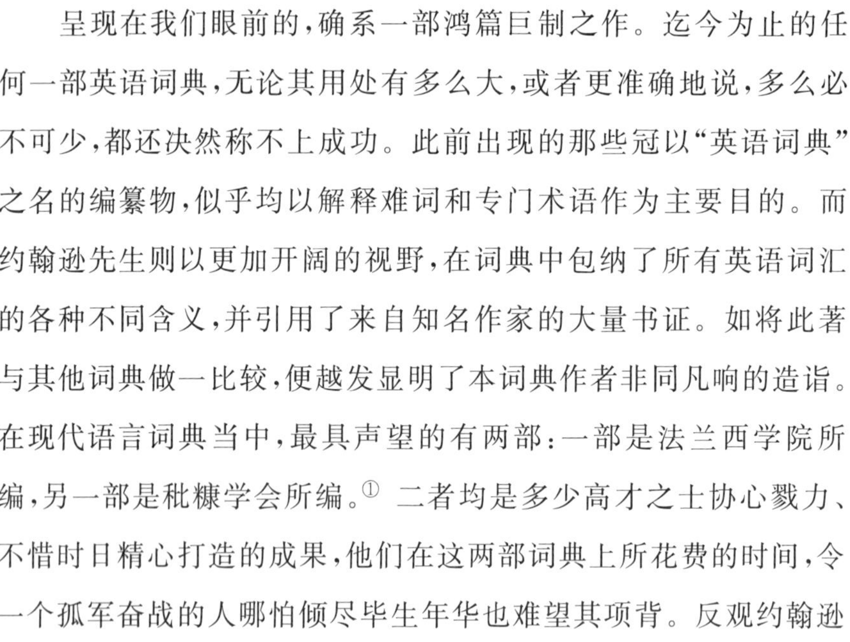

呈现在我们眼前的,确系一部鸿篇巨制之作。迄今为止的任何一部英语词典,无论其用处有多么大,或者更准确地说,多么必不可少,都还决然称不上成功。此前出现的那些冠以“英语词典”之名的编纂物,似乎均以解释难词和专门术语作为主要目的。而约翰逊先生则以更加开阔的视野,在词典中包纳了所有英语词汇的各种不同含义,并引用了来自知名作家的大量书证。如将此著与其他词典做一比较,便越发显明了本词典作者非同凡响的造诣。在现代语言词典当中,最具声望的有两部:一部是法兰西学院所编,另一部是秕糠学会所编。[①] 二者均是多少高才之士协心戮力、不惜时日精心打造的成果,他们在这两部词典上所花费的时间,令一个孤军奋战的人哪怕倾尽毕生年华也难望其项背。反观约翰逊

---

① 法兰西学院词典(*Le Dictionnaire de l' Académie Françoise*,1694;第三版,1740年重编)。秕糠学会词典(*Vocabolario degli Accademici della Crusca*,1612年;第五版,1746-1748),萨尔维亚蒂(L. Salviati)主持编纂。

的这部《英语词典》，在编纂时全凭一人之力，相对于其内容之广博，所用时间亦不算太长。这部词典在收词上不仅有其精确的一面，而且，我们必须承认，涵盖面也是相当丰富的。词典中的大多数词，我们相信，在以往曾经几被怀疑是否属于英语词。虽则如此，我们还是忍不住希望，作者在解释一些词的非标准用法时——尽管有时能找到名气不小的作家的书证相佐——最好不那么依赖旁人可能提供的参谋，而是更多地运用自己的评判才好。当一部著作已经博得普遍认可，人们觉得其内容非常有用，写法也值得称道，这时如再有人提出，它还能做得好上加好，那么，我们希望，后者的意见应不至于被看成是对此书横加非难。约翰逊先生的词典既是如此成就斐然，就算指出其中的一点点白璧微瑕，于其伟大也不会有丝毫减损，而据笔者的浅见，如能相应有所改进，反能为此书已有的成就增辉不少。笔者认为，这部词典的瑕疵主要反映在结构安排上，有些地方不尽符合语法规则。它的确收集了一个词的各个不同义项，却很少对这些义项进行恰当分类，或者说，未能分门别类地按主次顺序对其加以安排。此外，对于一些很明显的同义词，编者也未注意给予足够的区别。① 笔者并无更好的方法来阐明自己的意图，唯有在约翰逊先生的词典中摘取一两个条目，再按我们希望采用的分类方法将其改写后，并陈于此，供相关人士参考。

BUT ***Conjunct.*** [Buze, Buzan, Saxon.]连词【源自撒克逊语

① 本文通篇使用的这种拼法(synonomous)，基于 ὄνομα，但道格拉斯·斯图亚特(Dugald Stewart)在《亚当·斯密的生平》(I.24)中引用此段时，改为“synonymous”。

Buze, Buzan】

1. Except. 除了，只是

An emission of immateriate virtues we are a little doubtful to propound, it is so prodigious: *but* that it is so constantly avouched by many.

Bacon.

每当提起精神美德所散发的光辉，我们心底总觉得稍微不太有把握，因为它是一种如此奇妙非凡的东西：只是，它又如此经常地在许多人口中凿凿而谈。

——培根

Who can it be, ye gods! *but* perjur'd Lycon?
Who can inspire such storms of rage, *but* Lycon?
Where has my sword left one so black, *but* Lycon?
Smith's *Phaedra and Hippolitus*.
神祇们啊！说到这人，除了起假誓的吕孔，还能有谁？
除了吕孔，还有谁能激起如此狂风骤雨般的愤恨？
除了吕孔，还有谁的血能将我的剑锋染得这般漆黑？
——埃德蒙·史密斯，《菲德拉与希波吕托斯》

Your poem hath been printed, and we have no objection *but* the obscurity of several passages, by our ignorance in facts and persons.

Swift.

您的诗作已经付梓，我们对该作品没有异议，只是其中有几段，鉴于我们对相关事实和人物所知有限，所以对于内中含义不甚清楚。

——斯威夫特

2. Yet;nevertheless. It sometimes only enforces yet.

然而；尽管如此。有时仅用于加强“yet”的语气。

Then let him speak, and any that shall stand without, shall hear his voice plainly; *but* yet made extreme sharp and exile, like the voice of puppets: and yet the articulate sounds of the words will not be confounded.

Bacon's *Nat. Hist*. No 155.

这时他若开口说话，任何站在（浴缸）外的人都能清楚地听到；然而这时他的声音听起来非常尖细而遥远，仿佛木偶剧中的声音一样：不过，他发出的每一个音都很清晰，彼此不会混淆。

——培根《自然史》，No 155

Our wants are many, and grievous to be borne, *but* quite of another kind.

Swift.

我们有重重欲望压在心头，给我们带来莫大的痛苦，然而这却是全然不同的另一种痛苦。

——斯威夫特

3. The particle which introduces the minor of a syllogism; now.

作为小品词,用于引出三段论中的小前提;鉴于。

If there be a liberty and possibility for a man to kill himself to-day, then it is not absolutely necessary that he shall live till to-morrow; *but* there is such a liberty, therefore no such necessity.

Bramhall against Hobbes.

如果一个人有自由也有可能在今天结束自己的生命,那么他并非绝对有必要活到明天;鉴于这种自由的存在,故而不存在此种必要性。

——霍布斯驳布兰豪的一封信

God will one time or another make a difference between the good and the evil. *But* there is little or no difference made in this world: therefore there must be another world, wherein this difference shall be made.

Watt's[1] *Logic*, *Introduct*.

神会在将来某个时候将善与恶分别开来;

鉴于在这个世界上极少或并没有善与恶的分别;

故而必有另一个世界,在那里善与恶将被分别开来。

——艾萨克·华兹《逻辑学》,引言

---

① 此处有误,约翰逊的《英语词典》中为正确的拼法 *Watts*。

4. Only; nothing more than. 仅仅；只不过。

If my offence be of mortal kind,
That not my service, past or present sorrows,
Can ransom me into his love again;
But to know so, must be my benefit.
Shakesp. *Othello*.

说我的过失大到了不可救药，
无论过去的功绩、现在的悲痛、
将来立功的决心，无论怎样，
都不能赎回我受之于他的恩宠，
就只让我知道了也是对我好。①
——莎士比亚，《奥瑟罗》

And *but* infirmity,
Which waits upon worn times, hath something seiz'd
His wish'd ability, he had himself
The lands and waters measur'd.
Shakesp. *Winter's Tale*.

倘不是因为年迈无力，他渴望亲自渡过了间隔着两国的山河而来跟陛下谋面。

——莎士比亚，《冬天的故事》②

① 汉译引自卞之琳译《莎士比亚悲剧四种》之《奥瑟罗》，人民文学出版社，1988，北京。——译注

② 汉译引自朱生豪译《冬天的故事》。——译注

What nymph soe'er his voice *but* hears,
Will be my rival, tho' she have *but* ears.
Ben. Johnson.
无论哪一位宁芙仙子，只要听到他的声音，
就会变成我的情敌，但凡她有耳倾听。
——本·琼森

No, Aurengzebe, you merit all my heart,
And I'm too noble *but* to give a part.
Dryden.
不，奥伦－蔡比，你值得我倾尽全心的爱，
而我的品性不容我拿出哪怕是一点点分予他人。
——德莱顿，《奥伦－蔡比》

Did *but* men consider the true notion of God, he would appear to be full of goodness.

Tillotson.

人但凡想到神的真正概念，就会显得充满良善。

——蒂洛森

If we do *but* put virtue and vice in equal circumstances, the advantages of ease and pleasure will be found to be on the side of religion.

Tillotson.

只消把善与恶置于同等环境下去考量，那么我们就会发现，轻松和快乐等全部好处都倾向于宗教这一边。

——蒂洛森

The mischiefs or harms that come by play, inadvertency, or ignorance, are not at all, or *but* very gently, to be taken notice of.

Locke on Education.

嬉乐、荒疏或不学无术的害处，并不会一下子暴露出来，只会渐渐地被人发现。

——洛克论教育

If a reader examines Horace's art of poetry, he will find *but* very few precepts in it, which he may not meet with in Aristotle.

Addison. *Spectator*.

倘若哪位读者细细研读了贺拉斯的《诗艺》，便会发现，其中没有几条戒律不曾在亚里士多德的著作中出现过。

——阿狄生，《旁观者报》

Prepar'd I stand: he was *but* born to try
The lot of man, to suffer and to die.

Pope's *Odyssey*.

我站在这里，已准备好聆听：他降生于世，不过是要承受每个凡人的宿命——受苦,而后死亡。

——蒲柏译《奥德赛》

5. Than. 比

The full moon was no sooner up, and shining in all its brightness, *but* he privately opened the gate of paradise.

Guardian, No 167.

一轮满月刚刚升起,散发着无比皎洁的光辉,未几,他悄悄打开了通往天堂的门。

——《卫报》[①],第 167 期

6. But that; without this consequence that. 若非;若不是

Frosts that constrain the ground,
Do seldom their usurping power withdraw,
But raging floods pursue their hasty hand.

Dryden.

严霜禁锢大地,
难得它那篡取的势力一朝消减,
咆哮的洪水又急来将这地攫取。

——德莱顿

① 阿狄生、斯蒂尔(Richard Steele, 1672 - 1729)等人于 1713 年创办的一份报纸,与当今英国的《卫报》无关。——译注

7. Otherwise than that. 除此之外……

It cannot be *but* nature hath some director, of infinite power, to guide her in all her ways.

Hooker, *b*. i. § 3.

冥冥之中必有某一位大能的掌管者，在一切方面引领着大自然的诸般造化，除此之外别无其他可能。

——胡克，*b*. i. § 3

Who shall believe,

But you misuse the reverence of your place?

Shakesp.

谁能相信

你竟会误用你那崇高的地位？

——莎士比亚

8. Not otherwise than. 非此不可

A genius so elevated and unconfined as Mr. Cowley's, was *but* necessary to make Pindar speak English.

Dryden.

要让品达用英语说话，非得有考利先生[1]这样一位品位高雅、自由不羁的天才不可。

① 亚伯拉罕·考利（Abraham Cowley, 1618－1667），英国作家、诗人，译有《品达颂歌》，主张译者享有较大自由。——译注

——德莱顿

9. By any other means than. 通过此外任何方法

Out of that will I cause those of Cyprus to mutiny: whose qualification shall come into no true taste again, *but* by transplanting of Cassio.

Shakesp. *Othello*.

他一动手，我就会煽起塞浦路斯人暴动，那就无法安静下来，除非把凯西奥撤职。

——莎士比亚，《奥瑟罗》

10. If it were not for this; if this were not. 若非；倘非如此

Believe me, I had rather have lost my purse
Full of cruzades. And *but* my noble Moor
Is true of mind, and made of no such baseness,
As jealous creatures are, it were enough
To put him to ill-thinking.

Shakesp. *Othello*.

相信我，我宁愿丢了我的钱包，
装满了金币的；幸亏我这个摩尔人，
正直，大方，没有爱妒忌的小人
那种狭隘的心眼，否则也足够
叫他存不好的想法了。

——莎士比亚，《奥瑟罗》

I here do give thee that with all my heart,
Which, *but* thou hast already, with all my heart
I would keep from thee.
Shakesp. *Othello*.
我现在用我的全副诚心,把她给了你,
倘不是你早已得到了她,我本来拼死
也不会让她到你手里。
——莎士比亚,《奥瑟罗》[1]

11. However; howbeit. 不管怎样;虽说如此
I do not doubt but I have been to blame;
But, to pursue the end for which I came,
Unite your subjects first, then let us go,
And pour their common rage upon the foe.
Dryden.
我的行为无疑该当指责;
可不管怎样,为实现我此行的目的,
就请召集你的臣民,让我们出发,
把所有人共同的怒火倾泻到敌人头上!
——德莱顿

12. It is used after *no doubt*, *no question*, and such words,

① 此段汉译综合了卞之琳与朱生豪两位先生的译文。——译注

and signifies the same with *that*. It sometimes is joined with *that*.

与 *no doubt*、*no question* 等词连用，意思相当于 *that*。有时其后亦附有 *that*。

They made no account, *but that* the navy should be absolutely master of the seas.

Bacon's *War with Spain*.

对于海军要成为海上的绝对霸主这件事，他们并不以为意。

——培根，《论与西班牙之战》

I fancied to myself a kind of ease in the change of the paroxysm; never suspecting *but that* the humour would have wasted itself.

Dryden.

至于这股突如其来的热情日后将如何演变，对此我倒觉得很轻松；我从不怀疑，过段时间它就会自己消退了。

——德莱顿

There is no question *but* the King of Spain will reform most of the abuses.

Addison on Italy.

无疑，西班牙国王并不会改革这些弊端中的绝大部分。

——阿狄生论意大利

13. That. This seems no proper sense in this place.

相当于 That。用在这里似乎并无实际意义。

It is not therefore impossible, *but* I may alter the complexion of my play, to restore myself into the good graces of my fair criticks.

Dryden's Aurengzebe, Preface.

故而,我并非没有可能让我的剧作改头换面,以重新博取我的那些美丽的批评家们的青睐。

——德莱顿,《奥伦－蔡比》前言

14. Otherwise than. 除……之外

I should sin
To think *but* nobly of my grandmother.

Shakesp. *Tempest*.

我若对我的祖母心存半点不敬,
那便是极大的罪过。

——莎士比亚,《暴风雨》

15. Even; not longer ago than. 恰恰;刚刚

Beroe *but* now I left; whom, pin'd with pain,
Her age and anguish from these rites detain.

Dryden.

我刚刚才离开波罗厄;她有病在身,
又因年迈,不能来参加祭礼,心里很是懊恼。

——德莱顿

It is evident, in the instance I gave *but* now, the consciousness went along.

Locke.

显然，在我付出的那一瞬间，我的良心亦对此予以赞同。

——洛克

16. A particle by which the meaning of the foregoing sentence is bounded or restrained. 小品词，用于限定它前面的句子。

Thus fights Ulysses, thus his fame extends,

A formidable man, *but* to his friends.

Dryden.

尤利西斯就这样不懈地战斗，他的声名于是日渐远播，

仅对他的朋友而言，亦是一个令人生畏的人。

——德莱顿

17. An objective particle; yet it may be objected. 标示宾语的小品词；但它本身也可用作宾语。

But yet, Madam—

I do not like *but* yet; it does allay

The good precedence; fie upon *but* yet!

But yet is as a jaylour, to bring forth

Some monstrous malefactor.

Shakesp. *Antony and Cleop*.

可是，夫人——

我不爱听"可是"。它会推翻先前的那些好消息；呸，"可是"！"可是"就像一个狱卒，它会带上一个大奸巨恶的罪犯。

——莎士比亚，《安东尼与克莉奥佩特拉》

Must the heart then have been formed and constituted, before the blood was in being? *But* here again, the substance of the heart itself is most certainly made and nourished by the blood, which is conveyed to it by the coronary arteries.

Bentl.

心脏的形成是否必定先于血液的存在？可是话又说回来，构成心脏的物质本身当然要靠着经由心血管输送而来的血液才能形成并得到滋养。

——罗伯特·本特莱

18. But for; without; had not this been.

若非；假如没有；如果不是这样

Rash man! forbear, *but* for some unbelief,

My joy had been as fatal as my grief.

Waller.

莽汉！要克制，若不是心怀一点疑惑，

我的喜悦便会如同忧伤一样伤我致命。

——埃德蒙·沃勒

Her head was bare,
But for her native ornament of hair,
Which in a simple knot was ty'd above.
Dryden's *Fables*.
她光着头，
唯那天生的装饰，一头秀发
简单挽在头顶。
——德莱顿，《古代和现代寓言集》

When the fair boy receiv'd the gift of right,
And, *but* for mischief, you had dy'd for spight.
Dryden.
当这金发少年得了他当得的礼物，
而造化弄人，你却已经怀恨而逝。
——德莱顿

BUT，英语小品词，表示意义的反转。按总体词义的各种不同变化，可分别作为副词、介词、连词，甚至感叹词来使用。它的连词用法具有四种不同含义：表反转、表选择、表引导、表过渡。然而，该词最初的固有含义似乎是表反转意义的连词，与 *however* 同义；相当于拉丁语中的 *sed* 和法语中的 *mais*。例如：I should have done this, *but* was prevented: I should have done this; I was *however* prevented.（我本该这么做的，但被拦住了。）BUT 与 HOWEVER 这两个小品词之间的区别似乎主要在于，*but* 必须置于句首，标志着此句意义与之前有所反转；而 *however* 则在反对之语已然开头之后再行插入，显得更为优雅。*but* 的使用不会对句子结构形成干扰，而 *however* 总是于句子行进的中途插入。

基于此种理由，与 *however* 相比，*but* 的使用似乎常常标示着说话人表达反转意思的情感意愿更为强烈。假设某人在谈到一场争执的时候，这样说道："I should have made some apology for my conduct, *but* was prevented by his insolence.（意为：我确实应当为自己的行为道歉，可是对方实在傲慢无礼，所以我就没这么做。）"这种说法就比"I should have made some apology for my conduct, I was *however* prevented by his insolence"这句话显得更热诚。

2. *But* 又是一个表选择的连词，其意义大致等同于英语中的 *unless*、*except*，拉丁语中的 *nisi* 和法语中的 *sinon*。例如：The people are not to be satisfied, *but* by remitting them some of their taxes.（除非能免除部分税收，否则人民是不会满足的。）此句中的"*but* by remitting them..."相当于"*Unless* by remitting them..."、"*Except* by remitting them..."。在这三种说法中，第一种似乎侧重于表明，任何其他方法都不足以平息人民的情绪，除非采取此处的建议；第二种似乎侧重于表明，你有两个选择：或者采取这种措施，或者让民众骚乱持续下去，所以说，此句中的选择性语气较第一种说法更强；第三种说法似乎是说，说话人考虑了多个可提出的建议，然后单单选取了这一个最具效力的办法。当我们使用 *unless* 一词的时候，表示我们并未考虑除此之外的其他任何可能性。而当我们使用 *but* 或 *except* 时，则表示我们已经考虑过其他的方法了。*But* 是对除建议的方法之外的其他任何方法进行否定性的排除，*except* 是对所建议方法的肯定性选取。*unless* 与以上两者均不同，它只表示一种选择，意为，除非你这么做，否则就会落得那样的结果。

3. *But* 又是一个表引导的连词，其意义大致等同于拉丁语中的 *quin*、法语中的 *que*，以及英语结构 no/not... *than*... 中的 *than* 或 *that*...no/not 中的 *that*。例如：The full moon was no sooner up, than he privately opened the gate of paradise. 这里"than he privately opened..."便相当于"But he privately opened..."。又如，It cannot be doubted, that the King of Spain will not reform most of the abuses. 此句等同于"But the King of Spain will reform..."。另外，Who shall believe, but you misuse the reverence of your place. 此句中的"but you misuse..."相当于"That you do not misuse..."。再如，It cannot be but nature hath some director...一句，相当于"It cannot be that nature has not some director..."。

4. *But* 又是一个表过渡的连词，其意义大致等同于拉丁语中的 *sed* 和法语中的 *or*。例如：All animals are mortal, *but* all men are animals...（意为：所有动物均有一死，而所有人类皆为动物……）。

5. *But* 还是一个表数量的副词，[①]意为"仅仅、不多于"，其词

① 本句原文为"*But* is likeways an adverb of quantity"，其中"Likeways"（还，又）一词现已不用，但至少到 18 世纪末还常见于苏格兰的书面语言中。

义大致等同于拉丁语中的 *tantum* 和英语中的 *only*。例如:I saw *no more than* three plants.(我只看见三株植物。)此句意义相当于"I saw *but* three plants."、"I saw three plants *only*."又如,A genius so elevated and unconfined as Mr. Cowley's was *no more than* necessary to make Pindar speak English. 此句中的"was *no more than* necessary..."就等于"Was *but* necessary..."和"Was *only* necessary..."。最后一种表达方式用在这里或许显得欠妥,因为这会令句子产生歧义:它的意思可能是说,要想让品达讲英语,至少需要这样的一位天才;但也可能是说,只要拥有此等天才就足以达到上述目的了。除了语意模糊这一点之外,此种表达方式在其他方面都无不适当。其他例子还有:

I should sin to think *but* nobly of my grandmother. 此句中的"*but* nobly..."相当于"*No more than* nobly..."、"*Only* nobly..."。

Ulysses was formidablc, *but* to his fricnds. 此句中的"*but* to his friends..."相当于"To his friends *only*..."。

Did *but* men consider the true notion of God. 此句中的"Did *but* men consider..."相当于"Did men *only* consider..."。

Beroe *but* now I left. 此句相当于"Beroe I left now *only*."。

6. *But* 又是一个介词,其意义大致等同 *except*,相当于拉丁语中的 *praeter* 和法语中的 *hors*。例如:They are all dead *but* three.(除了三个人以外,他们全都死了。)此句相当于"They are all dead *except* thrcc."又如,Who can it bc ye gods *but* perjur'd Lycon? 这里的"but perjur'd Lycon..."相当于"Except perjur'd

Lycon...”。

7. *But* 还可用作感叹词，尽管这种情形并不常见。例如下句：Good God, *but* she is handsom!（天哪，她可真漂亮啊！）

HUMOUR. N. S. [**Humeur, French; Humor, Latin.**]单数名词，【源自：法语 **Humeur**；拉丁语 **Humor**】

1. Moisture. 水分，液体

The aqueous *humour* of the eye will not freeze; which is very admirable, seeing it hath the perspicuity and fluidity of common water.

Ray on the Creation.

眼球内的水样液体不会冻结，这真是一个令人赞叹的现象，因为这种液体的清澈度和流动性与普通的水一模一样。

——《创世之光》①

2. The different kind of moisture in man's body, reckoned by the old physicians to be phlegm, blood, choler, and melancholy, which, as they predominated, were supposed to determine the temper of mind.

人的各种体液：按古代医师的说法，人体内有黏液、血液、黄胆汁和黑胆汁四种体液，其中哪种成分占主要地位，决定着一个人的

① John Ray(1627－1705)著《创世之光》(*Ray on the creation: Wisdom of God in the creation*, 1709)。

性格气质。

Believe not these suggestions, which proceed
From anguish of the mind and *humours* black,
That mingle with thy fancy.
Milton's *Agonistes*.
别相信这些暗示,它们源自
内心的苦痛和那郁黑的胆汁
又与你的想象掺混。
——弥尔顿,《力士参孙》

3. General turn or temper of mind. 泛指性情,脾气

As there is no *humour*, to which impudent poverty cannot make itself serviceable; so were there enow of those of desperatc ambition, who would build their houses upon others ruin.

Sidney, b. ii.[①]

凡人的各样禀性,莫不能被肆无忌惮的贫穷所助长;那些极端野心勃勃,甚至欲将自己的成功建筑在旁人的毁灭之上的人,也同样会受到这种影响。

——锡德尼,b. ii.

① 菲力浦·锡德尼爵士(Sir Phillip Sidney,1554—1586),此段引自他的《阿卡迪亚》(*The Countess of Pembroke's Arcadia*),ch. 5。——译注

There came with her a young lord, led hither with the *humour* of youth, which ever thinks that good whose goodness he sees not.

Sidney.

和她一道来的还有一位贵族青年,他之所以到此,是由于年轻人的那股禀性,总是想当然地以为什么都是好的。

——锡德尼

King James, as he was a prince of great judgment, so he was a prince of a marvellous pleasant *humour*: as he was going through Lusen by Greenwich, he asked what town it was; they said Lusen. He asked, a good while after, what town is this we are now in? They said still it was Lusen: said the King, I will be King of Lusen.

Bacon's *Apophthegms*.

詹姆斯王不仅才智佼佼,而且天性开朗,令人称道:有一次,在路经格林尼治附近的绿森镇时,他问随驾的人,我们走过的是哪个城镇?有人告诉他,是绿森镇。过了一会儿,他又问,现在我们到哪儿了?随从答道,还是绿森。国王说,绿森真大,我就当绿森的国王好啦!

——培根,《格言集》

Examine how your *humour* is inclin'd,
And which the ruling passion of your mind.

Roscom.[①]

细察你本性的倾向，

何种激情主宰着你的心灵？

——罗斯康门伯爵

They, who were acquainted with him, know his*humour* to be such, that he would never constrain himself.

Dryden.

那些和他相熟的人都知道，他就是这个脾气，从来不肯约束自己。

——德莱顿

In cases where it is necessary to make examples, it is the *humour* of the multitude to forget the crime, and to remember the punishment.

Addison's *Freeholder*.

在有必要举出例证时，民众的一般倾向总是忘记罪行，只记得惩罚。

——阿狄生，《产权人报》

Good *humour* only teaches charms to last,

Still makes new conquests, and maintains the past.

① 约翰逊的《英语词典》中给出了未加缩写的全称（*Roscommon*）。

Pope.

好性情只会让魅力长存，

并让已有的魅力锦上添花。

——蒲柏

4. Present disposition. 此时此刻的心情，心境

It is the curse of kings to be attended

By slaves, that take their *humour*[①] for a warrant

To break into the blood-house of life.

Shak. K. *John*.

国王们最不幸的事，就是他们的身边追随着一群逢迎取媚的奴才，把他们一时的喜怒当作了神圣的谕旨，狐假虎威地杀戮无辜的生命。

——莎士比亚，《约翰王》[②]

Another thought her nobler *humour* fed.

Fairfax, b. ii. [③]

她那高尚的内心又产生了一个想法。

——费尔法克斯，b. ii.

---

① 约翰逊的《英语词典》中为"humours"，是对原文的准确引用；不过下一行中与原文不符之处，却是由约翰逊肇始的。（《约翰王》第四幕第二场，第210行原文为："To break within the bloody house of life"。）

② 此段汉译引自朱生豪先生译文。——译注

③ 引自 Edward Fairfax 译，《耶路撒冷的收复》（*Godfrey of Bulloigne, or The Recouerie of Ierusalem*），原作者塔索（Torquato Tasso）。——译注

Their *humours* are not to be won,

But when they are impos'd upon.

Hudibras, p. iii.

他们的心情并非自己获得，

而是被外力所强加的。

——《胡迪布拉斯》, p. iii.[①]

Tempt not his heavy hand;

But one submissive word which you let fall,

Will make him in good *humour* with us all.

Dryden.

别去尝试他的硬拳头；

只要说句绵软的话儿，

就能让他对我们全体和悦有加。

——德莱顿

5. Grotesque imagery; jocularity; merriment. 想入非非，古怪念头；滑稽；诙谐

6. Diseased or morbid disposition. 不健康的或病态的生理状况

He was a man frank and generous; when well, denied him-

① 萨缪尔·巴特勒(Samuel Butler, 1612－1680)的讽刺长诗，共三部，分别发表于1663、1664、1678年。——译注

self nothing that he had a mind to eat or drink, which gave him a body full of *humours*, and made his fits of the gout frequent and violent.

Temple.[①]

他生性豪爽;原来身体好的时候,总是想吃啥吃啥、想喝啥喝啥,就这么弄垮了身体,令他的痛风发作频繁而又严重。

——坦普尔

7. Petulence; peevishness. 暴躁、乖戾的脾气

Is my friend all perfection, all virtue and discretion? Has he not *humours* to be endured, as well as kindness[②] to be enjoyed?

South's Sermons.

难道说我的朋友就是充满了美德和明智的完全人吗?难道他身上除了令人欣赏的优点,就没有需要忍受的坏脾气吗?

——引自索思的一篇布道词

8. A trick; a practice. 花招;做法

I like not the *humour* of lying: he hath wronged me in some *humours*: I should have borne the humour'd letter to her.

Shak. *Merry Wives of Windsor*.

---

① 引自威廉·坦普尔爵士(Sir William Temple),《论痛风的治疗》(*An essay upon the cure of the gout*, 1677)——译注

② 约翰逊的《英语词典》中为"kindnesses",是对原文的准确引用。

我不喜欢撒谎:他在许多地方对不起我。他本来叫我把那鬼信送给她。

——莎士比亚,《温莎的风流娘儿们》

9. Caprice; whim; predominant inclination. 一时的兴致;奇想;意愿的倾向

In private, men are more bold in their own *humours*; and in consort, men are more obnoxious to other[①] *humours*; therefore it is good to take both.

Bacon's *Essays*.

在私下,人们比较勇于表示自己的好恶;在公众中,人们较易受别人的好恶之影响,因此两种意见都采取是好的。

——《培根论说文集》[②]

HUMOUR,源自拉丁词 *humor*,原泛指水分、液体;后词义范畴在此基础上有所缩窄,专指包含与循环在动物体内的各种体液。

这层含义与泛指的"水分、液体"的区别在于,*humours* 可用来指称一个人的身体状况很差时的恶液质。因此,我们可以说: The fluid of such a person's body were full of *humours*.(某人的体液内充满了恶病物质。)

---

① 约翰逊的《英语词典》中为"others",是对原文的准确引用。

② 此段汉译引自水天同译《培根论说文集》,商务印书馆,1983 版。

在所有可称为 *humours* 的体液当中，唯有眼球内包容的液体是自然而健康的；当我们提到眼内房水（aqueous *humour*）及晶状体（crystaline *humour*）时，绝没有涉及任何疾病的意思。然而，当我们笼统地说，某人“has got a *humour* in his eye”，就要按“恶液”的意义来理解这个词，即某人的眼睛有病了。

鉴于人的脾气禀性据称是由体液的构成状态所决定的，因此，*humour* 一词便成了 *temper* 和 *disposition* 的同义词，指人的脾气、性情。

Humour 和 *disposition* 的区别在于，*humour* 是一个人的体液构成，而 *disposition* 则是该种构成情况所造成的脾气和性情，前者为因，后者为果。可以说，某人生性严肃，是由于体内黑色胆汁偏多造成的；而敏感易怒的性情则是体内主坏脾气的黄胆汁偏多的缘故。

人的脾气有好有坏，但它终归是一种变化无常的、靠不住的东西：坏脾气的人也有快乐和顺的时候，这似乎纯属偶然的兴致发作，与一般精神意义上的幸福或痛苦完全无涉。

一阵的愉快兴致便构成了好心情，这样的好兴致若在某人身上成为常态，那么他就是一个好脾气的人，不过，这种人的品性却未必温厚良善。好品性是一种更恒常、更稳定的东西，而好脾气的名声则来得比较容易。

Humour 一词还常被用来指称那种与“wit”（诙谐、风趣）颇为相似的想象力的特质，即幽默。

Wit 一词侧重于那种经过筹划的，协调一致且有规律的、刻意为之的机趣。而 *humour* 的所指，则更为散漫、随意性强，充满

天马行空的奇思异想;幽默的灵感降临于一个人,并不是他本人能够招之即来、挥之即去的,这种滑稽妙趣也并不完全符合真正的礼貌。据称,幽默往往比风趣更加多姿多彩;然而,风趣者在品位上远远高于幽默者,这就如同一位绅士的品位远高于舞台上的小丑,尽管绅士并不像小丑那样能做出千奇百怪的样子来逗人开心。

通过以上两个例子,应该足以说明我们心目中字典的编法了。不过,旁人对于这一主题见仁见智的看法,并不能损及约翰逊先生字典的名声;至少,人们可以本着一种好奇的态度,略略琢磨一下其中的不同观点。从今往后,无论什么人打算编纂一部英语词典,更确切地说,一部英语语法书,他都必须承认,自己从约翰逊先生那里受益匪浅,至少能省一半的工夫。凡对特定的词汇或短语存在理解困难的人,也同样受惠于他。这部词典收集了极丰富的例证,呈现在读者面前;他们尚需通过这些例证,自行断定词汇的意义和用法,然而有了这部词典的帮助,上述判断也变得更容易了。在这个国家里,迄今还没有一个正确标准来规范人们的用语,因此人们很快就将体会到这部字典的用处。假如我们的推荐能够或多或少地促使人们去寻求此种规范,我们很乐意在此诚恳地将此书推荐给所有渴望提高和纠正自身语言使用的人,希望他们经常查阅这部字典。判断一部字典的好坏,就要看它被人查阅的频次。这才是确定其价值的试金石:评论可能有误,个人的判断或许缺乏确实的根据,但这种性质的著作若是经常被使用,就说明它已经获得了公众的一致认可。

致《爱丁堡评论》创刊人的一封信

《爱丁堡评论》刊发此信时所加的编者按：

本刊自创办以来，收到不少博学之士的来函，惜篇幅所限，本期只能择选以下一封，予以刊登。此文虽长，然吾等确信，广大读者必能从中获益匪浅。对于信中所提建议，本刊深表赞同，并拟按此意见扩展我们的办刊计划，诚望这位学识广博、足智多谋的先生今后能够继续不吝赐教。另，本刊诚邀投稿，凡文学回忆录、各种观察评论文章等，如蒙惠赐，吾等无任感荷，并力争寻求合适之机，尽早将其呈奉于世。

[本刊编辑，亚历山大·韦德伯恩（Alexander Wedderburn）]①

先生们，

本人欣喜地看到，贵刊所致力的益处深广的工作在这个国家范围内获得了良好的发展势头。然而，贵刊所关注的对象如果仅限于苏格兰地区出版的书籍，我担心诸君不久便会发现，为刊物提供支撑的精神源泉日趋穷尽。我们苏格兰才刚刚开始在学术世界崭露头角，迄今为止，具备影响力的著述寥寥可数，因此，主要针对

---

① 参见斯图亚特（Stewart）著《亚当·斯密的生平与著作》，I.12。韦德伯恩（Alexander Wedderburn），历任副总长（1780）、大法官（1793－1801）、罗斯林伯爵（1801）。1778年时，他曾约请斯密就美国独立战争可能造成的结果撰写一篇备忘录。该信已收入《亚当·斯密书信集》，最早由格特里奇（G. H. Guttridge）发表于《美国历史评论》杂志（*American Historical Review*），xxxviii（1933）。

本地现有著述的评论文章几乎不可能持久地吸引公共的兴趣。贵刊在创刊号中，极出色地描述了苏格兰作品中的一些怪现象，此类文章或可一时吸引读者的兴趣，但从办刊的角度看，杂志内容若以对这等作品的评述为主，任你如何妙笔生花，恐也难以为继。

因此，本人不揣冒昧，谨代表几位读者，向贵刊诸君斗胆建言：一方面，希望贵刊秉着一贯的人文精神和坦率作风，继续关注苏格兰地区所涌现的每一部够水准之佳作；与此同时，还须开放眼界，将现今仅针对英格兰的计划推而广之，应用于整个欧洲。希能站在历史角度，高屋建瓴地对作品加以观察和评判，尽管这些作品或许不能尽数万世流芳，但其中一些仍可能于未来三四十年内保留在世人记忆之中，并为当今世界所能提供给人类的文化消遣增添些许色彩。通过此举，贵刊必将对这个国家试图跻身于学术强国之林的努力给予莫大的鼓舞，相信这也正是诸君创办此刊的良好初衷所在；此外，贵刊若能时时为读者奉上一份确有价值的书目及评介，而不是满纸充斥着琐屑的文坛时闻，内中文章大多只在被评论作品出版的当时激起一阵波澜，不过半月即成过眼云烟，那么，这份刊物必能在更大程度上惠泽大众。

此外，这项任务并不像乍看起来那样艰巨。其理由在于，尽管在某种程度上讲，知识教化已几乎遍及欧洲各地，但达到较高水准，并且享誉全欧、足以吸引他国人士之注意的，唯英、法两国而已。意大利本是文艺复兴的发轫之地，然而时至今日，新知的火苗在那个国家已近完全熄灭。再说西班牙，继意大利之后，那里是另一个现代精神初露曙光之地，但在今天，此种精神在那块土地上也不复存在了。在以上两个国家里，连印刷术都已走向式微，我想，或许是由于两国人民对书籍的需求过于低迷之故；意大利的印刷出版近来虽有所复兴，但它们推出的多半是价格昂贵的意大利古代典籍，显然旨在充实王公贵族和修道院的图书馆之用，并不是为了满足普通人的读书需求。至于德国人，他们本国的语言从未得到精纯的陶冶，知识阶层已经习惯了使用别国语言来思考和写作，[①]故而，要让他们就任何微妙或细腻的主题给出恰当而精到的想法或表述，几乎是一件不可能的事。在医学、化学、天文和数学等一些只需要简单的判断力辅以勤勉和专注，而对于所谓品位或天才的要求不是很高的学科上，德国人历来表现得十分出色，今后仍将继续如此。事实上，来自德、意两国科学院的成果，甚至包括俄国科学院的成果，无论在哪里都会得到某种好奇的关注；然而能在其本国以外受人追捧的个人著述却甚为罕见。相反，在英、法两国，都有许多个人的著作在外国受到追捧，其需求量超过了两国科学院出版的学术著作。

对于以上两个在学术、贸易、政治和军事等方面足可匹敌的大国，我们若要大致点评其各自的著述特点，那么可以说，英国人的天才似乎侧重于想象力、天才和创造性，而法国人则拥有出众的品位和判断力，更讲究得体和秩序。在英国古代诗歌，以及莎士比亚、斯宾塞和弥尔顿等人的作品当中，多有一些不拘巢窠、自由挥洒之处，其中所体现的想象力是如此奔放、气势磅礴、出神入化，令读者不由得为之惊奇而困惑，继而对其天才叹为观止，由此便不屑于理会任何以诸般条条框框来苛责上述作品的批评意见，认为后者纯属庸常琐碎之论。相形之下，在法国的一流作家当中，就很少见到这种天才喷薄而发的情形；他们的作品总是布局妥恰、风格合

① 即法语。

宜得体，情感和行文上也同样优雅考究，它不似那种瞬间猛烈的天才爆发，对人心产生那么大的冲击力，反过来也不会以任何荒唐或非自然的东西来挑战读者的判断力，更是从来不会以风格上的显著不平衡或写作手法的突兀转换令人的注意力疲于应付，而是不疾不徐地把各种令人愉快的、有趣的、相互关联的对象一一呈现在读者眼前，以此为心灵带来愉悦。

在自然哲学当中——这门学科在现代得到了长足发展——几乎所有的伟大发现都诞生在英国，而不是来自意大利或德国。法国在这方面没有做出多少值得一提的贡献。想当初，这门学科在欧洲开始复兴之际，那个国度中人普遍接受了一种富于想象、灵动、优雅，然而却是谬误的体系，对此，我们颇有理由并不感到奇怪。笛卡尔哲学如今虽然几乎已被普遍驳倒，但其原理及结论的简单、准确、明晰却远高于逍遥学派的哲学体系，正如牛顿的哲学体系远高于它一样。[①] 在法国人心目中，这种哲学既然甫一诞生

① 斯密《关于修辞学和文学的讲稿》ii. 133－134（洛西安版，139－140）中提到，可用于教喻式（即科学的）话语的“方法论”有两种，其一是亚里士多德式的，其二是牛顿式的。后者“较前者要巧妙得多，因此也更富于魅力。它让我们愉快地看到，所有那些在我们看来最不可解的现象实际上都可追溯到某种（通常是众所周知的）原理，共同组成了一个统一的关联之链；相形之下，那些以零散、片面眼光看世界的方法论便无法给予我们同样的愉悦——这样的方法论只寻求对不同现象的个别解释，看不到一种现象与其他现象之间的联系。因此，我们无须惊讶，为什么笛卡尔的哲学（笛卡尔是率先尝试后一种方法论的先驱者）尽管谬误多多……却仍然被当时的欧洲知识界所普遍接受。据我看来，原因有两方面：首先，与当时一枝独秀的亚里士多德方法论相比，笛卡尔的方法论不知要高出几许；再者，在那个时代，人们对此类问题的探讨也极有限，于是，他们便以近乎饥渴的热情来拥抱笛卡尔的理论，然而，时至今日，若从公允的角度做出评价，这位哲人的著作无非是有史以来最有趣的一部幻想之作而已。”可参看《道德情操论》VII. ii. 4. 14、《古代天文学的历史》第四部分及附注。相关评论参见郝威尔（W. S. Howell），《亚当·斯密论丛》（*Essays on Adam Smith*），32－33，以及斯密《关于修辞学和文学的讲稿》ii. 133（洛西安版，139）。

便令原有哲学体系相形见绌，又是自己的同胞所提出的，自然对它格外热爱和推崇，认为这位哲人的荣名给他们的祖国增了光；此后，他们对于该哲学体系的特殊情感似乎已经对这门自然科学的真正发展构成了妨碍。不过，如今的法国人似乎已经大体上摆脱了这种虚幻哲学的魔力；本人愉快地看到，法国新出版的《百科全书》[①]，以那个国度杰出作家所特有的那种井然有序、清晰和明智的语气，阐述了培根、波义耳和牛顿等人的理论。自从联合[②]以来，我们英国人面对那个国家的杰出人物，总有些自惭形秽，如同乡巴佬进城的感觉；现在，看到源自英国的哲学体系得到了对手的服膺，我本人作为英国国民的虚荣心得到了极大的满足。这部包罗万象的巨著的两位主要作者，狄德罗先生和达朗贝尔先生，在字里行间时时流露出对英国的科学和学问的极大热情，他们不仅在书中介绍了我们在前文中说到的那些著名学者的学说和研究发现，还提到了许多名声较小、现已近乎湮没无闻的英国作者，这些人的著作，在我们英国都久已无人问津了。在自豪的同时，想到我们的子孙后代和外国读者不是通过我们本国人的著述，反而更有可能借助外国人写的书来了解我们英国的哲学，我内心又感到一丝惭愧。法兰西民族似乎有一种独特的天赋，能用那样简明自然

① 《百科全书》(*Encyclopédie, ou dictionnaire raisonné des sciences, des arts et des métiers*)，由狄德罗(Denis Diderot)和达朗贝尔(Jean le Rond d'Alembert)主编，出版时间：1751－1772年。到1755年时，已有五卷问世，均由斯密经手为格拉斯哥大学图书馆购入。参见司各特(Robert Scott)，《亚当·斯密的求学与从教生涯》(*Adam Smith as Student and Professor*, 1937)，第179页及附注。

② 或指1420年英、法签订"特鲁瓦和约"，宣布英法两国王位合一，史称"union of the crowns"。——译注

的秩序理顺任何对象，让人的注意力轻松地随着这种秩序一路前行。相比之下，英国人似乎完全沉迷于发明之中，以致忽略了那种风头略逊、用处却绝不稍差的工作——有条有理地将自己的发现整理妥当，并用最简明而自然的方式加以表述。在英语当中，不仅没有一个说得过去的自然哲学体系，甚至拿出自然哲学当中的任何一个部分，都没有说得过去的体系可言。凯尔（Keil）和格雷戈里（Gregory）①这两位苏格兰人用拉丁语撰写的论文，大约可以算作大不列颠本土学者以上述方式写成的最出色的著作了，尽管其中仍然存在许多混乱、不准确和肤浅的地方。在史密斯博士的《光学》②一书中，对于这门学科此前的所有伟大发现都有完整的记述，还添加了这位先生本人对前人结论做出的许多重要纠正和完善。然而，如果说他所拥有的科学知识比前文提到的两位苏格兰作者要渊深得多，他的书在结构布局上却不如那两位的著作，尽管

① 约翰·凯尔（John Keill，1671－1721）是在牛津大学（哈特学院）教授实验物理学的第一人，他于1712年接替他在爱丁堡求学时的导师大卫·格雷戈里（David Gregory）受聘为牛津大学萨维尔天文学教席（Savilian Chair of Astronomy）教授。著有《真实的物理学导论》（*Introductio ad Veram Physicam*，1701），介绍牛顿的《自然哲学的数学原理》。他的另一部著作《真实的天文学导论》（*Introductio ad Veram Astronomiam*）出版于1718年。

大卫·格雷戈里（David Gregory，1661－1708）自1691年起在爱丁堡教授牛顿"哲学"和数学，后转赴牛津任教，著有《天文学、物理学与几何的基本原理》（*Astronomiae Physicae et Geometriae Elementa*，1702）。

② 罗伯特·史密斯（Robert Smith，1689－1768），剑桥大学普鲁米安天文学教席教授（Plumian Professor of Astronomy）暨三一学院院长。他撰写了举世闻名的《光学体系综论》（*Compleat System of Opticks*，1738）；他的另一部著作《和声或乐音的哲学》（*Harmonics or the Philosophy of Musical Sounds*，1749）也在很长一段时期内充当着相应领域的金标准。

后者做得也远远称不上完美。希望大家不至于误解，以为我注意到这位学术大家的缺点，乃是出于任何卑劣的动机；他的这些不足，其实算不得多么严重，而且我敢说他本人也会承认问题的存在。对于这位先生的知识和能力，我内心是无比崇敬的；他的著作，除了刚才提到的一点不足之外，在其他任何方面都非常值得推荐；在当今英国，大约只有史密斯博士以及布拉德利博士[①]这两位学者还能让我们联想起他们那些优秀的前辈。整个知识界都曾极大地受益于这两位先生的勤勉与智慧，我敢说今后还将加倍如此，假如他们能在本国拥有更多竞争对手和评判者的话。然而，当代英国人或许觉得自己没有希望超越前人的创造力，也不可能取得那样高的名望；目前的情况似乎是：他们既无法在这门学科中拔得头筹，又不屑于屈居第二，于是便彻底放弃了这方面的研究。

刚刚所提到的那部法国作品，据其编纂者号称，将是一部包罗万象的巨著，其内容之丰富、全面，必将超出有史以来以任何一种语言编纂出版或尝试编纂的所有同类著作。该书以对开印刷的多卷本形式出版，插图多达600余幅，汇成独立的两卷。参与编纂者共有20多位，皆为各自所在领域的翘楚，其中很多人已经凭借极具价值的著作在海内外享有盛誉，尤以达朗贝尔先生、[②]狄德罗先生、道本顿先生、[③]居住在日内瓦的卢梭先生，以及在柏林科学院

① 詹姆斯·布拉德利(James Bradley，1693－1762)，曾被牛顿誉为“欧洲最出色的天文学家”，先后担任过萨维尔教席教授、皇家天文学家；著作主要涉及光行差(aberration of light)、地轴的章动(nutation)等方面。

② 达朗贝尔负责撰写《百科全书》中数学和科学部分的词条；狄德罗为全书主编。

③ 道本顿(Louis-Jean-Marie Daubenton，1716－1800)，法国医师、博物学家。福尔梅(Jean-Henri-Samuel Formey，1711－97)，自1748年起任德国柏林科学院秘书。

担任秘书的福尔梅先生等人最为知名。在该书导言中，达朗贝尔先生开宗明义地阐述了不同艺术门类和学科之间的关联性以及（他所称的）谱系沿革；这一部分内容，除个别改动和修正之外，其余都与培根爵士著作中的内容基本相同。[①] 在该书的主体部分当中，每一篇文章应归属于何种艺术门类或科学学科，再具体地讲，属于该艺术门类或科学学科的哪一分支，亦经常予以标明。书中各篇文章本身，针对相关主题论述全面、鞭辟入里，甚至常以批判的眼光对其加以审视评介，不像其他同类著作，常由某些对于目标学科仅略知些许皮毛的学生写成，其内容无非是对相关的一般性知识加以枯燥的简要说明。这部巨著的内容广博，可谓无所不包。不仅囊括了数学、自然哲学和自然史等此类著作通常的主题，还详尽介绍了各种机械工艺及其使用的不同种类的机器。此外，对于神学、伦理学、形而上学、批评术、文学史、哲学，各个学术门派、观念和体系的历史源流，古今各种法学理论的主要学说，乃至语法理论中所有细致幽微之处，书中阐释之详悉均达到了令人惊叹的地步。对于各领域中具备专门造诣的学者来说，恐怕极少有人能拥有如此渊博的知识，以致无法由这部典籍中获得一定的教益和乐趣；至于其他所有读者，则必定能从此书中找到他们所期待的全部满足。这部巨著的的确确从各个方面讲都与伏尔泰先生对它的赞誉之词无不相配——他在描述路易十四时代的艺术家时，曾经概括地写道："我们所生活的时代，被以往的时代推到了这样一个位置：我们得以将迄今为止人类技能所及的一切艺术与科学知识的

① 见于《新工具论》（*Novum Organum*，1620）。

神圣宝藏都汇集于一部著作之中，留给我们的子孙，再经由他们传诸后世。”“这便是一批博学而天才的学者们目前正在孜孜埋头苦干的工作：一桩浩大而不朽的工程，面对着它，令人不免发出人生短促之浩叹。”[①]

这部巨著的出版过程可谓一波三折，多次遭受法国官方和教会掌权者的忌恨打压（虽说任何一方的怀疑都没有找到正当的根据），[②]至今尚未出齐。未来一段时间内，此书其余各卷将会陆续面世，非常值得贵刊在今后各期中给予特别关注。诸君将会注意到，尽管该书的编纂者均非泛泛之辈，但他们笔下的功力也并不是完全均衡。其中一些人的文笔更多地偏于雄辩，似乎与辞书类出版物的风格不尽相符；在他们编写的条目中，游离于主题的赘文也相对较多。此外，书中插入的一些文章似乎也嫌多余，不符合本书传播各种有用知识的宗旨，徒增招人揶揄的把柄。比如那篇关于爱的文章，[③]无论对于受过教育或没受过教育的读者均无多少启

① 《路易十四时代》（*Le Siècle de Louis XIV*：Berlin，1751），ii. 438："Enfin le siècle passé a mis celui où nous sommes en état de rassembler en un corps，et de transmettre a la postérité le dépôt de toutes les sciences et de tous les arts，tous poussés aussi loin que l'industrie humaine a pu aller；et c'est a quoi travaille aujourd'hui une société de savans，remplis d'esprit et de lumiéres. Cet ouvrage immense et immortel semble accuser la briéveté de la vie des hommes。"

② 1752年2月7日，由于教会和其他方面的抗议，御前会议下令查禁《百科全书》第一、二卷，后续各卷的印刷也因之停顿18个月之久。此后，编纂者做出慎言承诺，此书才被允许继续出版；但随后问世的五卷激起了更多非议。1759年3月8日，御前会议再次下令查禁此书。经过一些有影响的朋友从中斡旋，到1772年时，余下的十卷才得以出全。

③ i.367－374，由克劳德·伊丰长老（Abbé Claude Yvon，1714－1791）撰写。其实，日后著有《道德情操论》的亚当·斯密理应以更加宽容的眼光来看待这篇开头就宣称“人们通常对爱抱有极大关切”的文章。

迪意义，因此，可以认为，即使在一部囊括所有艺术、科学和工艺的百科全书里，也不应有它的一席之地。不过，此种责难的适用对象在全书中仅限于屈指可数的几篇，而且这些文章也不算重要。该书的其余部分可资引发其他一些更具重要意义的评论，比如：编纂者针对古今各种哲学或神学体系的论述是否公正；他们对本国及外国著名作家的评论是否公允；各篇文章的长短是否与条目主题的重要性相匹配，该主题是否适于在这一类型的著作中加以介绍，等等。

在那个国家，汇集各类科学和文学成果的博物志并不只这一部，还有一些正处在编纂之中、值得外国读者予以关注的著作。其中有这样一部作品，据法国国王御前会议的荐语①，将会囊括完整的自然史体系，几乎和前一部作品同样博大精深。此书是奉莫尔帕伯爵(Count de Maurepas)之命开始编纂的，长久以来，法国人一直盼望着这位大臣能够重新执掌法国海军，而整个欧洲则一直期望他能在科学领域发挥倡导者的作用。具体负责编纂此书的，是两位举世公认的才学之士——布封先生和道本顿先生。迄今为止，此书仅出版了很少一部分。其中，关于植物的形成、动物的产生、化石的形成、感觉的发展等方面的分析推理和哲学探讨，是由布封先生撰写的。可以认为，这位先生的理论体系几乎完全是一

① 《一般和特殊的自然史，附国王御前会议荐语》(*Histoire naturelle, générale et particulière, avec la description du Cabinet du Roi*)第 i－xv 卷(1749－1767)，主编：乔治－路易·勒克莱尔，即德·布封伯爵(Georges Louis Leclerc, Comte de Buffon)、路易－让－玛丽·道本顿。1755 年时，第 i－v 卷已经问世；第 xvi－xliv 卷于 1804 年出版。

种假说；至于他的生成论，我们几乎无法从书中得出任何确定的概念。然而，必须承认，作者的文笔是那么优美、自然而流畅，辅以大量他自己新奇而独到的观察和实验结果，更是加添了读者的阅读乐趣。道本顿先生的行文风格简洁、明晰而恰当，他负责执笔的部分几令批评者无可置喙，而这些部分，完全不夸张地说，乃是整部书中最重要的内容。

实际上，没有哪种科学能像自然史一样令法国人付出如此的热忱。明晰易懂的描述和恰当的结构安排，对于自然史学家来讲是极其重要的；或许正是出于这种原因，这门学科特别切合法兰西民族的天赋。就拿列奥缪尔先生（Reaumur）所著的昆虫史来说（目前这部著作尚有几卷没有出齐），①贵刊的读者们将会发现，上述的两项优长在书中已经达到尽善尽美的地步，此外，作者还凭着最巧妙的设计、加上最细心的观察，揭示出这些小生灵的诸般营生，一般人着实想象不出，他是怎么发现这些的。有些人抱怨他的书枯燥乏味，那是因为他们在阅读时只是浅尝辄止，没能定下心来好好地读这本书。他研究的对象可能看似微不足道，但是我们的注意力始终牢牢地被他吸引着，怀着一份天真的好奇和单纯的快乐跟随着他，去体会他以同样的心情做过的所有观察和实验。贵刊的读者可能惊讶地发现，这位先生在许多项勤勉的研究和工作之余，一面通过亲手实验撰写着其他很多部奇特而有价值的著作，一面还能找到足够的时间运用自己的观察就这个题目写出一部四

① 列奥缪尔（全名 René Antoine Ferchault de Réaumur，1683－1757）的《昆虫史札记》（*Mémoires pour servir à l' histoire des insectes*）于 1734－1742 年间出版，作者还留下了大量与蚂蚁、甲虫等昆虫有关的手稿资料。

开八卷本的洋洋大著，中间竟无一句卖弄学识、引经据典之语。以上提到的这些著作，以及诸如此类的所有作品，其作用或是为公众经观察所得而拥有的知识储备加增某些内容，或是将已有的观察结果安排得更全面、更合理，贵刊若能载文指出它们的长短优劣，必能为公众所喜闻乐见。至于欧洲不同地方的科学院的著述，都是公众普遍感兴趣的对象，尽管贵刊不可能对其一一给予详述，但要指出各期《评论》出刊间隔的六个月之内各所科学院向公众发布了哪些重要研究进展和观测结果，似乎并非难事。

英国人的独创天才不仅体现在自然哲学方面，还体现在伦理学、形而上学和部分抽象学科的研究上。这个多有争议、门庭冷落的哲学门类，除了古人遗留给我们的成果之外，它在现代时期做出的一切进步努力，统统发生在英国。如果不提笛卡尔的《沉思录》，我不知道法国还有任何关于这些主题的独创性著述；因为无论是雷吉斯(Regis)先生[①]的哲学，还是马勒布朗士神父的哲学，都无非是对笛卡尔思想的改良而已。然而反观海峡这边，无论是霍布斯(Hobbes)先生、洛克(Lock)先生、曼德维尔(Mandevil)博士、沙夫茨伯里(Shaftsbury)勋爵、巴特勒(Butler)博士，还是克拉克(Clarke)博士[②]以及哈奇森(Hutcheson)先生[③]，他们每个人的理

① 雷吉斯(全名 Pierre-Sylvain Régis，1632－1707)，著有《哲学体系》(*Système de philosophie*，1690)；马勒布朗士(全名 Nicolas Malebranche，1638－1715)，著有《真理的探求》(*De la recherche de la vérité*，1674；英译本于1694年出版)。

② 此处所指的无疑是力倡牛顿学说的塞缪尔·克拉克(Samuel Clarke，1675－1729)，形而上学及神学学者，他的文集于1738年出版。

③ 弗兰西斯·哈奇森(Francis Hutcheson，1694－1746)，沙夫茨伯里的门徒，曾任格拉斯哥大学道德哲学教授；斯密是他的学生。

论,按照其各自不同的、互不相容的体系,都至少在某种程度上有所独创,并对人类已有的知识储备有所加增。英国哲学的这一分支,目前在英国本土似乎已被完全忽视,但近来却已在法兰西得到认可。此种迹象不仅在《百科全书》和德-普伊(De Pouilly)先生[①]《论令人愉快的情感》一书(这部著作在很多方面都颇具独创性)中有所流露,在日内瓦的卢梭(Rousseau)先生[②]最近出版的《论人类不平等的起源和基础》这本书中表现得尤其明显。

凡是潜心读过此书的人都会发现,卢梭先生书中的观念体系源自《蜜蜂的寓言》第二卷[③]的影响,不过,那位英国作者的主张在本书中得到了柔化、改良和修饰,原书中的一切令读者感到刺眼的堕落、放肆的倾向都被去除了。曼德维尔博士把原始人类的生活状态写得极尽悲惨;而卢梭先生则不然,他描绘了一幅无比快乐的原始人类生活图景,认为这样的生活最符合人的本性。不过,他们两位都认定,人的内心并不存在某种驱使他纯粹为了与人为伍而寻求社会生活的强烈冲动:一位作者指出,社会的形成,是由于人

---

① 德-普伊(Lévesque de Pouilly)著《论令人愉快的情感》(*Théorie des sentimens agréables; où, après avoir indiqué les régles que la nature suit dans la distribution du plaisir, on établit les principes de la théologie naturelle et ceux de la philosophie morale*, 1747)。这是一部采用沙夫茨伯里观点的论著,曾在1736和1743年以"*Réflexions sur les sentimens agréables*"的书名出过盗版,该书英译本于1749年出版。

② 《论人类不平等的起源和基础》(*Discours sur l'origine et les fondemens de l'inégalité parmi les hommes*),作者署名为"日内瓦公民雅克·卢梭(Jaques Rousseau citoyen de Genève)",1755年出版。

③ 伯纳德·曼德维尔(Bernard Mandeville)著《蜜蜂的寓言:私人的恶德,公众的利益》(*Fable of the Bees: or private vices publick benefits*)第二部出版于1728年。作者在该书第一卷(1714年出版)中将全书主旨约略概括为"探讨道德德行的起源"。

类在悲惨的原始生活状态逼迫下，不得已的选择；而另一位作者则认为，由于一些不幸的偶发事件，使得原始人类的赤子之心萌发了有违其天性的权力欲和追求高人一等的虚荣心，从而造成了上述的致命后果。两位作者均假定，令人类适合于共同社会生活的一切天才、习惯和工艺都有一个缓慢的发展过程，他们对这种过程的描述也大体相同。他们都认定，让人类社会维持现今不平等状态的种种法律制度，最初是那些心机狡诈的有权势者的发明，以利于其巧取豪夺，或用以维护自身凌驾于其他同胞之上的违背人类本性的、不公正的优越地位。然而，卢梭先生亦对曼德维尔博士提出了批评：他指出，这位英国作者把怜悯看作人类自然本性中唯一一种良善的情操，由怜悯可以生出许多美德，然而曼德维尔博士却否认这些美德的现实存在。与此同时，卢梭先生似乎认为，怜悯之心本身并不算什么美德，在野蛮人和最粗俗浪荡的人身上，这种品质反倒体现得更为完美，令那些最文雅、最有教养的人相形见绌——在这一点上，两位作者倒是英雄所见略同。

站在我们的时代遥望野蛮人的生活，不是认为他们无比安逸懒散，就是觉得那个时代充满激动人心的伟大冒险；无论哪种想法，都令那种生活在我们的想象中显得很精彩。凡是年轻人都喜爱抒写牧人悠闲之乐的田园诗，也爱看描写行侠仗义和浪漫爱情、充满奇遇冒险的作品，其实，这正反映了人们天性中对于这两样貌似互不相干的元素存在一种自然的喜好。我们总期待着能在描写野蛮人生活方式的作品中看到这两样元素：而凡是涉足这一主题的作家，无不成功地引动了公众的好奇心。卢梭先生一心要把野蛮时代的生活描绘成至乐之境，他只向我们展现了那种生活中悠闲的一面,那真是一幅色彩最优美的迷人画面,书中的语言虽刻意追求典雅,然处处流露出相当神经质的味道,有时甚至给人一种崇高并悲切着的感觉。正是由于这种风格,再加上一点点哲学气质的奇妙作用,才使得那个被视为品性堕落的曼德维尔的原则和理念在他的书中显得如同柏拉图的品德一般纯洁而崇高,只不过是一位真正共和主义者的精神走到极端的表现而已。这部著作一共分为两部分:第一部分描绘了社会还未形成之前人类的生活状态;第二部分主要论述社会的最初形成和渐进式发展。试图对这两部分内容做出分析是毫无意义的,因为没有人能对一部几乎完全由华丽的雄辩和描述性文字构成的作品给出任何公允的意见。在此,我且将书中内容翻译几小段,作为一个样本,让贵刊的读者感受一下作者笔下的这种雄辩风格。

在该书第 117 页,作者写道:“当人们满足于自己的粗陋的小屋的时候,当人们还局限于用荆棘和鱼骨缝制兽皮衣服、用羽毛和贝壳来装饰自己、把身体涂上各种颜色、把弓箭制造得更为精良和美观、用石斧做渔船或某些粗糙的乐器的时候,总之,当他们仅从事于一个人能单独操作的工作和不需要许多人协助的手艺的时候,他们都还过着本性所许可的自由、健康、善良而幸福的生活,并且在他们之间继续享受着无拘无束自由交往的快乐。但是,自从一个人需要另一个人的帮助的时候起,自从人们觉察到一个人据有两个人食粮的好处的时候起,平等就消失了、私有制就出现了、劳动就成为必要的了、广大的森林就变成了需用人的血汗来灌溉的欣欣向荣的田野;不久便看到奴役和贫困伴随着农作物在田野中萌芽和滋长。”①

在第126页，作者又写道：“这时，人类的一切能力都发展了，记忆力和想象力展开了活动；自尊心加强了；理性活跃起来了；智慧已几乎达到了它可能达到的最完善的程度。这时，一切天赋的性质都发挥了作用，每个人的等级和命运不仅是建立在财产的多寡以及每个人有利于人或有害于人的能力上，而且还建立在聪明、美丽、体力、技巧、功绩或才能等种种性质上。只有这些性质才能引起人的重视，所以，每个人都必须很快地具有这些性质或常常利用这些性质。自己实际上是一种样子，但为了本身的利益，不得不显出另一种样子。于是，‘实际是’和‘看来是’变成迥然不同的两回事。由于有了这种区别便产生了浮夸的排场、欺人的诡计以及随之而来的一切邪恶。另一方面，从前本是自由、自主的人，如今由于无数新的需要，可以说已不得不受整个自然界的支配，特别是不得不受他的同类的支配。纵使他变成了他的同类的主人，在某种意义上说，却同时也变成了他的同类的奴隶：富有，他就需要他们的服侍；贫穷，他就需要他们的援助；不穷不富也绝不能不需要他们。于是他必须不断地设法使他们关心他的命运，并使他们在实际上或在表面上感到为他的利益服务，便可以获得他们自己的利益。这样，就使得他对一部分人变得奸诈和虚伪；对另一部分人变得专横和冷酷，并且，当他不能使一些人畏惧自己，或者当他认为服侍另一些人对他没有什么好处的时候，他便不得不欺骗他所

① 汉译引自李常山译《论人类不平等的起源和基础》，商务印书馆，1962版。——译注

需要的一切人。最后,永无止境的野心,与其说是出于真正需要,毋宁说是为了使自己高人一等的聚积财富的狂热,使所有的人都产生一种损害他人的阴险意图和一种隐蔽的嫉妒心。这种嫉妒心是特别阴险的,因为它为了便于达到目的,往往戴着伪善的面具。总而言之,一方面是竞争和倾轧,另一方面是利害冲突,人人都时时隐藏着损人利己之心。这一切灾祸,都是私有财产的第一个后果,同时也是新产生的不平等的必然产物。"

随后,在第179页,他又写道:"野蛮人和文明人的内心和意向的深处是如此的不同,以致造成文明人至高幸福的东西,反而会使野蛮人陷于绝望。野蛮人仅只喜爱安宁和自由;他只愿自由自在地过着闲散的生活,即使斯多噶派的恬静也比不上他对身外一切事物的态度那样淡漠。相反地,社会中的公民则终日勤劳,而且他们往往为了寻求更加勤劳的工作而不断地流汗、奔波和焦虑。他们一直劳苦到死,甚至有时宁愿去冒死亡的危险,来维持自己的生存,或者舍弃生命以求永生。他们逢迎自己所憎恶的显贵人物和自己所鄙视的富人,不遗余力地去博得为那些人服务的荣幸;他们骄傲地夸耀自己的卑贱,夸耀那些人对他们的保护;他们以充当奴隶为荣,言谈之间,反而轻视那些未能分享这种荣幸的人们。一位欧洲大臣那种繁重而令人羡慕的工作,在一个加拉伊波人(Caraib)看来会作何感想呢?这种悠闲的野蛮人宁愿多少种残酷的死亡,也不愿过这样一种生活,这种生活之可怕,纵然有施展其抱负的快乐,也往往不能得到缓和!而且那个悠闲的野蛮人要了解如此劳神的目的何在,在他的头脑中就必须先具有**权势**和**名望**这些词汇的意义;就必须知道有一种人相当重视世界上所有其余的人

对他们的看法,而他们所以认为自己是幸福的人并对自己感到满意,与其说是根据自己的证明,毋宁说是根据别人的证明。实际上,野蛮人和社会的人所以有这一切差别,其真正的原因就是:野蛮人过着他自己的生活,而社会的人则终日惶惶,只知道生活在他人的意见之中,也可以说,他们对自己生存的意义的看法都是从别人的判断中得来的。至于从这样一种倾向中,为什么会产生对善恶的漠不关心,纵然我们有许多谈论道德的卓越文章;为什么在一切都归结为现象的时候,一切都变为人为的和造作的:荣誉、友谊、美德,甚至恶行也不例外,从这一切中,我们终于发现了炫耀自己的秘诀。总之,尽管我们有那么多的哲学、仁义、礼仪和崇高的格言,为什么我们总问别人自己是怎样一个人,而从不敢拿这一题目来问自己。因此我们只有一种浮华的欺人的外表:缺乏道德的荣誉,缺乏智慧的理性以及缺乏幸福的快乐,要说明这一切,都不在我的主题范围以内。"

最后,我只想再补充一句,书中对日内瓦共和国的献辞——卢梭先生本人即荣幸地身为这一共和国的公民——是一篇令人愉快的、欢快热烈的、我相信也是恰当的颂词;它充分表达了一位好公民对于本国政府及其同胞的品格所怀有的真挚、热烈的崇敬之情。

请诸君相信,我并无意让贵刊一味专注于国内外出版的哲学著作。尽管当今时代的诗歌大体上讲已经远远不如过去的时代,不过,在英国、法国,甚至意大利,仍能找出几位堪与其大名鼎鼎的前辈相提并论的诗人。比如,梅塔斯塔西奥(Metastasio)的大名在整个欧洲都深受尊敬；还有伏尔泰先生，[①]举世公认的是，这位法兰西民族有史以来培育出的最为全方位的天才人物，在几乎各个写作门类中都达到了不亚于前代伟大作家的水平，而那些伟大作家不过是专攻一个门类而已。这位先生极富独创性的天才在他最近创作的悲剧《中国孤儿》(*the orphan of China*)中得到了淋漓尽致的体现。观众们不无愉悦和惊讶地看到，该剧将中国式的残忍和鞑靼式的野蛮呈现在法兰西的舞台上，同时又不违背这个民族如此讲究的优雅礼节。在写给日内瓦的卢梭先生的信中，伏尔泰先生提到那本以他的名字在荷兰出版的《前次战争的历史》，不承认那是他的著作。在那本书中，针对大不列颠在前次战争中所扮演的角色，确有大量非常明显的错误表述，鉴于该书的出版未经伏尔泰先生的首肯，因此，伏尔泰先生不应为此负责；笔者相信，这部著作一旦有获得作者许可的正版问世，必定会在第一时间对这

① 斯密曾屡屡对伏尔泰和法兰西戏剧表示钦佩，这里是最早的一次。参见斯图亚特，《亚当·斯密的生平与著作》，III. 15。《中国孤儿》(*L' Orphelin de la Chine*)于1755年8月20日在巴黎首演，剧本于同年9月出版(附有作者于1755年8月30日致卢梭的信)。关于出版商普里厄(Prieur)盗印伏尔泰著作，出版《前次战争的历史》(*Histoire de la dernière guerre*)的事件，在1882年Georges Bengesco编著的《伏尔泰作品目录》(*Voltaire, Bibliographie de ses oeuvres*, i. 363－365)当中曾有概述。已知的盗印版本至少有4个(1755－1756年间)，内有阿姆斯特丹、海牙或伦敦的铭印，还有一种盗版的英译本。《1741年战争的历史》(*Histoire de la guerre de mil sept cent quarante-un*)第五章中讨论了英国所扮演的角色。只消看看书中那些人名，该书的出版质量便可想而知："Pwelney(Pulteney)"、"Posombi(Ponsonby)"、"Albermale"，等等。关于伏尔泰对这一事件的反应，可参见他在1755年后期的一些信件：《伏尔泰书信》(*Correspondence*)，贝斯特曼(T. Besterman)主编，第cvii卷；班培利(Banbury)主编，第xvi卷。伏尔泰后来将这部书稿的一部分编入《试论[从查理曼到路易十三的]通史》(*Essai sur l' histoire générale*，卷viii，1763)，并列为《路易十五时代概要》(*Précis du siècle de Louis XV*，1768)一书的附录。

些错误加以修正。

您最恭顺的仆人等语。

威廉·汉密尔顿《感遇诗集》序言(1748)

您所看到的这本诗集,恐怕是同类作品当中最有权利请求公众宽谅的。这是因为,作者本人对此书的出版既未给予首肯,甚至毫不知情。因此,为公平起见,书中或有的任何舛误瑕疵理应由编者承担全部责任。这本小书充满多方面的语言和情感之美,处处可见作者杰出才华的闪光,我们希望,每个有鉴赏力的读者都能因此而欣然接受它,并在某种程度上原谅我们贸然出版了这些诗作,其中没有一首经过作者的最终润色,而且有一部分只是他年轻时代初试身手之作。促使我们印行这些诗作的动机之一,是希望作者有一天归国之际,能因此而萌生推出一个更佳版本的念头:倘若我们这个不完美的尝试竟能成为一部堪称苏格兰之荣耀的大作诞生的契机,我们将为之感到无上光荣。

我们最开始产生编纂此书的想法,是因为作者的一些友人不无忧虑地告诉我们,像《沉思》(*Contemplation*)这样一部辉煌诗章,前不久付梓时竟然被出版商按照一份错误的手稿排印出版。于是,我们决心推出一个更对得起作者的版本,并附上此前不同时期出版的作者的所有诗作,不拘长短。我们还设法说服了作者的一位朋友,为我们提供了为数不多的几首作者以前从未发表的诗作;在这部分诗作当中,有些曾以手稿方式流传,可能已有印行本,其中不乏缮写讹误。作者的这位朋友出于审慎,没有允许我们在这个版本中添加更多原稿中的诗,他手中还保管着作者的一些文笔优美的翻译稿,包括品达及其他几位古希腊和古罗马诗人的作品,但他同样没有允许我们将其发表。

1748年12月21日,于格拉斯哥

威廉·汉密尔顿《感遇诗集》书前献词(1758)

谨以此书纪念威廉·克劳弗德(WILLIAM CRAUFURD)先生,格拉斯哥商人,汉密尔顿先生的朋友——

这位先生以其一生的克勤克俭、全然正直,以及与他的职业如此相衬的朴素作风,加之以对学问、对一切创造性艺术的热爱,凭着一颗不为任何虚荣和嗜好所羁绊的慷慨无私的心、一双乐善好施的手,并无比的高风亮节,在步步紧逼的死神威胁下、忍受着肉体的莫大痛苦,仍然一如既往地笑对人生,始终以伟丈夫的气概积极活跃在多种多样的事业当中,直至生命的最后时刻,从未间断。

对于这部诗集的作者,他向来是秉着一份坦率公正,以深刻的洞察力、审慎和真诚无伪的态度,向诗人致以最崇高、最亲切的景仰之情。作为本书的编辑,吾等找不到更好的纪念方式,唯有将这本诗集题献给他,以表达我们心中的尊敬和哀思。

图书在版编目(CIP)数据

亚当·斯密哲学文集/(英)亚当·斯密著;石小竹,孙明丽译.—北京:商务印书馆,2017
(汉译世界学术名著丛书:120年纪念版:珍藏本)
ISBN 978-7-100-14590-9

Ⅰ.①亚… Ⅱ.①亚… ②石… ③孙… Ⅲ.①哲学—英国—近代—文集 Ⅳ.①B561.299

中国版本图书馆CIP数据核字(2017)第152385号

汉译世界学术名著丛书
(120年纪念版·珍藏本)
亚当·斯密哲学文集
〔英〕亚当·斯密 著
石小竹 孙明丽 译

商 务 印 书 馆 出 版
(北京王府井大街36号 邮政编码100710)
商 务 印 书 馆 发 行
北京市松源印刷有限公司印刷
ISBN 978-7-100-14590-9

2017年12月第1版 开本710×1000 1/16
2017年12月北京第1次印刷 印张19½
定价:98.00元